Programa Bilingüe de Sadlier
Acercándote a la fe

6 BILINGUAL EDITION KEYSTONE

T3-BWO-589

ACERCÁNDOTE A LA
PALABRA DE DIOS

Dr. Gerard F. Baumbach

Dr. Eleanor Ann Brownell

Moya Gullage

Helen Hemmer, I. H. M.

Gloria Hutchinson

Dr. Norman F. Josaitis

Rev. Michael J. Lanning, O. F. M.

Dr. Marie Murphy

Karen Ryan

Joseph F. Sweeney

El Comité Ad Hoc de la
Conferencia Nacional de Obispos Católicos,
que supervisa el uso del Catecismo,
consideró que esta serie está
conforme con el
Catecismo de la Iglesia Católica.

con

Dr. Thomas H. Groome
Boston College

Consultor Teológico
Reverendísimo Edward K. Braxton, Ph.D., S.T.D.
Obispo Auxiliar de San Luis

Consultor Bíblico
Rev. Donald Senior, C.P., Ph.D., S.T.D.

Consultores de Liturgia y Catequesis
Dr. Gerard F. Baumbach
Dr. Eleanor Ann Brownell

Consultores de Pastoral
Rev. Msgr. John F. Barry
Rev. Virgilio P. Elizondo, Ph.D., S.T.D.

Traducción y adaptación
Dulce M. Jiménez-Abreu

Consultores de Catequesis para la serie
José Alas
Oscar Cruz
Thelma Delgado
María Cristina González, c.v.i.
Rogelio Manrique
Rebeca Salem
Yolanda Torres
Leyda Vázquez

William H. Sadlier, Inc.
9 Pine Street
New York, New York 10005-1002
http://www.sadlier.com

INDICE/CONTENTS

FE VIVA EN EL HOGAR Y EN LA PARROQUIA
incluida en cada capítulo

FAITH ALIVE AT HOME AND IN THE PARISH
is included in each chapter

Oh Dios, antes que el sol y las estrellas, antes que los mares y la tierra, ya existías.

Nuestra Vida

En 1994 el telescopio Hubble, una vez reparado, fue puesto en un satélite y remontado una vez más en el espacio. Se esperaba ver el universo más claramente que nunca. Sorprendentes fotografías fueron tomadas de galaxias que antes parecían manchas distantes.

¿Qué crees que estas fotografías nos dicen acerca del universo?

Cuando piensas en el universo y nuestro lugar en él, ¿qué preguntas te haces acerca de la vida?

Estas son algunas preguntas para las que los científicos y los eruditos tendrán respuestas algún día.

Hay un gran misterio que va más allá de la ciencia y el pensamiento humano. ¿Cuál crees que es?

¿Qué buscas para descubrir el significado de la vida?

Compartiendo la Vida

Juntos discutan: ¿Cuáles son las preguntas más importantes que podemos tener acerca de la vida?

¿Cuál es la mejor manera para encontrar las respuestas?

1 Knowing the Bible

O God, before the sun and stars, before the seas and the earth, you are!

OUR LIFE

In 1994 the repaired Hubble telescope mounted on a satellite was once more aimed into space. The hope was to give the closest look at the universe that human beings have ever seen. The pictures that resulted gave a breathtaking view of galaxies that before were only a distant blur.

What do you think these pictures tell us about the vast universe?

When you think about the universe and our place in it, what questions do you have about life?

There are some questions for which thinkers and scientists will discover answers in due time.

There is one great mystery that goes beyond science and human thought. What do you think that is?

Where do you look to discover the meaning of life?

SHARING LIFE

Discuss together: What are the most important questions we can have about life?

What is the best way to find answers?

Revelación de Dios

En nuestra fe cristiana creemos que Dios ha revelado, nos ha hecho saber, quien es él. Dios quiere que sepamos lo que él ha hecho, como es él, lo mucho que nos cuida y cómo vivir como su pueblo. A esto lo llamamos "revelación". *Revelación* significa que Dios nos habla acerca de él, de nosotros, del mundo, del significado de nuestras vidas y como debemos vivir como su pueblo.

Dios se reveló a sí mismo en forma especial al pueblo de Israel y luego en Jesús, Hijo único de Dios. La historia especial de la revelación de Dios a nosotros es contada en la Biblia. La Biblia es la historia de Dios y del pueblo de Dios. La Biblia es también nuestra historia. Somos el pueblo de Dios.

La Iglesia enseña que la Biblia es una colección de setenta y tres libros dividida en el Antiguo Testamento y el Nuevo Testamento.

El Antiguo Testamento

En los cuarenta y seis libros del Antiguo Testamento leemos acerca del pueblo de Israel a quien Dios escogió para ser su pueblo. Una y otra vez, Dios le revela quien es él por medio de muchas acciones y palabras. Dios le dijo: "A ustedes los tomaré para pueblo mío y seré Dios para ustedes" (Exodo 6:8).

Dios reveló al pueblo de Israel que hay un solo Dios que cuida de todo el pueblo. El pueblo de Israel se conoció por creer en un solo y verdadero Dios.

Los primeros cinco libros de la Biblia son llamados *Tora*. Tora significa "ley" porque contienen la ley que el pueblo de Dios debe cumplir. También son llamados Pentateuco o "cinco rollos".

Los *profetas* contienen las enseñanzas de hombres y mujeres que actuaron como la conciencia de Israel.

Los *escritos* son una serie de libros, algunos históricos; otros dan sabiduría y consejo en como vivir como pueblo de Dios.

Revelation of God

In our Christian faith we believe that God has revealed, or made known to us, who he is. God wants us to know what he has done, what he is like, how much God cares for us, and how to live as his people. We call this "revelation." *Revelation* means that God tells us about God, ourselves, the world, the meaning of our lives, and how we are to live as God's people.

God revealed himself in a special way to the people of Israel and later in Jesus, God's own Son. The story of God's special revelation to us is told in the Bible. The Bible is the story of God and of the people of God. The Bible is our story, too. We are the people of God.

The Church teaches that the Bible is a collection of seventy-three books divided into the Old Testament and the New Testament.

The Old Testament

In the forty-six books of the Old Testament, we read about the people of Israel whom God chose to be his own people. Again and again, God revealed to them who he is by many actions and words. God said to them, "I will take you as my own people, and you shall have me as your God." (Exodus 6:7).

God revealed to the people of Israel that there is one God and that he cares for all people. The people of Israel became known for their belief in the one true God.

The first five books of the Bible are called the *Torah*. Torah means "law" because these books contain the law to be followed by God's people. They are also known as the Pentateuch, or "five scrolls."

The *prophets* contain the teachings of men and women who acted as the conscience of Israel.

The *writings* are an assortment of books. Some of them are historical; others give wisdom and advice on the way to live as God's people.

Inspiración es la ayuda y guía que el Espíritu Santo dio a los que escribieron la Biblia.

Al escribir acerca del llamado de Israel, los autores también fueron hablando del llamado de todos. En el Nuevo Testamento escuchamos a Jesús, el Hijo único de Dios, quien estuvo con nosotros como nuestro Salvador y Mesías.

Podemos decir que la Biblia es la palabra de Dios en lenguaje humano. Es por eso que la tratamos con reverencia y fe.

Porque es la palabra escrita de Dios, la Biblia es también llamada "la Escritura", "Sagrada Escritura" o "Escritura". Escritura viene del latín que significa "escritos".

En la Sagrada Escritura, leemos la palabra de Dios. Dios nos habla hoy por medio de las palabras en la Biblia. Dios nos dice quien es él, lo que ha hecho, como es él y lo que espera de nosotros. Aprendemos como Dios nos ama. En la Biblia, aprendemos como debemos vivir como pueblo de Dios.

La Biblia es un libro inspirado. Esto quiere decir que el Espíritu Santo guió a los autores de la Biblia a escribir acerca de la presencia de Dios en nuestras vidas.

Los autores del Antiguo Testamento escribieron acerca de las muchas veces que Dios llamó al pueblo de Israel y acerca de su respuesta a Dios. Ellos escribieron acerca de las tantas veces en que los israelitas no respondieron al llamado de Dios.

El Nuevo Testamento

Los primeros cristianos escribieron sus recuerdos de Jesús. Estos escritos están recogidos en veinte y siete libros llamados el Nuevo Testamento. El Nuevo Testamento incluye los Evangelios de Mateo, Marcos, Lucas y Juan; los Hechos de los Apóstoles, las cartas o epístolas y el Apocalipsis.

● Los cuatro *evangelios* son el recuento escrito de las palabras y las obras de Jesús.

● *Hechos de los Apóstoles* cuenta la historia del inicio de la Iglesia.

● Las *epístolas o cartas* dan una explicación de las creencias cristianas y ofrecen guía para vivir una vida cristiana.

● El *Apocalipsis* ofrece un mensaje de esperanza y fortaleza para los tiempos de persecución y sufrimiento.

The New Testament

Early Christians wrote down their memories of Jesus. These writings were collected into the twenty-seven books of the New Testament. The New Testament is divided into the Gospels of Matthew, Mark, Luke, and John; the Acts of the Apostles; letters, or epistles; and the Book of Revelation.

● The four *gospels* are the written memory of the words and deeds of Jesus.

● The *Acts of the Apostles* tells the story of the early Church community and the powerful presence of the Holy Spirit.

● The *epistles*, or *letters*, give explanations of Christian beliefs and offer guidance on living a Christian life.

● The *Book of Revelation* gives a message of hope and strength during times of persecution and suffering.

Inspiration is the help and guidance of the Holy Spirit given to the writers of the Bible.

In writing about Israel's call, the authors were also telling about God's call to all people. In the New Testament we hear about Jesus, God's own Son, who came among us as our Savior and Messiah.

We can say that the Bible is the word of God in human language. That is why we treat the Bible with reverence and faith.

Because it is the written word of God, the Bible is also called "the Scripture," or "Sacred Scripture," or just "Scripture." Scripture comes from the Latin word meaning "writings."

In Sacred Scripture, we read God's word to us. God speaks to us today through the words of the Bible. God tells us who he is, what he has done, what he is like, and what he expects of us. We learn how much God loves us. From the Bible, we learn how we are to live as God's own people.

The Bible is an inspired book. This means that the Holy Spirit guided the human authors of the Bible to write about God's presence in their lives.

The authors of the Old Testament wrote about the many times God called to the people of Israel and about their response to him. They also wrote about the many times the Israelites did not respond to God's call.

11

ACERCANDOTE A LA FE

Escribe por lo menos tres razones por lo que crees es importante estudiar la Biblia.

¿Qué crees que significa decir que la Biblia es la palabra de Dios en lenguaje humano?

VIVIENDO LA FE

Comparte con un amigo una cosa importante que aprendiste de la Biblia.

Juntos canten una canción apropiada como por ejemplo "Qué bueno es mi Señor".

Guía: (Sosteniendo la Biblia). Tu palabra, oh Dios, es una lámpara que nos guía, una luz en nuestro camino.

Todos: Tu palabra es maravillosa, oh Dios. Danos un corazón para entender.

Cada persona toma la Biblia, pone su mano sobre ella por un momento en señal de respeto y reza: Dios de amor, ayúdame a crecer para hacer mía tu palabra.

Al terminar, la Biblia se lleva a un lugar de honor. Cada vez que se reúnan deben abrirla y usarla para rezar.

Repitan la canción inicial.

 Diario de fe

Busca un cuaderno especial para que sea tu diario este año. Para esta sesión escribe lo que quieras preguntar a Dios acerca del universo, del mundo y de tu vida. Imagina lo que Dios puede responderte.

Coming To Faith

List at least three good reasons why you think it is important to study the Bible.

What do you think it means to say that the Bible is the word of God in human language?

Practicing Faith

Share with a friend one important thing you learned about the Bible.

✝ Then sing together as a group an appropriate hymn such as "How Great Thou Art."

Leader: (holding the Bible) Your word, O God, is a lamp to guide us and a light for our path.

All: Your word is wonderful, O God. Give us hearts that understand.

Each person comes up to the Bible, places a hand on it briefly as a sign of respect, and prays: Loving God, help me to grow in making your word my own.

The Bible is then carried to a special place of honor. At each meeting of the group it should be opened and used as a part of each prayer.

Repeat the opening hymn.

 A Faith Journal

Create or buy a special notebook for your journal entries this year. For this session, write any questions you would like to ask God about the universe or the world or your own life. Imagine what God might say in response.

REPASO

Completa las siguientes oraciones.

1. La guía dada por el Espíritu Santo a los escritores de la Biblia se llama

_____.

2. _____ significa que Dios nos habla acerca de él, el mundo y el significado de nuestra vida.

3. La parte de la Biblia que contiene el Pentateuco, los profetas y los escritos se llama

_____.

4. La parte de la Biblia que contiene los evangelios, los Hechos de los Apóstoles, las epístolas y el Apocalipsis se llama _____.

5. La palabra de Dios en la Biblia puede usarse para rezar. ¿Rezarás leyendo la Biblia esta semana? ¿Cuándo?

_____

_____

FE VIVA EN EL HOGAR Y EN LA PARROQUIA

Leer la Biblia puede ayudarnos a "releer" nuestras propias vidas con los ojos y los oídos del pueblo que vio y escuchó a Dios en la experiencia de la vida diaria. La Biblia nos ayuda a descubrir a Dios a nuestro lado, no sólo en medio de la paz, el gozo y la felicidad, sino también en medio de la tristeza, la pena y la pérdida. Los israelitas entendieron que la palabra de Dios no era pura intelectualidad. Sino que la palabra de Dios fue revelada como una comunicación del mismo Dios, y bienvenida como una fuerza activa en sus vidas.

Más que el simple conocimiento de que hay setenta y tres libros en la Biblia los niños de sexto curso han aprendido que la Biblia fue inspirada por el Espíritu Santo. Cuando, como católicos, participamos en la liturgia dominical, buscamos oportunidades para estudiar la Escritura y rezar con otros, o leer la Biblia en la casa, somos iluminados y fortalecidos por el Espíritu Santo. A lo largo de la vida continuamos aprendiendo en la Biblia sobre el amor de Dios por nosotros y cómo debemos vivir como pueblo de Dios.

Resumen de la fe

- Dios se reveló a sí mismo y de manera especial al pueblo de Israel y más tarde en Jesús, el Hijo único de Dios.

- Inspiración es la ayuda y guía que el Espíritu Santo dio a los que escribieron la Biblia.

- La Biblia está dividida en cuarenta y seis libros que forman el Antiguo Testamento y veinte siete libros que forman el Nuevo Testamento.

REVIEW ▪ TEST

Complete the following statements.

1. The guidance of the Holy Spirit given to the writers of the Bible is called

_____.

2. _____ means that God tells us about himself, the world, and the meaning of our lives.

3. The part of the Bible containing the Torah, the prophets, and the writings is called the

_____.

4. The part of the Bible containing the gospels, Acts of the Apostles, the epistles, and the Book of Revelation is called the _____.

5. God's word in the Bible can be used for prayer. Will you pray by reading the Bible this week? When?

_____

_____

FAITH ALIVE AT HOME AND IN THE PARISH

Reading the Bible can help us to "reread" our own lives with the eyes and ears of people who saw and heard God in the experience of daily life. The Bible opens us to finding God on our side, not only in the midst of peace, joy and happiness, but also in the midst of sorrow, pain, and loss. The Israelite understanding of God's word was not merely intellectual. Rather, the word of God was revered as a communication of God's very self to the people, and welcomed as an active force in their lives.

More than just knowing that there are seventy-three books in the Bible, your sixth grader has come to know that the Bible was inspired by the Holy Spirit. When we as Catholics participate in the Sunday liturgy, seek out opportunities for Scripture study and prayer with others, or read the Bible at home, we are enlightened and strengthened by the Holy Spirit. In every age, we continue to learn from the Bible of God's great love for us and how we are to live as God's own people.

Faith Summary

- God revealed himself in a special way to the people of Israel and later in Jesus, his own Son.

- Inspiration is the help and guidance of the Holy Spirit given to the writers of the Bible.

- The Bible is divided into forty-six books of the Old Testament and twenty-seven books of the New Testament.

Tu palabra, oh Dios, nos da vida.

NUESTRA VIDA

Es el año 5242 d.C y un grupo de arqueólogos ha hecho un fascinante descubrimiento en un lugar llamado "Sanfran". Han encontrado fragmentos de escritos antiguos. Creen que una vez traducidos revelarán información importante acerca de la civilización del año 2000 d.C.

Con emoción leen el primer fragmento.

Los arqueólogos se miran uno a otro con sorpresa.

Al leer los escritos, ¿a qué conclusiones llegaron los arqueólogos acerca de la vida en el año 2000 d.C?

¿Qué puedes decir a estos arqueólogos para ayudarles a interpretar esos fragmentos?

COMPARTIENDO LA VIDA

Discutan formas en que los seres humanos se comunicaban. Recuerden que para entender lo que una persona está tratando de decir es importante pensar acerca del método de comunicación usado.

¿Qué es lo que hace que un facsímil sea diferente a una llamada telefónica? ¿En qué se diferencia una película de un documental? ¿Es posible la comunicación sin el uso de las palabras?

Compartan sus ideas.

¿Cómo crees que Dios se comunica con nosotros?

2 | Understanding the Bible

Your word, O God, gives us life.

OUR LIFE

It is star year A.D. 5242. A group of archaeologists in a place called "Sanfran" has made a fascinating discovery. They have found fragments of ancient writings. They believe that, once translated, the writings will reveal significant information about civilization around the year A.D. 2000.

Excitedly, they read the first fragment.

The archaeologists look at one another in amazement.

What conclusions might the archaeologists reach about life in A.D. 2000 from these writings?

What would you tell these archaeologists to help them interpret these fragments?

SHARING LIFE

Discuss together ways human beings use to communicate. Remember: in order to understand what a person is trying to tell us, it helps to think about the method of communication being used.

What makes a fax different from a phone call? How is a film different from a newscast? Is it possible to communicate without using words at all?

Share your ideas.

How do you imagine God communicates with us?

Formas literarias

La forma que elegimos para comunicarnos depende de lo que queremos decir, con quien nos estemos comunicando o quienes somos. Cada vez que tratamos de expresar algo lo hacemos de acuerdo a cómo lo vemos o sentimos.

El antiguo pueblo de Israel y los primeros cristianos se parecían mucho a nosotros. Se comunicaron y expresaron en diferentes formas.

Una de las formas favoritas era contar historias. Los escritores de la Biblia contaron historias para expresar su fe en Dios. Ellos dependían de esas historias para ayudarse a recordar las cosas que Dios había hecho por ellos. Ellos contaron historias:

- sobre los eventos que tuvieron lugar en el pasado.
- acerca de la promesa de Dios de lo que vendría.
- acerca de la bondad de Dios con ellos y el enojo con ellos cuando pecaban.

Los libros de la Biblia fueron escritos por diferentes autores. Algunos de los libros de la Biblia fueron escritos por varios autores durante un período de varios años. Guiados por el Espíritu Santo, ellos escribieron en sus propias palabras y estilos. Ellos seleccionaron una forma literaria que pudiera comunicar su mensaje de fe.

Algunas historias eran precisas. Otras veces las historias eran legendarias pero creadas para enseñar un mensaje de verdad.

Algunos escritores escribieron en prosa. Prosa es la forma corriente del lenguaje que usamos cuando hablamos o escribimos. Otras veces escribieron en poesía. La poesía es rica en símbolos e imágenes; a menudo escritas en versos y rima. Estos diferentes tipos de escrituras son llamados "formas literarias".

Tipos de formas literarias

Además de la prosa y la poesía, los autores de la Biblia usaron las siguientes formas literarias:

Arbol genealógico para trazar la descendencia de la persona, familia o grupo de sus antepasados. El Evangelio de Mateo ofrece una lista de los antepasados de Jesús en Mateo 1:11–17.

Parábolas son cuentos creativos basados en una experiencia de vida ordinaria, usada para enseñar una lección espiritual. Jesús contó muchas parábolas, como por ejemplo la parábola de los dos hijos en Mateo 21:18-32.

Leyes reglas de conducta para guiar al pueblo de Dios en como seguir su voluntad. Los Diez Mandamientos en Exodo 20:1–17 son leyes.

Literary Forms

The way we choose to communicate depends on what we want to say, with whom we are communicating, or where we are. Each time we try to express something, we are expressing things as we see or feel them.

The ancient people of Israel and the first Christians were very much like us. They communicated and expressed themselves in many different ways.

One of their favorite ways was the telling of stories. The writers of the Bible told stories to express their faith in God. They depended on these stories to help them remember the great things God had done for them. They told stories

- about events that took place in the past.
- about God's promise of what was to come.
- about God's goodness to them and displeasure with them when they sinned.

The books of the Bible were also written by many different authors. Some of the books of the Bible were written by several authors over a period of many years. Guided by the Holy Spirit, they wrote in their own words and style. They selected a literary form that would best communicate their message of faith.

Sometimes the stories were factual. At other times the stories were imaginary but created to teach a true message.

Sometimes the writers used prose. Prose is the ordinary language we use when we speak or write to one another. At other times they wrote in poetry. Poetry is rich in symbols and images; it is often written in verses and lines that rhyme. These different types of writings are called "literary forms."

Types of Literary Forms

Besides prose and poetry, the authors of the Bible used the following literary forms.

Family trees trace the descent of a person, family, or group from their ancestors. The Gospel of Matthew gives a listing of the ancestors of Jesus in Matthew 1:1–17.

Parables are imaginative stories based on familiar life experiences, used to teach a spiritual lesson. Jesus told many parables, such as the parable of the two sons in Matthew 21:28–32.

Laws set down rules of conduct to guide God's people in following his ways. The Ten Commandments in Exodus 20:1–17 are laws.

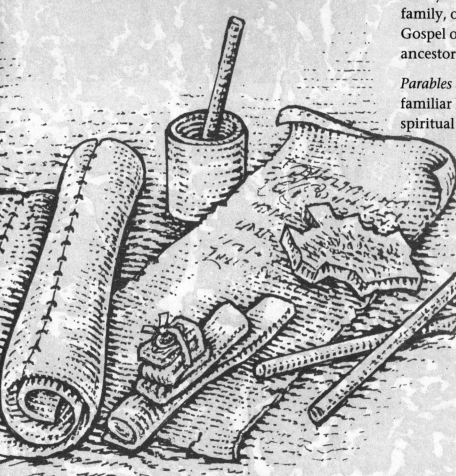

Formas literarias son las diferentes maneras que usaron los autores de la Biblia para expresar su fe en Dios.

Consejo es una sabia recomendación dada a otra persona. "Sabios dichos", como en Proverbios 21:13, ayudan a guiar al pueblo de Dios.

Fábulas son historias ficticias en las que animales hablan y actúan como humanos. La historia de Balaan y su burro en Números 22:22–35 es un ejemplo de fábula.

Cantos y oraciones contienen muchas de las creencias del pueblo de Dios. El libro de los Salmos está compuesto de himnos y oraciones.

Historias ofrecen un registro real de los eventos del pasado. Los dos libros de Samuel cuentan la historia de los primeros reyes de Israel.

Dios se comunica con nosotros en todas las formas literarias escogidas por los autores humanos de la Biblia. Conociendo las diferentes formas literarias podemos entender mejor lo que Dios nos dice hoy por medio de la Biblia.

La Biblia es un libro sobre fe religiosa. Los escritores de la Biblia no intentaron enseñar detalles científicos acerca del mundo y los eventos humanos. Como católicos necesitamos y siempre tendremos la guía de la Iglesia para ayudarnos a entender el mensaje de fe en la Biblia. Debemos leer y rezar con la Biblia regularmente para crecer en nuestra vida de fe.

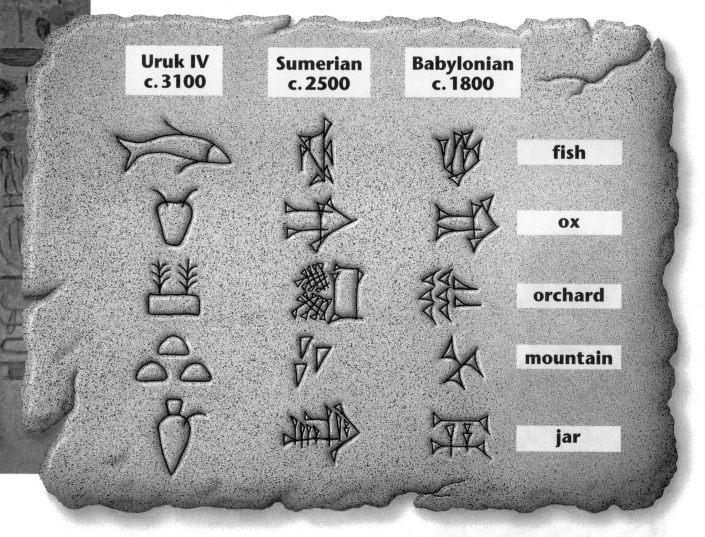

left: hieroglyphics in ancient Egyptian tomb.

below: chart to show the development of writing.

Literary forms are the different types of writing used by the human authors of the Bible to express their faith in God.

Uruk IV c. 3100	Sumerian c. 2500	Babylonian c. 1800	
			fish
			ox
			orchard
			mountain
			jar

Advice is a wise recommendation given to another person. "Wise sayings," as in Proverbs 21:13, help guide God's people.

Fables are fictional stories in which animals speak and act like human beings. The story of Balaam and his donkey in Numbers 22:22–35 is an example of a fable.

Hymns and *prayers* contain many of the beliefs of the people of God. The Book of Psalms is composed of hymns and prayers.

History gives a factual record of the events of the past. The two Books of Samuel tell the history of the first kings of Israel.

God communicates to us in all the literary forms chosen by the human authors of the Bible. If we know the different literary forms, we can better understand what God is telling us today through the Bible.

The Bible is a book about religious faith. The writers of the Bible did not intend to teach scientific details about the world and human events. As Catholics, we need and always have the guidance of the Church to help us understand the message of faith in the Bible. We should read and pray from the Bible regularly to grow in living our faith.

Acercandote a la Fe

Imagina que eres uno de los autores inspirados de la Biblia. ¿Cuál es el mensaje de Dios que más te gustaría comunicar?

¿Qué forma literaria escogerías para tu comunicación? ¿Por qué? Escribe aquí la que vas usar.

_____

_____

_____

_____

Viviendo la Fe

† Reúnanse en un círculo. Túrnense para sostener la Biblia. Mientras la Biblia pasa con reverencia por el grupo, cada persona la abre y lee en silencio cualquier versículo que vea. Quizás esas palabras tengan un significado especial para ti; quizás no. Esta es una simple forma de empezar a rezar con la Biblia.

Escribe una oración a Dios de un versículo de la Biblia. Cuando estés listo, comparte tu oración con un amigo. Asegúrate de escribir el versículo y la oración en tu diario.

Escribe una oración a Dios de un versículo de la Biblia. Cuando estés listo, comparte tu oración con un amigo. Asegúrate de escribir el versículo y la oración en tu diario.

Coming To Faith

Imagine that you are one of the inspired authors of the Bible. Which message of God would you most like to communicate?

Which literary form would you choose for your communication? Why? Begin to use it here.

_____

_____

_____

_____

Create a prayer to God from your Bible verse. When you are ready, share your prayer with a friend. Be sure to write the verse and prayer in your journal.

Practicing Faith

† Gather in a circle. Take turns holding the Bible in your hands. As you pass the Bible reverently around the group, each person open it at random and silently read whatever verse meets your eye. Maybe these words will have special meaning for you; maybe they won't. This is a very simple way of beginning to pray with the Bible.

23

REPASO

Contesta las siguientes oraciones

1. Escribe el tema de las historias que los escritores de la Biblia usaron para expresar su fe en Dios.

_____

2. Nombra tres formas literarias encontradas en la Biblia.

_____

3. ¿Qué nos guía para entender el mensaje de fe de la Biblia?

_____

4. ¿Cómo mostramos respeto y reverencia por la Biblia?

_____

5. ¿Cómo mostrarás respeto y reverencia por la Biblia?

_____

_____

_____

FE VIVA

EN EL HOGAR Y EN LA PARROQUIA

En este capítulo hemos desarrollado un profundo entendimiento de la Sagrada Escritura. Debemos recordar, sin embargo, que la Escritura sola no nos transmite todo lo que Dios nos ha revelado. La Iglesia también tiene una transmisión viva de prédica apostólica y doctrina, vida y culto de la Iglesia, que ha sido pasada de generación en generación. Esto es lo que se llama tradición. Es distinta a la Sagrada Escritura pero está estrechamente relacionada a ella. Juntas, Escritura y tradición forman un depósito sagrado de la palabra de Dios.

Resumen de la fe

- Diferentes autores escribieron la Biblia, ellos usaron diferentes formas literarias incluyendo árbol genealógico, parábolas, leyes, consejos, canciones e historias.

- Dios se comunica con nosotros en todas las formas literarias.

- Leer la Biblia con regularidad y en oración es parte importante del crecimiento en la fe cristiana.

REVIEW ▪ TEST

Write answers for the following questions

1. Name one theme of the stories the writers of the Bible used to express their faith in God.

_____

2. Name three literary forms of the Bible.

_____

3. What gives us guidance in understanding the Bible's message of faith?

_____

4. Why do we show respect and reverence for the Bible?

_____

5. How will you show respect and reverence for the Bible?

_____

_____

_____

FAITH ALIVE AT HOME AND IN THE PARISH

In this chapter we have develped a deeper understanding of Sacred Scripture. We must remember, however, that Scripture alone does not transmit everything that God has revealed to us. There is also the living transmission of the apostolic preaching and Church doctrine, life, and worship that is passed down by the Church to each generation. This is what the Churh calls tradition. It is distinct from Sacred Scripture but closely related to it. Together, Scripture and tradition form one sacred deposit of the word of God.

Faith Summary

- Many different authors wrote the Bible, using many literary forms including family trees, parables, laws, advice, hymns, and history.

- God communicates to us in all the literary forms of the Bible.

- Reading the Bible regularly and prayerfully is an important part of growing in Christian faith.

3 Creados a semejanza de Dios

Nuestra Vida

Los nativos norteamericanos llamados iroqués creen que hace mucho tiempo la tierra no existía. Sólo había cielo y mar. Creían que había habitantes en el cielo. Los iroqués le llamaban gente del cielo. Un día, una mujer del cielo hizo un hoyo en una nube buscando raíces para comer. El hoyo que hizo fue tan grande que se cayó en el mar.

La mujer cayó en la espalda de una gigante tortuga de mar, sin forma alguna de cómo regresar al cielo.

Una rata que nadaba se desplazó hasta el fondo del mar. Subió un poco de lodo y lo depositó en el lomo de la tortuga. Arboles, plantas y flores crecieron en el lodo. Muy pronto hubo una hermosa tierra rodeada de agua. Así es como los iroqués explican los inicios de la tierra.

¿Qué trataron de explicar los iroqués con esta historia?

¿Te has preguntado alguna vez cómo empezó el mundo? ¿Cómo crees que pasó?

Compartiendo la Vida

¿Crees que Dios es el creador de todo el universo? ¿Por qué sí o por qué no?

Juntos discutan: ¿Qué diferencia hace en la forma en que vivimos, creer que Dios es el creador de todas las cosas?

3 Created to Be Like God

We thank you, O God, for the wonders of our world, for the wonders of ourselves!

Our Life

Native Americans called the Iroquois believed that a long time ago there was no earth. There was only sea and sky. They believed that there were people who lived in the sky. The Iroquois called them sky-people. One day, one of the sky-women dug a hole in a cloud to get some roots to eat. The hole she dug was so large that she fell through the hole toward the sea below. The sky-woman landed on the back of a giant sea turtle, and she had no way to get back to the sky.

A muskrat, swimming in the water, dove to the floor of the sea. It dug up some mud and placed it on the back of the turtle. Trees and plants and flowers grew out of the mud. Soon there was a beautiful land surrounded by water. This is how the Iroquois explained the way the earth began.

What were the Iroquois trying to say with this story?

Do you ever wonder how the world began? How do you think it happened?

Sharing Life

Do you believe that God is the creator of the whole universe? Why or why not?

Discuss together: What difference can belief that God is the creator of everything make in the way we live our lives?

Antiguas historias de la creación

Los científicos nos dicen que al mundo que conocemos le tomó billones de años formarse. Sin embargo, los antiguos, como los iroqués, contaron muchas historias para explicar los orígenes del mundo. La mayoría creía que muchos dioses habían participado en la creación. Con frecuencia creían que la tierra y aun los primeros humanos eran dioses que habían caído del cielo.

La respuesta de los israelitas

Con la ayuda de Dios, los israelitas llegaron a conocer y a creer las siguientes verdades:

- Sólo hay un Dios, no muchos dioses.
- El único y verdadero Dios es amoroso y bueno.
- Todo lo creado por Dios es bueno.
- La creación es buena porque fue hecha por un Dios bueno y amoroso.
- Los humanos son creados a imagen y semejanza de Dios.

Para enseñar estas verdades de fe, los israelitas contaron sus propias historias de la creación. Imaginando lo que pasó, los israelitas usaron la forma literaria de poesía. Sus historias no son verdaderas explicaciones científicas de los orígenes del mundo, pero nos enseñan importantes verdades de fe.

Primera historia bíblica sobre la creación

Esta es la primera historia de la creación según la imaginación de los israelitas. Fue escrita bajo la inspiración del Espíritu Santo.

El primer día, Dios dijo: "Haya luz"—y la luz fue hecha. Y vio Dios que la luz era buena. Dios separó la luz de las tinieblas. A la luz llamó "día" y a las tinieblas "noche".

El segundo día, Dios dijo: "Haya un firmamento en medio de las aguas y que separe a unas aguas de otras". Dios llamó al firmamento "cielo".

Ancient Creation Stories

Scientists tell us that the world, as we know it, took billions of years to form. Ancient peoples, however, like the Iroquois, told many stories to explain the origins of the world. Most of them believed that many gods took part in creation. They often thought that the earth and even the first humans were gods who had fallen from the sky.

The Israelite Response

With God's help, the Israelites came to know and believe the following truths:

- There is only one God, not many gods.
- The one true God is a God of loving kindness.
- All of creation was made by God.
- Creation is good because it was made by a good and loving God.
- Human beings are made in the image and likeness of God.

To teach these truths of their faith, the Israelites told their own creation stories. Imagining what had happened, the Israelites used the literary form of poetry. Their stories are not factual, scientific explanations of the origins of the world, but they teach us important truths of our faith.

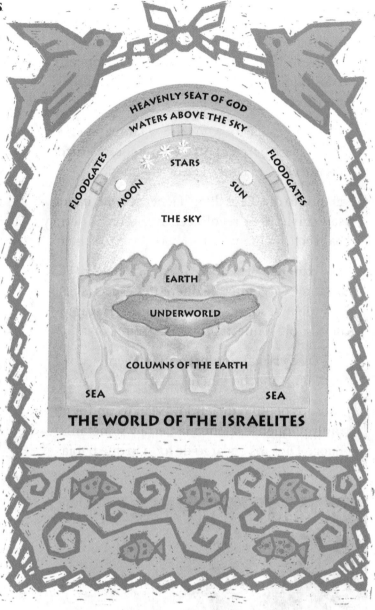

THE WORLD OF THE ISRAELITES

First Biblical Creation Story

This is the first story of creation as imagined by the Israelites. It was written under the inspiration of the Holy Spirit.

On the first day, God commanded, "Let there be light"—and light appeared. God was pleased. God separated the light from the darkness, naming the light "day" and the darkness "night."

On the second day, God said, "Let there be a dome. . . to separate one body of water from the other." God called the dome "the sky."

El tercer día, Dios dijo: "Júntense las aguas de debajo de los cielos en un solo lugar y aparezca el suelo seco"—y fue hecho. Dios llamó al suelo seco "tierra", y a la masa de agua "mares". Vio Dios que era bueno. Entonces Dios dijo: "Produzca la tierra pasto y hierbas que den semillas y árboles frutales . . ."

El cuarto día, Dios dijo: "Haya lámparas en el cielo que separen el día de la noche. . ." hizo las estrellas. . . Dios vio que era bueno.

El quinto día, Dios dijo: "Llénense las aguas de seres vivientes y revoloteen aves sobre la tierra y bajo el firmamento". Dios vio que estaba bien.

El sexto día, Dios dijo: "Produzca la tierra animales vivientes de diferentes especies". También pasó. . . Luego Dios dijo: "Hagamos al hombre a nuestra imagen y semejanza".

Dios creó al hombre a su imagen;
. . . macho y hembra los creó.

Dios los bendijo diciendo: "Sean fecundos y multiplíquense. Llenen la tierra y sométanla". Luego Dios los encargó de todo lo que había

VOCABULARIO

Creación es el acto de Dios, el creador, de hacer todas las cosas.

creado. Dios miró todo lo que había creado y vio que era muy bueno.

Luego Dios bendijo el séptimo día y lo puso aparte como día de fiesta para descansar para que la gente dé gracias a Dios por su bondad y toda la creación. Llamamos a ese día sabbat, palabra hebrea que significa "descanso".

Basado en Génesis 1:1—2:4

Los seres humanos son la culminación de la creación de Dios, porque somos creados a imagen y semejanza de Dios, nuestro Padre. Ser creados a imagen y semejanza de Dios significa que poseemos la habilidad de pensar, escoger y de amar como Dios ama. Los humanos somos llamados a respetar y a cuidar todo lo que Dios ha creado. Somos mayordomos de nuestro mundo. Somos compañeros de Dios en el trabajo de la creación.

PRIMER DIA
LUZ/TINIEBLAS

CUARTO DIA
SOL/ESTRELLAS/LUNA

SEGUNDO DIA
CIELO/AGUAS

QUINTO DIA
AVES/ANIMALES MARINOS

TERCER DIA
TIERRA

SEXTO DIA
ANIMALES/HOMBRE

On the third day, God said, "Let the water under the sky be gathered into a single basin, so that the dry land may appear"—and it was done. God called the dry land "the earth," and the basin of water he called "the sea." God saw how good it was. Then God said, "Let the earth bring forth... every kind of plant. . . and. . . fruit tree. . . ."

On the fourth day, God said, "Let there be lights in the dome of the sky to separate day from night. . . ." and he made the stars. . . . God saw how good it was.

On the fifth day, God said, "Let the water teem with an abundance of living creatures, and on the earth let birds fly beneath the dome of the sky." And God saw how good it was.

On the sixth day, God said, "Let the earth bring forth all kinds of living creatures. . . ." And so it happened. . . . Then God said, "Let us make man in our image, after our likeness."

> God created man in his image;
> . . . male and female he created them.

God blessed human beings, saying, "Be fertile and multiply; fill the earth and subdue it." Then God put them in charge of everything he had created. God looked at everything he had made, and he found it very good.

Then God blessed the seventh day and set it apart as a holy day of rest for people to thank God for the goodness of all creation. We call that day the Sabbath, from the Hebrew word meaning "to rest."

Based on Genesis 1:1—2:4

Human beings are the high point of God's creation, because we have been created in the image and likeness of God our Father. Being created in God's image and likeness means that we have the ability to think, to choose, and to love like God. Human beings are called to respect and care for all that God has created. We are the keepers and guardians of our world. We are God's partners in the work of creation.

DAY 1
LIGHT/DARKNESS

DAY 4
SUN/MOON/STARS

DAY 2
SKY/LOWER WATERS

DAY 5
BIRDS/SEA CREATURES

DAY 3
EARTH

DAY 6
ANIMALS/HUMANKIND

31

ACERCANDOTE A LA FE

Rellena el siguiente cuadro con símbolos o dibujos para contar la primera historia de la creación.

TRABAJO DE CREACION DE DIOS

DIAS	1	2	3	4	5	6	7

¿Qué es lo más importante en la creación de Dios?

¿Qué aprendemos de la primera historia de la creación para nuestras propias vidas?

VIVIENDO LA FE

¿Cómo te sientes al saber que el ser humano es lo más importante de la creación de Dios? ¿Cómo responsabiliza eso a los humanos? Escribe tus pensamientos en tu diario.

Compartan sus pensamientos acerca de lo que significa para ustedes ser compañeros de Dios en el trabajo de la creación. Juntos decidan algo que harán para proteger la belleza de nuestro mundo.

Puedes escribir tus ideas en la forma de una oración de petición, la que puedes ofrecer a tu párroco para que la incluya en la oración de los fieles en la misa de esta semana.

COMING TO FAITH

Fill in the following chart with symbols or line drawings to retell the first creation story.

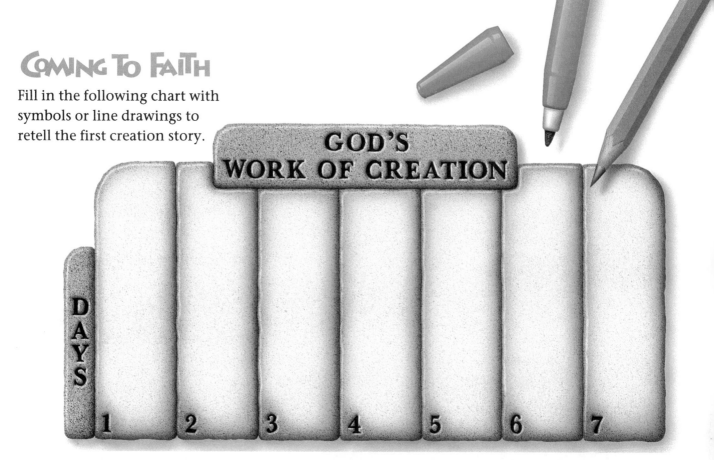

GOD'S WORK OF CREATION

DAYS
1 2 3 4 5 6 7

What was the high point of God's creation?

What do we learn from the first creation story for our own lives?

PRACTICING FAITH

How does it make you feel to know that human beings are the high point of God's creation? What responsibilities does that place on humans? Write your thoughts in your journal.

Share your thoughts about what it means for us to be partners with God in the work of creation. Decide together on something you can do to protect the beauty of our world.

You might write your ideas in the form of a prayer of petition and ask your pastor to include it in the prayers of the faithful at Mass this week.

REPASO

Encierra en un círculo la letra al lado de la respuesta correcta.

1. Los únicos antiguos que creyeron en un sólo y verdadero Dios fueron los

    a. babilonios.

    b. israelitas.

    c. los iroqués.

2. La historia de la creación contada por los israelitas

    a. no fue escrita como ciencia, sino para enseñar verdades religiosas.

    b. eran científicamente exactas.

    c. nunca se escribieron.

3. Ser creados a imagen y semejanza de Dios significa que los humanos.

    a. son Dios.

    b. tienen la habilidad de pensar, escoger y amar como Dios.

    c. son diferentes a los animales.

4. Dios

    a. ya no está interesado en la creación.

    b. terminó con el mundo y nosotros.

    c. sigue presente como creador que se preocupa del mundo.

5. ¿Qué significa compartir el poder creador con Dios? ¿Qué responsabilidades vivirás como compañero de Dios en el trabajo de la creación?

_____

_____

EN EL HOGAR Y EN LA PARROQUIA

La primera historia de la creación encontrada en Génesis 1:1—2:4, celebra la creación de todas las cosas, pero especialmente la creación de la humanidad. La historia presenta a la humanidad como el punto culminante de la creación de Dios.

La humanidad es la única parte de la creación a quien Dios habló directamente y cuando el ser humano actúa responsablemente, refleja la imagen de Dios. Esta es una sorprendente afirmación cuando se recuerda que a los israelitas se les estaba prohibido representar a Dios por medio de cualquier tipo de imagen o molde. Este Dios debe ser conocido e imaginado por medio de los humanos que viven en libertad, tomando decisiones y cumpliendo sus compromisos.

Nuestro papel como seres humanos es usar nuestra energía creativa para asegurar el bienestar de todas las criaturas de Dios. Nuestra comunidad parroquial nos apoya en este trabajo.

Resumen de la fe

- Los israelitas fueron los únicos antiguos que creyeron en un solo y verdadero Dios, que había creado todas las cosas de la nada y las creó a todas buenas.

- Los humanos fueron creados a imagen y semejanza de Dios y se les pide "actuar como Dios", nuestro creador.

- Dios encargó a los humanos de toda la creación. Somos responsables de mejorar el mundo que Dios nos dio.

REVIEW · TEST

Circle the letter beside the correct answer.

1. The only ancient people to believe in the one true God were the

    a. Babylonians.

    b. Israelites.

    c. Iroquois.

2. The creation story told by the Israelites was

    a. not written as science, but teaches religious truths.

    b. scientifically accurate.

    c. never written down.

3. Being created in the image and likeness of God means that human beings

    a. are God.

    b. have the ability to think, to choose, and to love like God.

    c. are no different from animals.

4. God is

    a. no longer interested in God's creation.

    b. finished with the world and with us.

    c. still present as creator and cares about the world.

5. What does it mean to share in the creative power of God? What responsibilities will you live out as God's partner in the work of creation?

_____

_____

FAITH ALIVE AT HOME AND IN THE PARISH

The first creation story, found in Genesis 1:1–2:4, celebrates the creation of all things, but especially the creation of humanity. The story presents humanity as the high point of God's creation.

Humanity is the only part of creation directly spoken to by God, and when we human beings act responsibly, we reflect God's image as well. This is a striking affirmation when one remembers that the Israelites were forbidden to represent God through any cast or molten images. This God is to be known and imaged through human beings who live in freedom, make decisions, and honor commitments.

Our role as human beings is to use our creative energies to secure well-being for all of God's creatures. Our parish community supports us in this work.

Faith Summary

- The Israelites were the only ancient people who believed in the one true God, who had created everything from nothing and made all things good.

- Human beings are created in the image and likeness of God and are called "to act like God," our creator.

- God placed human beings in charge of all created things. We are responsible for improving the world God gave us.

4 Creados por Dios

Te alabamos,
Señor, por el
regalo de
nuestras vidas.

NUESTRA VIDA

Hay una famosa historia acerca de un principito que llegó a la tierra desde un planeta lejano. Un día se encontró con un pequeño zorro. "¿Me domesticarías?" Le preguntó el zorro.

El principito no sabía lo que el zorro quería decir. El zorro le explicó que como eran extraños, el príncipe podía maltratarlo, o él, siendo un animal salvaje podía morderle. "Pero si me domesticas, estableceremos lazos. Ya no seremos extraños. Me pertenecerás y te perteneceré", dijo el zorro.

El príncipe empezó a domesticar al zorro. Todos los días el príncipe se sentaba tranquilamente en la arena. El zorro se sentaba lejos de él. Día a día, el príncipe y el zorro se acercaban uno al otro.

Finalmente, un día el príncipe y el zorro se sentaron uno al lado del otro. El príncipe puso su brazo alrededor del zorro. El zorro puso su cabeza en el hombro del principito. "Ah, me has domesticado, me perteneces y te pertenezco. Hemos establecido lazos", dijo el zorro.

¿Qué aprendiste de esta historia? ¿Con quién tienes lazos? ¿Qué tipo de compañero eres?

COMPARTIENDO LA VIDA

Imagina como sería la vida si no estableciéramos lazos con otras personas. ¿Cómo sería para ti?

Piensa en tus lazos especiales con Dios.

Discute como somos compañeros de Dios.

4 Created for God

OUR LIFE

In his famous book, *The Little Prince*, Antoine de Saint-Exupéry tells the story about a little prince who came to earth from a faraway planet. One day he met a small fox. "Will you tame me?" asked the fox. The little prince did not know what the fox meant. So the fox explained that since he and the prince were strangers, the prince might hurt the fox, or the fox, being wild, might bite the prince. "But," said the fox, "if you tame me, we will establish ties. We will no longer be strangers. You will belong to me, and I will belong to you."

So the prince began to tame the fox. Each day the prince sat quietly on the sand. The fox sat far away from him. Day by day, the prince and the fox moved closer to each other.

Finally, one day the prince and the fox sat side by side. The prince put his arm around the fox. The fox laid his head on the little prince's shoulder. "Ah," said the fox, "you have tamed me. You belong to me, and I belong to you. We have established ties."

What do you learn from this story? With whom do you have ties? What kind of partners are you?

SHARING LIFE

Imagine what life would be like if we never established ties with other people. What would it be like for you?

Think about your special ties with God. Discuss how we are partners with God.

Segunda historia bíblica de la creación

Inspirados por el Espíritu Santo los israelitas contaron una segunda historia sobre la creación, en poesía, igual que la primera. Continúa el mensaje de que hombres y mujeres hemos sido creados por Dios. La raza humana tiene un origen común en nuestros primeros padres.

Empezando con Adán, la raza humana fue creada por Dios. De acuerdo a esta historia bíblica, después que Dios creó el mundo no había quien cuidara de él. Así que Dios tomó barro, formó al hombre y sopló el aliento de vida en su nariz. En la Biblia el primer hombre es llamado Adán, del hebreo "barro" y "hombre". *Adán* quiere decir "hombre de barro".

Dios sembró un jardín lleno de hermosos árboles que producían suficiente sombra y deliciosos frutos en un lugar imaginario llamado Edén.

Adán fue colocado en el jardín para cultivarlo, cuidarlo y disfrutarlo. Dios dio una sola restricción a Adán: "Puedes comer de cualquier árbol que haya en el jardín, menos del árbol de la Ciencia del bien y del mal; porque el día que comas de él morirás sin remedio" (Génesis 2:16-17).

Adán estaba feliz en el jardín, pero Dios dijo: "No es bueno que el hombre esté solo. Haré, pues un ser semejante a él para que lo ayude". Entonces Dios tomó barro, igual que cuando creó a Adán. Dios formó animales y aves y los llevó a Adán para que les pusiera nombre. Adán puso nombre a todas las aves y animales; pero ninguno era un compañero apropiado para Adán.

Dios hizo caer a Adán en un profundo sueño. De Adán Dios creó a una segunda persona a quien llamó Eva. Dios creo a Adán y a Eva, el primer hombre y la primera mujer, para que fueran compañeros. Ellos fueron unidos por Dios como marido y mujer. Amándose y cumpliendo el mandamiento de Dios eran completamente felices en el jardín como compañeros de Dios y uno del otro.

Basado en Génesis 2:5–25

Símbolos usados en la historia

Los autores de la segunda poesía de la creación usaron muchos símbolos para enseñar las verdades religiosas.

Crear la humanidad del barro fue una forma de enseñar que dependemos de Dios para existir.

Dios sopló *aliento de vida* en la nariz del primer hombre. Esta acción simboliza la dignidad y el valor de toda la vida humana. Sólo los humanos-hombres y mujeres tienen el aliento de vida que viene de Dios.

Second Biblical Creation Story

Inspired by the Holy Spirit, the Israelites told this second story of creation, as they told the first, in poetry. It continues the message that we are made male and female by God. The human race has a common origin in our first parents.

Beginning with Adam, the human race was created by God. According to this Bible story, after God created the world, there was no one to care for it. Then God took soil from the earth, formed it into the shape of a human being, and breathed life-giving breath into its nostrils. In the Bible this first human being is called Adam, from Hebrew words for "soil" and "person." *Adam* means "person of the earth."

God planted a garden full of beautiful trees that produced plenty of shade and delicious fruits in an imaginary place called Eden.

Adam was placed in the garden to cultivate, care for, and enjoy it. God gave only one restriction to Adam: "You are free to eat from any of the trees of the garden except the tree of knowledge of good and bad. From that tree you shall not eat; the moment you eat from it you are surely doomed to die" (Genesis 2:16–17).

Adam was happy in the garden. But God said, "It is not good for the man to be alone. I will make a suitable partner for him." Then God took soil from the ground, as when Adam was created. God formed the animals and birds and brought them to Adam to be named. Adam named all the birds and animals; but not one of them was a suitable partner for Adam, the person of the earth.

God then made Adam fall into a deep sleep. Out of Adam God created a second human being called Eve. Then God brought Adam and Eve, the first man and the first woman, together as equal partners. They were united by God as husband and wife. Loving each other and obeying God's command, they were completely happy in the garden as partners with God and with each other.

Based on Genesis 2:5–25

Symbols Used in the Story

The authors of the second creation poem used many symbols to teach religious truths.

The *creation of humankind from the soil of the earth* was a way of teaching that we depend on God for our existence.

God breathed *life-giving breath* into the shape of the first human being. This action symbolized the dignity and value of all human life.

El *jardín* era un símbolo de la paz, la felicidad, la gracia y las bendiciones de Dios. También era un símbolo usado para enseñar que Dios quiere que tengamos vida plena y compartamos su propia vida. Llamamos "gracia" a esta participación en la vida de Dios. Gracia significa que el amor y la vida de Dios están en nosotros.

El árbol del bien y del mal fue un símbolo de las experiencias de la vida. Los primeros humanos tenían la habilidad de escoger entre hacer el bien y el mal. Dios les animó a escoger el bien cumpliendo su voluntad, pero ellos eran libres de escoger.

Nombrar a los animales y a las aves fue una forma de enseñar a la humanidad que era responsable de la creación. La humanidad posee las cualidades de Dios, porque controlar o nombrar a la creación corresponde sólo a Dios.

Poner a Adán en un *profundo sueño* y crear una segunda persona de "la persona formada del barro" fue una forma simbólica de enseñar al hombre y a la mujer a compartir la misma vida humana. Ellos eran iguales compañeros y colaboradores con Dios.

VOCABULARIO

Gracia es compartir la vida divina, la vida y el amor de Dios.

Algunas veces escuchamos la expresión "es la voluntad de Dios". Podemos preguntarnos qué es lo que en realidad Dios quiere que pase en el mundo. La segunda historia de la creación nos enseña cómo Dios quiere que realmente sea el mundo. Dios nos dio la creación y formó una relación especial con nosotros. Dios quiere que todos tengamos una vida plena. Dios también hizo a la mujer y al hombre para ser compañeros iguales para cuidar de la creación y de cada uno.

Grace is a sharing in the divine life, in God's very life and love.

Humans alone—male and female—have the breath of life that comes from God.

The *garden* was a symbol of peace and happiness and of the grace and blessing of God. It was also a symbol used to teach that God wants us to have fullness of life and to share in his own life. We call this sharing in God's life "grace." *Grace* means that God's own life and love are in us.

The *tree that gave knowledge* was a symbol for the experiences of life. The first human beings had the ability to choose between doing good and doing evil. God encouraged them to choose good by following his will, but they were still free to make a choice.

Naming the animals and birds was a way of teaching that humankind has been made responsible for creation. Humankind has Godlike qualities, because control over, or naming, creation belongs properly to God.

Putting Adam in a *deep sleep* and creating a second person from "the person formed out of the earth" was a symbolic way of teaching that men and women share the same human life. They are equal partners with each other, and partners with God.

We sometimes hear the expression "It is God's will." We may ask ourselves what God really wants to happen in our world. The second story of creation teaches us how God really wants the world to be. God gave us creation, and God formed a special relationship with us. God wants all of us to have fullness of life. God also made woman and man to be good and equal partners to care for creation and for each other.

ACERCANDOTE A LA FE

¿Cómo la segunda historia de la creación te ayuda a entenderte mejor?

_____

_____

_____

_____

_____

Da tres ejemplos de personas o grupos que conozcas y que trabajen para hacer del mundo un lugar mejor. Explica lo que hace cada uno. ¿Qué te dice la historia de la segunda creación acerca de la relación hombre mujer?

VIVIENDO LA FE

Toma unos minutos para reflexionar en cómo la historia de la segunda creación te puede estar llamando a cambiar y a crecer. Pregúntate que talentos y dones tienes que puedes usar para mejorar el mundo. Escribe tus ideas en tu diario.

Formen un círculo. Túrnense para completar la siguiente oración mientras se pasean por el círculo: trataré de hacer del mundo un mejor lugar. . .

Luego discutan que oportunidades tienen los estudiantes de sexto curso de contribuir a este hermoso mundo. Traten de encontrar algunas sugerencias prácticas de lo que pueden hacer.

Terminen rezando una oración por la familia.

COMING TO FAITH

How does the second creation story help you to understand yourself?

_____

_____

_____

_____

_____

Give three examples of persons or groups you know who work together to make the world a better place. Tell what each does. What does the second creation story tell you about the relationship between women and men?

PRACTICING FAITH

 Take a few quiet minutes now to reflect on how the second creation story might be calling you to change and grow. Ask yourself what talents and gifts you have that you can use to make the world a little better. Write your thoughts in your journal.

Form a circle. Go around the circle, each one in turn completing this sentence: I will try to make the world a better place by....

Then discuss with your group opportunities sixth graders have to contribute to the beauty of the world. Try to come up with a few practical suggestions for what you might do together.

Close by praying for their families.

REPASO

Encierra en un círculo la letra al lado de la respuesta correcta.

1. El nombre *Adán* significa

    a. "aliento de vida".

    b. "humanidad" y "persona de barro".

    c. "compañero en la creación".

2. Adán y Eva eran felices en el jardín como

    a. iguales a Dios.

    b. criaturas diferentes a Dios.

    c. compañeros de Dios y uno del otro.

3. El jardín era un símbolo de

    a. la paz, felicidad y gracia.

    b. el pecado original.

    c. el mal.

4. Gracia es

    a. la vida y el amor de Dios en nosotros.

    b. algo que no es para nosotros.

    c. la amistad que tenemos por otros.

5. ¿Cómo usarás tus dones y habilidades para hacer de tu ambiente un mejor lugar y poder cuidar de la creación de Dios?

_____

_____

_____

FE VIVA EN EL HOGAR Y EN LA PARROQUIA

En esta lección los niños estudiaron la segunda historia de la creación. Esta historia contiene cuatro temas importantes: un llamado, simbolizado por el nombramiento de Adán; la libertad del ser humano en un lugar de gran deleite con autoridad sobre la creación; la frontera o limitación de su libertad; y el compañerismo de Adán y Eva. Entre mujer y hombre debe haber igualdad.

Resumen de la fe

- Los humanos son invitados a ser iguales y compañeros de Dios en el desarrollo de la creación.

- Escrita en forma literaria de poesía, la segunda historia de la creación usa los siguientes símbolos: "aliento de vida", "árbol del bien y del mal", "jardín", "nombrar animales" y "sueño profundo".

- La segunda historia de la creación nos enseña cómo Dios quiere que verdaderamente sea el mundo.

REVIEW ■ TEST

Circle the letter beside the correct answer.

1. The name *Adam* means

   a. "life-giving breath."

   b. "humankind" and "person of the earth."

   c. "partner in creation."

3. The garden was a symbol of

   a. peace, happiness, and grace.

   b. original sin.

   c. evil.

2. Adam and Eve were happy in the garden as

   a. God's equals.

   b. unequal creatures of God.

   c. partners with God and with each other.

4. Grace is

   a. God's own life and love in us.

   b. not for us.

   c. the friendship we have for others.

5. How will you use your gifts and abilities to shape your surroundings into a better world and take care of God's creation?

_____

_____

_____

FAITH ALIVE AT HOME AND IN THE PARISH

In this lesson your daughter or son studied the second creation story. This story contains four important themes: a call, signified by the naming of Adam; the freedom of human beings in a place of great delight with authority over creation; the boundary or limitation of their freedom; and the partnership of Adam and Eve. Between woman and man there is to be equality and mutuality.

Faith Summary

• Human beings are invited to be equal partners with one another and partners with God in developing creation.

• Written in the literary form of poetry, the second creation story uses the following symbols: "God's life-giving breath," the "tree that gave knowledge," the "garden," "naming the animals," and "deep sleep."

• The second story of creation teaches us how God really wants the world to be.

5 Buscando la misericordia de Dios

Padre, no nos dejes caer en la tentación, más líbranos del mal. Amén.

NUESTRA VIDA

María sólo tenía diez años cuando empezó el ataque a la ciudad donde vivía, Sarajevo, Yugoslavia. Todos los días desde las montañas que rodeaban la ciudad disparos y fuegos mortales mataban inocentes.

Tratando de entender lo que le estaba pasando a ella, a su familia y a sus amigos, empezó a escribir un diario. He aquí algunas de las cosas que escribió:

Miércoles: No tenemos energía eléctrica, calefacción, ni agua. Mi padre está afuera cortando los árboles del parque para tener madera.

Sábado: Hoy me enteré de que mi mejor amiga, Teresa, fue asesinada. No volveré a verla. ¿Por qué hay tanto odio en el mundo?

Viernes: Anoche mi familia se sentó junto al fuego. Miré cada rostro. Los quiero mucho. Quizás el amor vencerá algún día todo este odio, todo este mal.

¿Qué aprendiste del diario de María? El mal y el pecado son realidades en nuestro mundo, nuestra sociedad, nuestras vidas. ¿En qué forma las expresas?

COMPARTIENDO LA VIDA

Con un compañero completen las siguientes oraciones.

Cuando escuchamos sobre violencia y asesinatos, nos sentimos

_____.

Creemos que el mayor de los males en el mundo es

_____

porque_____.

Compartan sus ideas con todo el grupo.

¿Cómo crees que Dios quiere que respondamos al mal y al pecado?

5 Finding God's Mercy

Father, lead us not into temptation but deliver us from evil. Amen.

Our Life

Mela was only ten when the attack on her city of Sarajevo, Yugoslavia, began. Everyday from the hills around the city sniper and mortar fire wounded and killed innocent people. In an attempt to understand what was happening to her, her family, and her friends, Mela began keeping a journal. She wrote:

Wednesday: We have no electricity, no heat, no water. Daddy is out cutting wood from the trees in the park across the street.

Saturday: Today I hear that my best friend, Tresa, has been killed. I will never see her again, never. Why is there such hate in the world?

Friday: Last night our family sat close together near the fire. I looked at each face. I love them so much. Maybe love can finally overcome all this evil, all this hate.

What do you learn from Mela's journal? Evil and sin are realities in our world, in our society, in our lives. In what ways do you experience them?

Sharing Life

Work with a partner to complete these statements.

When we hear about violence and killing, we feel _____.

We think the greatest evil in the world is

_____

because _____.

Share your thoughts with the group.

How do you think God wants us to respond to evil and sin?

265
CENEX
RAL EXPORT YUGOSLAVIA

El pecado y el mal

La gente siempre se ha preocupado de cómo el mal entró al mundo de Dios. Los escritores de la Biblia se dieron cuenta de que el mal y el pecado son resultado de nuestro libre albedrío. Por medio de símbolos continuaron la historia de Adán y Eva para exponer sus ideas.

Una serpiente, símbolo del mal, tentó a Adán y a Eva a comer del árbol de la ciencia del bien y del mal, sugiriéndoles que Dios no había sido justo. La serpiente dijo a Eva: "De ninguna manera morirán. Que Dios sabe muy bien que el día en que coman de él, se les abrirán a ustedes los ojos y serán como dioses y conocerán el bien y el mal". El demonio lo hizo parecer atractivo y agradable.

Ambos, Adán y Eva, desobedecieron a Dios comiendo de la fruta prohibida. Esta fue la forma en que los escritores de la Biblia enseñaron que la gente algunas veces toma decisiones en contra de la voluntad de Dios. Como resultado de su pecado, Adán y Eva fueron sacados del jardín a cultivar la tierra de la cual habían sido creados. El ser sacado del jardín simboliza perder el favor de Dios.

Basado en Génesis 3:1–24

En esta historia, aprendemos que los primeros humanos no usaron su libertad con responsabilidad. Por su libre albedrío, el pecado, el mal, entró al mundo. Eso es llamado, "pecado original".

Cuando pecaron, además de perder la gracia santificante, nuestros primeros padres perdieron otros privilegios. En la historia del Génesis nos enteramos que toda la humanidad está sujeta a los siguientes efectos del pecado original:

- *Ignorancia:* Como todos sabemos, aprender no es siempre fácil.
- *Sufrimiento:* Sufrimiento y pena son parte de la vida. No podemos escaparnos de ellos.
- *Inclinación al mal:* Somos tentados a hacer lo que es malo y rechazar a Dios.
- *Muerte:* Por el pecado, el ser humano morirá.

Noé y el diluvio

Los escritores del Génesis nos cuentan una historia para recordarnos que nunca debemos sentirnos vencidos por el mal. En la historia, Dios estaba disgustado con el pueblo porque estaba viviendo en pecado. Dios dijo a Noé, un virtuoso hombre, que un diluvio destruiría toda vida en la tierra. Dios le pidió construir un arca, poner en ella a toda su familia y una pareja de cada tipo de animal.

Noé hizo lo que Dios le ordenó. Después de llover por cuarenta días y cuarenta noches toda la tierra se cubrió de agua.

Poco después de pasar la lluvia, Noé envió una paloma para ver si el tiempo era adecuado para vivir. Cuando la paloma retornó con una rama fresca de olivo en su pico, Noé supo que era seguro salir del arca.

Basado en Génesis 6:1—8:14

Sin and Evil

People have always wondered how evil first came into God's good world. The writers of the Bible realized that sin and evil are the result of our free choice. Using symbols, they continued the story of Adam and Eve to make that point.

A serpent, a symbol of evil, tempted Adam and Eve to eat from the tree of knowledge of good and evil, suggesting that God was being unfair. The serpent said to her, "You certainly will not die! No, God knows well that the moment you eat of it your eyes will be opened and you will be like gods who know what is good and what is bad." Evil can be made to look so attractive and rewarding.

Then both Adam and Eve disobeyed God by eating the forbidden fruit. This was the Bible writers' way of teaching that people sometimes make choices that go against what God wants.

As a result of their sin, Adam and Eve were sent out of the garden to till the earth from which they were made. Being sent out of the garden symbolized the loss of God's favor.

Based on Genesis 3:1–24

In this story, we learn that the first humans did not use their freedom responsibly. By their free choice, sin and evil entered the world. We call this sin "original sin."

Besides losing sanctifying grace, our first parents lost other privileges when they sinned. From the Genesis story we know that the whole human race is forever subject to the following effects of orignial sin:

- *Ignorance:* As everyone knows, learning does not always come easily.
- *Suffering:* Suffering and pain are part of life. We cannot escape them.
- *Inclination to Evil:* We are tempted to do what is wrong and to reject God.
- *Death:* Because of sin, all human beings will die.

Noah and the Flood

The Genesis writer tells a story to remind us that we should never feel defeated by evil. In the story God was angry with people because they were living sinfully. So God told Noah, a virtuous man, that a flood would destroy every living being on earth. God told him to build an ark, and take into the boat his whole family, as well as a male and female of each kind of animal.

Noah did as God commanded. Then it rained for forty days and forty nights. The whole earth was covered with water.

Sometime after the rains had stopped, Noah sent out a dove to see whether the water had gone down. When the dove returned with a fresh olive branch in its beak, Noah knew that it was safe to leave the boat.

Based on Genesis 6:1—8:14

Alianza del arco iris

Después del diluvio, Noé y su familia construyeron un altar y ofrecieron un sacrificio de alabanza a Dios por haberlos salvado. El sacrificio consistió en ofrecer uno de cada uno de los tipos de animales que había en el arca. Dios estuvo complacido con el sacrificio e hizo una alianza con Noé, su familia y todos sus descendientes. En la Biblia una alianza es un convenio especial entre Dios y su pueblo.

Dios dijo: "Ahora hago una alianza contigo y tus descendientes y con toda criatura viviente. Prometo que la tierra no será destruida con agua otra vez. Pues el arco estará en las nubes: yo al verlo me acordaré de la alianza perpetua entre Dios y todo ser animado".

Basado en Génesis 8:15—9:17

La historia de Noé nos enseña que todos los pueblos tienen una alianza perpetua con Dios. Todos los pueblos son llamados a una amistad con Dios y pueden vivir la misericordia de Dios.

Para recordar nuestra alianza

La historia de Noé y el diluvio recuerda a los católicos los sacramentos del Bautismo, la Eucaristía y la Reconciliación, que son parte de nuestra alianza especial con Dios por medio de Jesús.

Empezamos nuestra relación con Dios en el momento de nuestro Bautismo. Somos librados del poder del pecado por medio del agua del Bautismo, de la misma manera que el mundo fue purificado del pecado por las aguas del diluvio.

Pecado original es la condición de pecado con que nace todo ser humano. Es la pérdida de la gracia que todas las generaciones heredan de nuestros primeros padres.

En la Eucaristía ofrecemos un sacrificio de alabanza y acción de gracias, de la misma manera que lo hicieron Noé y su familia para celebrar el haber sido salvados del diluvio. En el sacramento de la Reconciliación experimentamos la misericordia de Dios, al igual que Noé y su familia experimentaron el don de la vida y la misericordia de Dios.

Original sin is the sinful condition into which all human beings are born. It is the loss of grace passed on from our first parents to all generations.

Rainbow Covenant

After the flood, Noah and his family built an altar and offered a sacrifice of praise to God for saving them. The sacrifice consisted in offering one of each kind of animal on the ark. God was pleased with the sacrifice and made a special covenant with Noah, his family, and with all of their descendants. A covenant in the Bible is a special agreement made between God and people.

God said: "See, I am now establishing my covenant with you and your descendants after you and with every living creature that was with you. . . . never again shall all bodily creatures be destroyed by the waters of a flood. . . . I set my bow in the clouds to serve as a sign. . . . I will see it and recall the everlasting covenant that I have established between God and all living beings."

Based on Genesis 8:15—9:17

The story of Noah teaches us that all people everywhere have an everlasting covenant with God. All people are called into friendship with God and can experience his mercy.

Reminders of Our Covenant

The story of Noah and the flood reminds Catholics of the sacraments of Baptism, Eucharist, and Reconciliation, which are part of our special covenant with God through Jesus.

We begin our covenant relationship with God at the time of our Baptism. We are freed from the power of sin through the waters of Baptism, just as the world was purified of sin by the waters of the flood.

In the Eucharist we offer a sacrifice of praise and thanksgiving, just as Noah and his family offered a sacrifice of praise and thanksgiving to celebrate being saved from the flood. In the sacrament of Reconciliation we experience the mercy of God, just as Noah and his family experienced the life-giving mercy of God.

ACERCANDOTE A LA FE

Escribe y comparte tus ideas con el grupo.

¿Cómo la historia del pecado original te ayuda a entender la existencia del mal en el mundo?

_____

¿Cómo la historia de Noé y la alianza del arco iris fortalece tu esperanza en la misericordia de Dios?

_____

¿Cómo mostrarás misericordia a alguien que te ha ofendido? ¿Qué señal de esperanza de tu propia vida puede ayudar a esa persona?

_____

VIVIENDO LA FE

Toma unos minutos para responder esta pregunta. ¿Eres tan misericordioso con otros como quiere que Dios sea misericordioso contigo? Escribe tus ideas en tu diario. Después hablen acerca de las formas en que las personas de tu edad pueden ser señales de misericordia y esperanza para otros.

Haz un cuadro de lo que esperas hacer ahora y en el futuro para poner fin al odio y el mal.

Durante este año

_____

_____

Durante el próximo año

_____

_____

En los próximos cinco años

_____

_____

Coming To Faith

Write and then share your thoughts with the group.

How does the story of original sin help you to understand the existence of evil in the world?

_____

_____

How does the story of Noah and the rainbow covenant help to strengthen your hope in God's mercy?

_____

_____

How might you show mercy to someone who has hurt you? What signs of hope from your own life might help this person?

Practicing Faith

Take a few quiet minutes to respond to this question. Are you as merciful to others as you want God to be merciful to you? Write your thoughts in your journal.

Then talk together about ways people your age can be signs of mercy and hope to others.

Make a chart of what you hope to do now and in the future to put an end to hatred and evil.

Hopes for this year

_____

_____

Hopes for next year

_____

_____

Five years from now

_____

_____

REPASO

Contesta.

1. En la historia del primer pecado, ¿qué fue lo que los humanos no usaron con responsabilidad?

_____

2. Nombra uno de los efectos del pecado original.

_____

3. En la historia de Noé y el diluvio, ¿qué aprendemos acerca de la alianza de Dios con todos los pueblos?

_____

4. ¿En qué tres sacramentos celebramos la alianza de la misericordia de Dios en Jesús?

_____

5. ¿Cuándo has experimentado la misericordia de Dios en tu vida? ¿Cómo puedes mostrar tu misericordia a otros?

_____

_____

_____

EN EL HOGAR Y EN LA PARROQUIA

Lea con su hijo la historia del Génesis 3:1-24. Para ayudar a su familia a entender el pecado y el mal en nuestro mundo hoy, hable con su familia acerca de los símbolos usados en la historia del génesis y su significado.

Símbolo	Significado
serpiente	fuente de tentación
comer del árbol prohibido	somos libres de escoger entre el bien y el mal
ser sacado del jardín	perder el favor de Dios, efecto del pecado

Resumen de la fe

- Nuestros primeros padres pecaron y sufrieron los efectos de su pecado. Dios fue misericordioso con ellos y llamó a todos los pueblos a una amistad con él.

- En la historia de Noé y el diluvio, Dios hizo una alianza de misericordia y esperanza con todos los pueblos.

- En los sacramentos del Bautismo, la Eucaristía y la Reconciliación, celebramos la alianza de misericordia de Dios en Jesús.

REVIEW ▪ TEST

Write answers for the following questions.

1. In the story of the first sin, what did human beings fail to use responsibly?

_____

2. Name one effect of original sin.

_____

3. In the story of Noah and the flood, what do we learn about God's covenant with all people?

_____

4. In which three sacraments do we celebrate the covenant of God's mercy in Jesus?

_____

5. When have you experienced God's mercy in your life? How can you show mercy to others?

_____

_____

_____

FAITH ALIVE AT HOME AND IN THE PARISH

ead with your daughter or son the story from Genesis 3:1–24. To help your family's understanding of sin and evil in our world today, talk with your family about the symbols used in the Genesis story and their meanings.

Symbol	Meaning
serpent	a source of temptation
eating the forbidden fruit	we are free to choose good or evil
being sent from the garden	loss of God's favor, the effect of sin

Faith Summary

- Our first parents sinned and suffered the effects of their sin. God was merciful to them and called all people to friendship with God.

- In the story of Noah and the flood, God made a covenant of mercy and hope with all people.

- In the sacraments of Baptism, Eucharist, and Reconciliation, we celebrate the covenant of God's mercy in Jesus.

Jesús, ayúdanos a ver lo que necesitamos cambiar en nuestras vidas.

NUESTRA VIDA

Una vez Jesús salía de Jericó y una gran cantidad de personas lo seguía. Bartimeo, un ciego, estaba sentado a la orilla del camino. Cuando escuchó que Jesús estaba pasando gritó: "Jesús, Hijo de David, ten compasión de mí".

Los que estaban a su alrededor le pedían que se callara, pero él seguía gritando. Jesús se detuvo y dijo: "Llámenlo".

La gente dijo a Bartimeo: "¡Párate, hombre!, te está llamando".

Bartimeo fue donde Jesús: "¿Qué quieres que te haga?" le preguntó Jesús. "Maestro, que yo vea".

Entonces Jesús le dijo: "Puedes irte: tu fe te ha salvado".

Inmediatamente Bartimeo pudo ver y siguió a Jesús.

Basado en Marcos 10:46–52

Imagina que eres Bartimeo. ¿Tendrías la fe que él tenía?

Si Jesús te preguntara: "¿Qué quieres que te haga?" ¿Qué le contestarías?

COMPARTIENDO LA VIDA

Juntos analicen la siguiente pregunta: ¿En qué piensan cuando escuchan la palabra misericordia? Hablen acerca de sus ideas y de donde vienen.

Den ejemplos reales de misericordia y perdón en nuestra sociedad.

6 | Celebrating Reconciliation

OUR LIFE

Once Jesus was leaving Jericho, and a large crowd was following him. There was a blind man named Bartimaeus sitting by the side of the road. When he heard that it was Jesus passing by, he shouted, "Jesus, son of David, have pity on me."

The people around Bartimaeus told him to be quiet, but he kept on shouting. Jesus stopped and said, "Call him."

So the people said to Bartimaeus, "Take courage; get up, he is calling you."

Bartimaeus went to Jesus. "What do you want me to do for you?" Jesus asked. "Master," Bartimaeus answered, "I want to see ."

"Go your way;" Jesus told him, "your faith has saved you."

Immediately Bartimaeus was able to see, and he followed Jesus.

Based on Mark 10:46–52

Imagine you are Bartimaeus. Would you have the faith and persistence he had?

If Jesus asked you, "What do you want me to do for you?" what would you answer?

SHARING LIFE

Brainstorm together: What comes to your mind when you hear the word mercy? Talk about your ideas and where they come from.

Give examples of real mercy and forgiveness in our society.

Jesús trae el perdón

Para reconciliar a la humanidad con Dios y unos con otros, Dios envió a su Hijo Jesús para salvarnos y traernos el perdón de Dios.

Jesucristo, el Hijo de Dios, trajo el perdón de Dios a todo el mundo. Cuando Jesús empezó a predicar, con frecuencia perdonó a la gente sus pecados. La gente se sorprendía al escuchar a Jesús decir: "Tus pecados te son perdonados". Muchos acusaron a Jesús de blasfemia; ellos decían que sólo Dios podía perdonar los pecados. Ellos no se dieron cuenta de que Jesús era en sí mismo divino.

Después de su muerte y resurrección, Jesús quería que su Iglesia continuara su ministerio de reconciliación. Jesús quería que todo el mundo se uniera con Dios y unos con otros. Jesús dio a sus discípulos el poder de perdonar los pecados. El les dijo: "A quienes ustedes perdonen, queden perdonados, y a quienes no libren de sus pecados, queden atados" (Juan 20:23).

Los discípulos continuaron la misión de Jesús. Ellos llevaron el perdón de Dios al pueblo. En los siglos siguientes, la Iglesia continuó llevando el perdón de Dios al pueblo.

Celebrando la Reconciliación

La Iglesia nos recuerda dos verdades importantes:

- El pecado es una ofensa a Dios.
- El pecado nos hiere a todos.
- En el sacramento de la Reconciliación el sacerdote nos perdona en nombre de la Santísima Trinidad.

Todo pecado es una elección personal, nunca es algo privado entre Dios y el pecador. El pecado hiere a todo el pueblo de Dios. Vemos los resultados del pecado en el mal que encontramos en el mundo. Cuando estudiamos acerca de la belleza y la bondad de la creación de Dios, nos damos cuenta de que el mundo ha sido dañado por el pecado. Dios nos creó a todos para amarnos unos a otros y para cuidar de la creación. Pero cuando miramos el mundo hoy, con frecuencia vemos personas odiando y ofendiéndose unos a otros. Vemos un mundo que ha sido dañado por la avaricia y el descuido de otros. Vemos que necesitamos reconciliación.

Jesus Brings Forgiveness

In order to reconcile people with God and one another, God sent Jesus to save us and bring us God's forgiveness. Jesus Christ, the Son of God, brought God's forgiveness to all people. When Jesus began to preach, he often forgave people's sins. When the people heard Jesus say, "Your sins are forgiven," they were shocked. Many people accused Jesus of blasphemy; they said that only God could forgive sins. They did not realize that Jesus himself was divine.

After his death and resurrection, Jesus wanted his Church to carry on his ministry of reconciliation. Jesus wanted all people to be united again with God and with one another. Jesus gave his disciples the power to forgive sins. He said to them, "Whose sins you forgive are forgiven them, and whose sins you retain are retained" (John 20:23).

The disciples carried on Jesus' mission. They brought God's forgiveness to people. In the centuries that followed, the Church continued to bring people God's forgiveness.

Celebrating Reconciliation

The Church reminds us of two very important truths:

- Sin is, above all, an offense against God.
- Sin hurts us all.
- In the sacrament of Reconciliation the priest forgives us in the name of the Blessed Trinity.

All sin is a personal choice, but sin is never just a private thing between God and the sinner. Sin hurts all the people of God. We see the results of sin in the evil that we find in the world. When we study about the beauty and goodness of God's creation, we realize that the world has been damaged by sin. God created us to love one another and to be caretakers of his creation. But when we look at the world today, we often see people hating and hurting one another. We see a world that has been damaged by people's greed and lack of care. We see the need for reconciliation.

El sacramento de la Reconciliación nos ofrece una oportunidad de reconciliarnos con Dios y con los demás. Es un tiempo de sanación, consuelo y reunión. Nos reconciliamos con Dios como el hijo pródigo se reconcilió con su padre en la historia contada por Jesús. En la historia el padre da la bienvenida a su hijo diciendo: "Traigan el ternero más gordo y mátenlo, comamos y alegrémonos, porque este hijo mío estaba muerto y ha vuelto a la vida, estaba perdido y lo he encontrado" (Lucas 15:23–24).

Nosotros también celebramos cuando Dios nos perdona. Celebramos el sacramento de la Reconciliación con el sacerdote, solos o con otros miembros de nuestra comunidad parroquial. Participamos en este sacramento porque somos pueblo de Dios y estamos arrepentidos de nuestros pecados. Estamos arrepentidos porque nos preocupamos unos por otros y por la creación de Dios como debemos.

El sacramento de la Reconciliación, o Penitencia, nos asegura la misericordia de Dios. Nos ayuda a continuar haciendo todo lo que debemos para cumplir la voluntad de Dios. Este sacramento de sanación y de paz nos manda a reconciliarnos y llevar la paz a nuestra familia, nuestra escuela y parroquia.

ACERCANDOTE A LA FE

Explica como el sacramento de la Reconciliación es una oportunidad para reconciliarte con Dios y con los demás.

_____

_____

_____

_____

The sacrament of Reconciliation offers us an opportunity to be reconciled with God and with one another. It is a time of healing, of comfort, and of reunion. We are reconciled with God as the prodigal son was reconciled with his father in the story that Jesus told. In that story the father welcomes his son home by saying, "Let us celebrate with a feast, because this son of mine was dead, and has come to life again; he was lost, and has been found" (Luke 15:23–24).

We, too, celebrate when God forgives us. We celebrate the sacrament of Reconciliation with the priest either by ourselves or with others in our parish community. We take part in this sacrament because we are God's own people and we are sorry for our sins. We are sorry because we have not cared for one another or for God's creation as we should have.

The sacrament of Reconciliation, or Penance, assures us of God's mercy. It helps us to continue to do all we can to follow God's loving will. This sacrament of healing and peace sends us forth to be reconcilers and peacemakers in our family, school, parish, and world.

Coming To Faith

Explain how the sacrament of Reconciliation is an opportunity to be reconciled with God and with one another.

_____

_____

_____

_____

Viviendo la Fe

Servicio de oración para reconciliación

Canción inicial

Oración.

Oh Dios, has hecho bueno a todo lo creado. Hoy nos reunimos a pedirte perdón por esos momentos cuando no hemos cuidado de la creación, cuando no hemos vivido tu Ley del Amor.

Primera lectura

Dios nos creó a su imagen. Dios nos encargó la creación. Lectura del libro de Génesis. (Leer Génesis 1:26–29).

Salmo responsorial

Guía: Recuerda, oh Dios, tu bondad y constante amor.

Todos: Recuerda, oh Dios, tu bondad y constante amor.

Guía: Muéstranos tus caminos, oh Dios, permítenos conocerlos. Enséñanos a vivir de acuerdo a tu verdad, porque tú eres Dios, tú nos salvaste.

Todos: Recuerda, oh Dios, tu bondad y constante amor.

Guía: Recuerda, oh Dios, tu bondad y constante amor, mostrados por ti desde hace tanto tiempo. Perdona nuestros pecados. En tu constante amor y bondad, recuérdanos oh Dios.

Todos: Recuerda, oh Dios, tu bondad y constante amor.

Evangelio

Guía: Lectura del evangelio según Mateo.

(Leer Mateo 25:31–46).

Todos: Gloria a ti, Señor.

Pausa para reflexionar

Examen de conciencia

Guía: Oh Dios, tú nos has hecho responsables de la creación.

Todos: Perdónanos, oh Dios, por las veces en que no hemos cuidado de las cosas de la tierra y no hemos trabajado por la venida del reino.

Guía: Oh Dios, tú nos has llamado a ser tu pueblo.

Todos: Perdónanos, oh Dios, por las veces que hemos olvidado vivir como tu pueblo.

Guía: Oh Dios, nos diste la habilidad de pensar, escoger y amar.

Todos: Perdónanos, oh Dios, por las veces en que no hemos pensado o actuado con amor.

Saludo de la paz

Guía: Jesús nos ha dado el perdón de Dios. Vamos a compartir la señal de la paz para celebrarlo. Vamos a perdonarnos y a vivir de nuevo como pueblo de Dios.

Canción final

PRACTICING FAITH
A Reconciliation Prayer Service

Opening Hymn

Prayer
O God, you have made all your creation good. We come together today to ask you to forgive us for those times when we have not cared for your creation, for the times we have not lived your Law of Love.

First Reading
God created us to be like him. God has put us in charge of all creation. A reading from the Book of Genesis.
(Read Genesis 1:26–29.)

Responsorial Psalm
Leader: Remember, O God, your kindness and constant love.

All: Remember, O God, your kindness and constant love.

Leader: Teach us your ways, O God, make them known to us. Teach us to live according to your truth, for you are our God, who saves us.

All: Remember, O God, your kindness and constant love.

Leader: Remember, O God, your kindness and constant love, which you have shown from long ago. Forgive our sins. In your constant love and goodness, remember us, O God!

All: Remember, O God, your kindness and constant love.

Gospel
Leader: A reading from the holy gospel according to Matthew.
(Read Matthew 25:31–46.)

All: Glory to you, Lord.
Leader: The gospel of the Lord.
All: Praise to you, Lord Jesus Christ.

Pause for Quiet Reflection

Examination of Conscience
Leader: O God, you have made us responsible for your creation.

All: Forgive us, O God, for the times we have not cared for the things of the earth and have not worked for the coming of your reign.

Leader: O God, you have called us to be your own people.

All: Forgive us, O God, for the times we have turned away from you and have not lived as your people.

Leader: O God, you created us to be able to think, to choose, and to love.

All: Forgive us, O God, for the times when we have not thought or acted in a loving way.

Sign of Peace
Leader: Jesus has given us God's forgiveness. Let us share a sign of peace with one another to celebrate God's forgiveness. Let us all forgive one another and live again as God's people.

Closing Hymn

REPASO

Contesta las siguientes preguntas.

1. ¿Qué pidió Bartimeo a Jesús antes de pedirle que lo curara?

_____

2. ¿Por qué el pecado nunca es algo privado entre Dios y el pecador?

_____

3. ¿Qué celebramos en el sacramento de la Reconciliación?

_____

4. ¿Con quién nos reconciliamos en el sacramento de la Reconciliación?

_____

5. ¿Por qué es importante participar en el sacramento de la Reconciliación en vez de sólo decir a Dios, en privado, que estás arrepentido?

_____

_____

EN EL HOGAR Y EN LA PARROQUIA

Esta lección introduce a los niños un concepto más amplio del pecado, la responsabilidad personal y por qué necesitamos celebrar el sacramento de la Reconciliación. El pecado afecta a todo el pueblo de Dios; no es algo privado. Cuando miramos nuestro mundo lastimado por personas egoístas, avaras y despreocupadas podemos ver los efectos dañinos del pecado y la necesidad de la misericordia de Dios. Toda la sociedad, incluyendo cada uno de nosotros, está en necesidad de arrepentirse y reconciliarse.

Cuando celebramos el sacramento de la Reconciliación, aceptamos la responsabilidad de nuestro pecado y pedimos perdón a Dios y a los demás. Porque los jóvenes viven en un mundo donde la injusticia, la separación y desunión tocan diariamente sus vidas, es importante que entiendan el significado y aplicación de la palabra *reconciliación.* Tanto el sacramento de la Reconciliación como el ministerio de ser reconciliadores se deben ofrecer como formas de cambiar su mundo.

Resumen de la fe

- El pecado hiere a todo el mundo y a toda la creación de Dios.

- El sacramento de la Reconciliación es una celebración del amor y el perdón de Dios.

REVIEW ■ TEST

Write answers for the following questions.

1. For what did Bartimaeus ask Jesus before he asked to be cured of blindness?

_____

2. Why is sin never just a private matter between God and the sinner?

_____

3. What do we celebrate in the sacrament of Reconciliation?

_____

4. With whom are we reconciled in the sacrament of Reconciliation?

_____

5. Why is it important that we take part in the sacrament of Reconciliation instead of just privately telling God we are sorry?

_____

_____

 AT HOME AND IN THE PARISH

This lesson introduced your sixth grader to a broader understanding of sin and personal responsibility and why we need to celebrate the sacrament of Reconciliation. Sin affects all of God's people; it is never just a private matter. When we look at our world that has been injured by people's selfishness, greed, and lack of care, we can see sin's damaging effects and the need for God's mercy. Our entire society, including each one of us, is in need of repentance and reconciliation.

When we celebrate the sacrament of Reconciliation, we accept responsibility for our sins and ask forgiveness of God and one another. Because young people live in a world where injustice, separations, and disconnections touch their lives daily, it is important that they understand the meaning and implications of the word *reconciliation*. Both the sacrament of Reconciliation and the ministry of being reconcilers should be held out to them as ways to change their world.

Faith Summary

- Sin hurts all people and all of God's creation.

- The sacrament of Reconciliation is a celebration of God's love and forgiveness.

7 ⳨ Celebrando la Eucaristía

Jesús,
ayúdanos a
ofrecernos
contigo como
pan para el
mundo.

NUESTRA VIDA

Lobo Veloz miró la pequeña hacha que tenía en sus manos. Su padre se la había regalado. Hoy él y su familia la usan para cortar árboles para construir sus casas. Su familia pertenece a los iroqués. Ellos vivían en las montañas, en lo que hoy se conoce como la región del Río Susquehanna, en el estado de New York.

Los iroqués creían en muchos dioses. Lobo Veloz quiere agradecer a los dioses de los bosques por los árboles que van a cortar. Cuando todos los miembros de su familia han escogido los árboles que quieren, todos se ponen de pie y rezan. Todos dan las gracias a los dioses de la foresta por la madera que les han dado. Después de cortar los árboles reúnen pequeñas ramas y hacen una fogata. Ofrecen las ramas en acción de gracias a sus dioses.

Di algunas formas en que expresas tu agradecimiento a Dios. ¿Ofreces cosas a Dios? ¿Qué haces?

COMPARTIENDO LA VIDA

Juntos discutan ¿Por qué creen que la gente hace ofrendas a Dios?

¿Cuál es la mejor ofrenda que podemos hacer a Dios?

7 | Celebrating Eucharist

Jesus, help us
to offer
ourselves with
you as bread
for the world.

Our Life

Running Wolf looked at the small ax that he held in his hand. His father had given it to him as a gift. Today he and his family would use their axes to chop down trees to build new houses.

Running Wolf's family was part of the Iroquois nation. They lived in the hills of what is known today as the Susquehanna River region in New York.

The Iroquois believed in many gods. Running Wolf wanted to thank the gods of the woods for the tree that they were about to chop down. When the members of his family had selected the tree they wanted, they stood still and prayed. They each thanked the gods of the forest for the wood that this tree would give them. After they had chopped the tree down, they gathered some of the smaller branches together and set them on fire. They offered up the burning branches in thanksgiving to their gods.

Tell some ways you show your thanks to God. Do you ever offer up things to God? What do you do?

Sharing Life

Discuss together: Why do you think people make offerings to God?

What is the best offering we can make to God?

Sacrificios

La costumbre de ofrecer sacrificios fue muy bien entendida por los antiguos. En esos días, la gente no entendía las causas naturales que causaban las tormentas, inundaciones y terremotos. Ellos creían que los eventos naturales eran causados por dioses. Muchos pueblos esperaban complacer a los dioses que controlaban los vientos y los mares. Hacían esto ofreciendo sacrificios. Como el don más valioso que tenía la gente era la vida, ofrecían a los dioses cosas vivas, como sus mejores regalos. Podían ofrecer granos, frutas o flores. Ofrecían la vida de animales sacrificados o vivos como ofrendas para agradar a los dioses.

En el libro de Génesis, leemos que el pueblo de Dios ofrecía sacrificios en señal de honor y respeto a Dios. Ellos ofrecían sacrificios para dar culto a Dios.

En el Antiguo Testamento cuando un animal era sacrificado a Dios, su sangre era derramada en el altar. La sangre era señal de la vida que era ofrecida a Dios. El humo que se elevaba cuando se incineraba el animal era señal del sacrificio enviado a Dios.

Los sacrificios se convirtieron en parte importante de la vida del pueblo de Dios. Ellos ofrecían sacrificios todos lo días, en la mañana y en la tarde. Durante los días de fiestas ofrecían sacrificios especiales. Ellos ofrecían sacrificios a Dios en momentos especiales tales como: un nacimiento, un matrimonio o una muerte. Ofrecían sacrificios para pedir a Dios una bendición especial o para pedir perdón de los pecados. Ofrecían sacrificios para dar gracias a Dios.

El sacrificio de la misa

Ahora no ofrecemos sangre de animales ni quemamos sus carnes en nuestros altares. Nuestra ofrenda a Dios es el regalo de su Hijo, Jesús. Es un memorial de la obra salvadora de la vida, muerte y resurrección de Cristo.

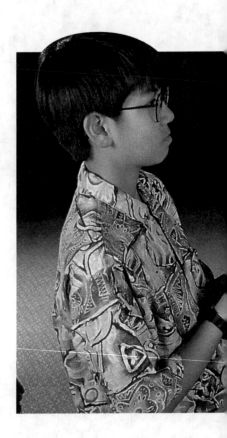

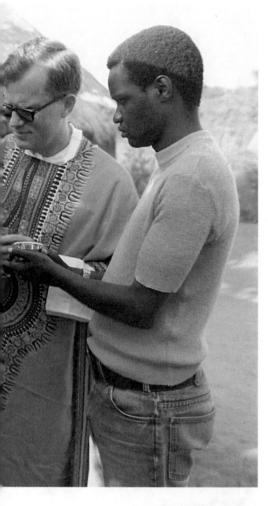

Sacrifices

The custom of offering up sacrifices was very well understood by the people of ancient times. In those days, people did not understand the natural causes that bring about storms, floods, and earthquakes. They believed that these natural events were caused by gods. Many people hoped to make the gods who controlled the winds and the sea happy. They tried to do this by offering them sacrifices. Since the most precious gift people had was life, they offered living things to the gods as their best gift. They might offer grains, fruits, or flowers. They often killed a living animal and offered its life as a sacrifice to please the gods.

In the Book of Genesis, we see God's people offering sacrifices as a way of showing honor and respect to God. They offered sacrifices as a way of worshiping him.

In the Old Testament when an animal was sacrificed to God, its blood was sprinkled on the altar. The blood was a sign of life that was being offered to God. The smoke that rose as the animal was burning was a sign of the sacrifice being sent to God.

Sacrifices became a very important part of the life of God's people. They offered sacrifices every day, in the morning and in the evening. On feast days they offered special sacrifices. They offered sacrifices to God at special times: at birth, at marriage, and at death. They offered sacrifices to ask God for special blessings or to ask forgiveness for sins. They offered sacrifices as a way of thanking God.

The Sacrifice of the Mass

We no longer offer the blood of animals or roast their flesh on our altars. Our offering to God is the gift of his own Son, Jesus. It is the memorial of the saving work of Christ's life, death, and resurrection.

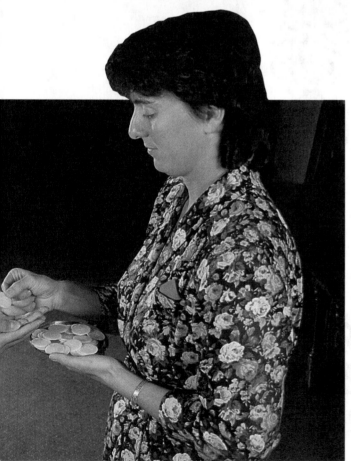

69

La misa es nuestro mayor sacrificio de alabanza y acción de gracias. Llevamos el pan y el vino al altar. El sacerdote prepara y ofrece el pan y el vino a Dios. El pan y el vino son los signos de todo lo que ofrecemos a Dios. Ofrecemos nuestras vidas junto con Cristo, quien se ofrece a sí mismo a Dios por nosotros. Durante la oración eucarística, el pan y el vino se convierten en el cuerpo y sangre de Cristo por el poder del Espíritu Santo y por medio de las palabras y acciones del sacerdote. Recordamos y entramos en el sacrificio de Jesús en la cruz.

En la cuarta plegaria eucarística rezamos: "Dirige tu mirada sobre esta Víctima que tú mismo has preparado a tu Iglesia, y concede a cuantos compartimos este pan y este cáliz, que congregados en un solo cuerpo por el Espíritu Santo seamos en Cristo víctima viva para alabanza de tu gloria". La misa es el acto supremo de alabanza de los católicos. En la misa nos unimos a la ofrenda de Jesús a Dios, y celebramos su vida, muerte y resurrección. Jesucristo es nuestro perfecto sacrificio, u ofrenda, a Dios por el pueblo.

ACERCANDOTE A LA FE

¿A quién los antiguos ofrecían sacrificios? ¿Qué piensas de esta idea de sacrificio?

_____

_____

_____

Explica lo que entiendes sobre el sacrificio de la misa.

_____

_____

_____

The Mass is our great sacrifice of praise and thanksgiving. We bring bread and wine to the altar. The priest prepares and offers the bread and wine to God. The bread and wine are signs of all we give to God. We offer our own lives together with Christ, who offers himself to God for us. During the eucharistic prayer, the bread and wine become the Body and Blood of Christ by the power of the Holy Spirit and through the words and actions of the priest. We remember and enter into the sacrifice of Jesus on the cross.

In the fourth eucharistic prayer, we pray: "Lord, look upon this sacrifice which you have given to your Church; and by your Holy Spirit, gather all who share this one bread and one cup into the one body of Christ, a living sacrifice of praise." The Mass is the greatest act of worship for Catholics. At Mass we join in Jesus' offering to God, and we celebrate Jesus' life, death, and resurrection. Jesus Christ is our perfect sacrifice, or offering, to God for all people.

COMING TO FAITH

How did ancient people offer sacrifices? What do you think of this idea of sacrifice?

_____

_____

_____

Explain what you understand about the Mass as a sacrifice to God.

_____

_____

_____

ViVIENDO LA FE

Planificando una misa

Tema: En grupo escojan un tema. Basado en las lecturas del día. Escribe el tema aquí.

_____

_____

_____

Canción: Escoger la canción y escribir el título aquí.

_____

Lectura: Escribir la lectura del Antiguo Testamento aquí. Escribir los libros de la Biblia, los capítulos y versículos.

_____

_____

_____

_____

Oración de los fieles: Escribir aquí varias peticiones para expresar a Dios nuestras necesidades, las de toda la Iglesia y las necesidades de todo el mundo.

_____

_____

_____

Guía: Por (*hacer las peticiones*). Oremos al Señor.

Respuesta: Señor, escucha nuestra oración.

Presentación de las ofrendas: Decidir quienes presentarán las ofrendas de la misa, escribir aquí los nombres de quienes llevarán el vino, las hostias y el agua al altar.

Ofrenda	Presentador
_____	_____
_____	_____
_____	_____

Canción: Escoger y escribir aquí el título de la canción final de la misa.

_____

PRACTICING FAITH

Planning a Mass

Theme: With your group, choose one topic, based on the readings of the day, as your theme for the Mass. Write it here.

_____

_____

_____

_____

Hymn: Choose an opening hymn. Write the title here.

_____

_____

Readings: Note the Old and New Testament readings here. Write the appropriate books of the Bible, chapters and verses.

_____

_____

_____

_____

Prayer of the Faithful: Write several petitions that express to God our needs, the needs of the whole Church, and the needs of all people. Write them here.

_____

_____

_____

_____

Leader: For (*Mention one of your petitions.*) Let us pray to the Lord.

Response: Lord, hear our prayer.

Presentation of the Gifts: Decide who will present the gifts at Mass. Write the names of those who will carry up the wine, hosts, and water to the altar.

Gift	Presenter
_____	_____
_____	_____
_____	_____

Hymn: Choose a closing hymn for your Mass. Write the title here.

_____

REPASO

Contesta las siguientes oraciones.

1. Nombra tres cosas que los antiguos ofrecían en sacrificio.

_____

2. Nombra una razón por la que el pueblo de Dios le ofrecía sacrificios.

_____

3. ¿Cuáles son las ofrendas que hacemos en la misa que son señales de todas nuestras ofrendas a Dios?

_____

4. ¿Qué sucede durante la plegaria eucarística?

_____

5. La misa es el mayor acto de alabanza de los católicos. ¿Cómo puedes participar más de lleno en su celebración?

_____

_____

_____

EN EL HOGAR Y EN LA PARROQUIA

En esta lección se profundizó en la creencia de que Jesús es nuestro sacrificio perfecto, o nuestra ofrenda, a Dios. La misa es el acto central del culto católico en el cual, unidos a Jesús, nos hacemos "sacrificio vivo de alabanza".

Los primeros cristianos, recordaban las palabras de Jesús en la última Cena: "Hagan esto en memoria mía" (Lucas 22;19). Ellos se reunían para celebrar la Eucaristía. Los discípulos sabían que Jesús estaba verdaderamente presente bajo las apariencias de pan y vino. Hoy en la misa nos unimos a Jesucristo y a los demás en el perfecto sacrificio de Jesús. Es por eso que los que reciben a Jesús en la Eucaristía deben estar en estado de gracia. Como estamos unidos a Jesús en su vida, muerte y resurrección, recibimos el poder y esperamos convertirnos en memorias vivas de las obras salvadoras de Cristo. La Eucaristía es una celebración, no sólo de lo que somos (nosotros mismos), sino también de lo que podemos ser (igual a Cristo). La Iglesia recomienda que recibamos la santa comunión cada vez que participemos en la Eucaristía.

Resumen de la fe

- La misa es el mayor sacrificio de la Iglesia y el centro del culto católico.

- Durante la plegaria eucarística, el pan y el vino se convierten en el Cuerpo y la Sangre de Cristo.

REVIEW ■ TEST

Write answers for the following questions.

1. Name three things ancient people offered as sacrifices.

_____

2. Name one reason God's people offered sacrifices to God.

_____

3. What gifts that we offer at Mass are signs of all we give to God?

_____

4. At Mass what happens during the eucharistic prayer?

_____

5. The Mass is the greatest act of worship for Catholics. How can you increase your participation in its celebration?

_____

_____

_____

FAITH ALIVE   AT HOME AND IN THE PARISH

This lesson deepened your sixth grader's understanding that Jesus Christ is our perfect sacrifice, or offering, to God. The Mass is the central act of Catholic worship in which we, united with Jesus, become a "living sacrifice of praise."

From the first days of Christianity, the followers of Jesus remembered his words at the Last Supper "Do this in memory of me" (Luke 22:19). They gathered together to celebrate the Eucharist. The disciples knew that Jesus was truly present with them under the appearances of bread and wine. Today in the Mass we unite ourselves to Jesus Christ and to one another in Jesus' perfect sacrifice. This is why those who receive Jesus in the Eucharist must be in the state of grace. As we are united with Jesus in his life, death, and resurrection, we receive the power and hope to become living memories of Christ's saving deeds. The Eucharist is a celebration not only of who we are (ourselves), but also of what we can become (Christlike). The Church warmly recommends that we receive Holy Communion each time we participate in the Eucharist.

Faith Summary

- The Mass is the great sacrifice of the Church and the center of Catholic worship.

- During the eucharist prayer, bread and wine become the Body and Blood of Christ.

75

Oh Dios, dirígenos al lugar que has preparado para nosotros.

Nuestra Vida

En la isla Ellis, en la bahía de New York, hay un museo especial. Está localizado en un edificio donde fueron recibidos millones de inmigrantes que llegaron en barcos a los Estados Unidos. Fotografías y otras exhibiciones hablan de las vicisitudes y el valor de las personas que llegaron a esas playas. Los nombres de muchas de esas personas, de muchas partes del mundo, han sido puestos en computadoras. Hoy puedes buscar un nombre de esos en la computadora y encontrar gran cantidad de información sobre su familia.

La isla Ellis sigue siendo un museo popular. Aun en invierno, se llena de gente buscando más información acerca de sus antepasados.

¿Qué sabes de tus antepasados? ¿De qué manera tus raíces son importantes para ti?

Compartiendo la Vida

En grupo analicen estas preguntas:

¿Qué historias contarás a tus nietos?

¿Por qué quieres pasar a ellos esas historias?

¿Necesitamos conocer nuestras raíces como familia cristiana? ¿Por qué?

¿Has pensado alguna vez en tu relación con el pueblo judío? ¿Qué raíces compartes con ellos?

8 Seeking the Promised Land

O God, lead us to the place you have prepared for us.

Our Life

There is a special museum on Ellis Island in New York Harbor. It is located in the building where millions of immigrants who came to this country by boat were processed. Photographs and other displays tell much about the hardships and courage of the people who came to these shores. The names of many of these people from all over the world have been computerized. Today you can look up a name on the computer and find out a great deal about a family.

Ellis Island continues to be a popular museum. Even in winter, it is filled with people searching to discover more about their ancestors.

Tell something you know about your ancestors. In what ways are your roots important to you?

Sharing Life

Form a group to explore these questions:

What stories might you tell your own grandchildren?

Why would you want to pass on these stories?

Do we need to know our roots as the Christian family? Why?

Have you ever thought of your relationship with the Jewish people? What roots do you share with them?

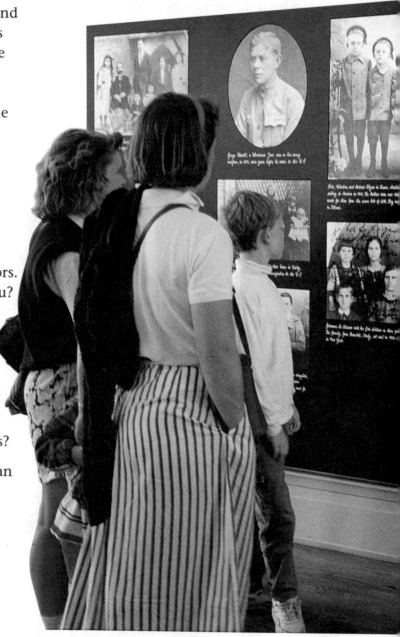

Abram y Saray

La historia de nuestros antepasados en la fe, los israelitas, es la historia de un gran camino de fe. Según aprendemos su historia, crecemos en nuestra fe.

Abraham, conocido como Abram, fue el primero de los patriarcas, hombres que fueron los antepasados del antiguo Israel. Abram y su esposa, Saray, eran de la región que hoy se conoce como Irak. Abram era un pastor. El y Saray no tenían hijos.

Abram y Saray vivían en un pueblo que no conocía al Dios verdadero y adoraban muchos dioses. La misión de ellos era ser los padres de un nuevo pueblo dedicado a alabar al único y verdadero Dios.

Un día Abram tuvo una visión. Yavé dijo a Abram: "Deja tu país, a los de tu raza y a la familia de tu padre, y anda a la tierra que yo te mostraré. Haré de ti una nación grande y te bendeciré".
Génesis 12:1–2.

Aunque Abram no sabía donde lo dirigiría Dios, confió en que Dios le guiaría a él y a su familia. Así que Abram y Saray empacaron sus pertenencias y empezaron su viaje a una tierra prometida desconocida, Canaán. Esta era la región entre Siria y Egipto, conocida hoy como Israel. La confianza en Dios de Abram y Saray los lanzó a un importante viaje hacia lo desconocido.

Después de llegar a Canaán, Dios se apareció a Abram y le dijo "Esta tierra se la daré a tu descendencia" (Génesis 12:7).

La alianza

Dios compartió sueños con Abram y Saray de una nueva tierra y de esperanza de muchos descendientes. Aun después de más de treinta años de casados Abram y Saray no tenían hijos.

Un día siendo ya viejos, Abram tuvo una visión en la que Dios le dijo: "Esta es mi alianza que yo voy a hacer contigo: tú serás el padre de muchas naciones. No te llamarás más Abram, sino Abraham". Dios cambió el nombre a Abram para mostrarle que estaba a punto de comenzar una nueva vida como padre del pueblo escogido de Dios.

Dios continuó: "Guarda, pues, mi Alianza, tú y tus descendientes, de generación en generación".

Luego Dios dijo a Abraham: "A Saray, tu esposa, ya no la llamarás Saray, sino Sara. Yo la bendeciré y te daré de ella un hijo. La bendeciré de tal manera, que pueblos y reyes saldrán de ella". Dios cambió el nombre a Saray, porque ella también iba a tener un nuevo papel en el plan de Dios como la madre del pueblo escogido de Dios.

Basado en Génesis 17:1–16

Abram and Sarai

The story of our ancestors in faith, the Israelites, is the story of a great faith journey. As we learn their story, we will grow in faith ourselves.

Abraham, known at first as Abram, was the first of the patriarchs, men who were theancestors of ancient Israel. Abram and his wife, Sarai, were from a part of the region known today as Iraq. Abram was a shepherd. He and Sarai had no children of their own.

Abram and Sarai lived among people who did not know the one true God and so worshiped many gods. The mission of Abram and Sarai was to become the parents of a new people dedicated to the worship of the one true God.

One day Abram had a vision. "The LORD said to Abram: 'Go forth from the land of your kinsfolk and from your father's house to a land that I will show you.

'I will make of you a great nation, and I will bless you.'"
Genesis 12:1–2.

Although Abram did not know where God would lead him, he trusted that God would guide him and his family. So Abram and Sarai packed all their belongings and began the journey to an unknown promised land, Canaan. It was the region between Syria and Egypt, known today as Israel. Abram and Sarai's trust in God helped them set out on such a journey into the unknown.

After they arrived in Canaan, God appeared to Abram in another vision and said, " ... 'To your descendants I will give this land' . . . ." (Genesis 12:7).

The Covenant

God had shared dreams with Abram and Sarai of a new land and hopes of many descendants. But after being married for more than thirty years, Abram and Sarai still had no children.

Then one day when Abram and Sarai were very old, Abram had a vision in which God said, "My covenant with you is this: you are to become the father of a host of nations. No longer shall you be called Abram; your name shall be Abraham." God was changing Abram's name to show that he was about to begin a new life as the father of God's chosen people.

God continued: "I will maintain my covenant with you and your descendants after you throughout the ages as an everlasting pact."

Then God said to Abraham: "As for your wife Sarai, do not call her Sarai; her name shall be Sarah. I will bless her, and I will give you a son by her... rulers of peoples shall issue from him." God changed Sarai's name to Sarah, because she also was entering into a new role in God's plan as the mother of God's chosen people."

Based on Genesis 17:1–16

Poniendo a Dios primero en nuestras vidas

Llegó el día en que Sara dio a luz a su hijo, Isaac. Dios mantuvo su promesa, aun cuando parecía imposible porque Abraham y Sara eran muy viejos.

Cuando Isaac se convirtió en un joven fuerte, Abraham pensó que Dios quería que le ofreciera a Isaac en sacrificio. Los cananeos sacrificaban a sus primogénitos. Creían que así ganaban el favor de sus dioses. Así que una mañana temprano, Abraham dejó el campamento y se fue con Isaac. Isaac llevaba leña para un sacrificio; Abraham llevaba un cuchillo y fuego para encender la leña.

Cuando llegaron al lugar del sacrificio, Abraham construyo un altar y arregló la leña. Amarró a su hijo y lo colocó en el altar. En ese momento Dios envió a un ángel para detenerlo. "No toques al niño, ni le hagas nada", dijo el ángel. "Sé que temes a Dios, ya que no me negaste a tu hijo, el único que tienes". El Dios de Abraham y Sara no quería que Abraham le sacrificara a Issac.

Abraham miró a su alrededor y vio un carnero atrapado en un zarzal. Fue a buscarlo y lo ofreció a Dios en lugar de su hijo. Dios se complació con la extraordinaria fe

Una **visión** es una experiencia interna por medio de la cual una persona vive la presencia de Dios de manera especial.

de Abraham y le prometió una descendencia tan numerosa como las estrellas del cielo. Ver Génesis 22:1–18

El llamado de Abram y Sara es similar a nuestro llamado a ser parte del pueblo de fe. Dios nos llama a un camino de fe en la vida. Esto significa hacer la voluntad de Dios, aún cuando sea difícil. Si tratamos de poner a Dios primero en nuestras vidas cada día, él nos bendecirá, como bendijo a Abram y a Sara.

Putting God First in Our Lives

Finally the day came and Sarah gave birth to a son, Isaac. God had kept the promise to Abraham and Sarah, even though it seemed impossible because they were so old.

When Isaac was a young boy, Abraham thought that God wanted him to offer Isaac in sacrifice. The Canaanites sacrificed their firstborn sons in this way, believing that it would win the favor of their gods. So early one morning, Abraham left his camp with Isaac. Isaac carried wood for a sacrifice; Abraham carried a knife and live coals for starting the fire.

When they came to the place for the sacrifice, Abraham built an altar and arranged the wood on it. He tied up his son and placed him on the altar. Just then God sent an angel to stop him.

A **vision** is an inner experience by which people know God's presence in a special way.

"Do not lay your hand on the boy," the angel said. "I know now how devoted you are to God, since you did not withhold from me your own beloved son." The God of Abraham and Sarah did not want Abraham to sacrifice Issac.

Abraham looked up and saw a ram caught in a bush. He took it and offered it to God in place of his son. God was pleased with the extraordinary faith of Abraham and promised him descendants as numerous as the stars in the sky.

See Genesis 22:1–18

The call of Abram and Sarai is similar to our call to be part of a people of faith. God calls us to journey in faith through life. Doing this means doing God's loving will, even when it is hard. But if we try to put God first in our lives each day, he will bless us, as he blessed Abraham and Sarah.

ACERCANDOTE A LA FE

Escenifiquen la historia de Abraham y Sara. Escriban aquí en sus propias palabras lo que ellos dijeron.

_____

_____

_____

Piensa en las veces que te ha sido difícil poner a Dios primero en tu vida. ¿Qué consejos crees te darían Abraham y Sara?

VIVIENDO LA FE

Juntos trabajen para hacer un "árbol de la familia de la fe" como forma de trazar tus raíces y mostrar tu orgullo como católico cristiano. Pon en el árbol los nombres de:

- antepasados del Antiguo Testamento

- antepasados del Nuevo testamento

- antepasados de tu propia familia (sólo el nombre) por quienes la fe ha sido pasada a ti

- nombre de tus familiares

El diseño en esta página te puede ayudar. Mientras trabajas en tu proyecto, pide a tus antepasados en la fe que te ayuden a ser alguien que pone a Dios primero en su vida.

Toma unos minutos para reflexionar. Pregúntate: ¿Soy fiel a Dios? ¿Cómo lo demuestro? ¿Qué decisiones tengo que tomar? Escribe tus ideas en tu diario. Termina rezando:

Fe viva de nuestros antepasados, ayúdanos a ser fieles a la voluntad de Dios. Ayúdanos a vivir nuestra fe esta semana haciendo

_____.

COMING TO FAITH

Act out the story of Abraham and Sarah. Write in your own words what they said.

_____

_____

_____

Think of times when it is hard for you to put God first in your life. How do you think Abraham and Sarah would advise you?

PRACTICING FAITH

Work together to create a large "Family Tree of Faith" as a way to trace your roots and show your pride as a Catholic Christian. On the tree put the names of:

- early ancestors from the Old Testament

- New Testament ancestors

- ancestors' names from your own families (first names only) from whom the faith has been passed on to you

- your own family names

The design on this page may help. As you work on your project, ask your ancestors in the faith to help you be people who put God first in your lives.

Take a few quiet minutes to reflect. Ask yourself: Am I a faithful person of God? How do I show it? What decisions do I need to make? Write your thoughts in your journal. Close by praying together:

† Faith of our ancestors, living still, help us to be faithful to God's loving will. Help us to live our faith this week by _____.

REPASO

Aparea.

1. Abraham

2. Cananeos

3. Isaac

4. Tierra prometida

_____ sacrificaban a los primogénitos

_____ lo que hoy se conoce como Israel

_____ experiencia interna

_____ el hijo de Sara y Abraham

_____ padre del pueblo escogido

5. Escribe algunas de las cualidades de Abraham y de Sara que te gustaría imitar.

_____

_____

_____

EN EL HOGAR Y EN LA PARROQUIA

Lea en Génesis 18:16–33 y 19:23–26 la historia de la oración de Abraham cuando Dios amenazó con destruir la ciudad de Sodoma. Abraham dijo "Tal vez no se encuentre allí más de diez". Y Dios respondió: "En atención a esos diez, yo no destruiré la ciudad". Esta maravillosa y humana historia refleja el misterio de la oración—que Dios escucha y contesta nuestras oraciones.

Hable con su familia acerca de la oración y anime a cada uno a compartir su fe.

Resumen de la fe

- Abraham y Sara, nuestros antepasados en la fe, contestaron la llamada de Dios para caminar hacia la tierra prometida.

- Dios hizo una alianza con Abraham, prometiéndole bendecir a todos sus descendientes en la familia de la fe.

- Al igual que Abraham y Sara, debemos poner a Dios primero en nuestras vidas, aun cuando tengamos que tomar decisiones difíciles.

REVIEW ▪ TEST

Match.

1. Abram

2. Canaanites

3. Isaac

4. Promised Land

_____ sacrificed firstborn sons

_____ is known today as Israel

_____ is an inner experience

_____ was the child of Sarah and Abraham

_____ was the father of God's chosen people

5. Write some of the qualities of Abraham or of Sarah that you would like to imitate.

_____

_____

_____

FAITH ALIVE AT HOME AND IN THE PARISH

Read in Genesis 18:16–33 and 19:23–26 the story of Abraham's prayer when God threatened to destroy the city of Sodom. Abraham prayed, asking if God would spare the whole city if there were ten innocent people there. And God answered, "For the sake of those ten, I will not destroy it ." This is a wonderful and very human story that reflects the mystery of prayer—that God hears and answers our prayers.

Talk with your family about prayer and encourage each one to share his or her faith.

Faith Summary

• Abraham and Sarah, our ancestors in faith, answered God's call to journey to the Promised Land.

• God made a covenant with Abraham, promising to bless all the descendants of the family of faith.

• Like Abraham and Sarah, we are to put God first in our lives, even when we have to make difficult choices.

9 ✝ Pioneros de la tierra prometida

Dios de nuestras vidas, permite que seamos canales de tu gracia.

NuesTra ViDa

Un soleado domingo de octubre de 1958, una multitud se reunió en la plaza de San Pedro en el Vaticano, Roma. Todos miraban el techo de la Capilla Sixtina. De repente una columna de humo blanco apareció. La multitud gritó. Era la señal de que los cardenales habían elegido un nuevo papa. ¿Quién sería? Era el Cardenal Angelo Roncalli, de 77 años de edad y quien tomó el nombre de Juan XXIII. Algunas personas se sorprendieron con esa elección y pensaron que a esa edad el papa sería un "tente ahí".

Para sorpresa de muchos, Juan XXIII probó ser lo opuesto. El convocó el Concilio Vaticano II para regenerar y reformar a la Iglesia. Esperaba un "nuevo Pentecostés", un nuevo derramamiento del Espíritu Santo.

Con amable afecto, se reunió con líderes de otras iglesias cristianas y con la comunidad judía.

Antes que nada, Juan XXIII era un simple caballero. Visitó a los presos de las prisiones en Roma y a los niños enfermos en los hospitales locales. Este papa se convirtió, en sólo cinco años, en una figura paternal para todo el mundo. Cuando murió en 1963, era una de las personas más queridas en la tierra.

¿Cómo crees que Juan XXIII fue un canal de la gracia de Dios para el pueblo?

¿De qué manera Dios llega a otros a través de ti?

CompaRTiENDo la ViDa

Hablen acerca de cómo Dios está guiando sus vidas hoy.

Imaginen formas en que pueden ser canales más efectivos de la gracia de Dios para otros.

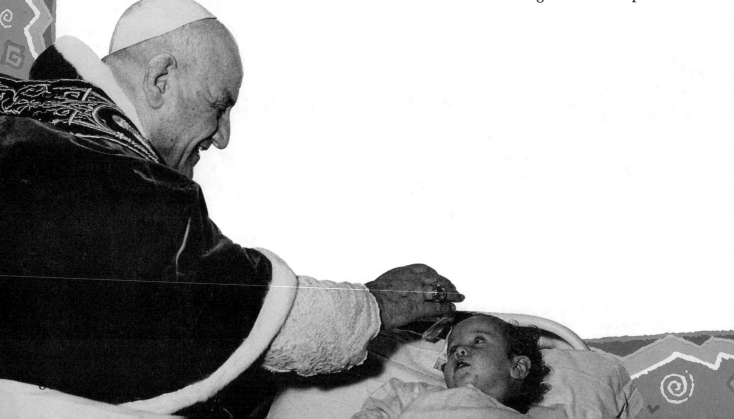

Pioneering the Promised Land

God of our
lives, make us
channels of
your grace.

Our Life

On a sunny October day in 1958, a huge crowd gathered in St. Peter's square at the Vatican in Rome. All were staring at the roof of the Sistine Chapel. Suddenly a puff of white smoke appeared. The crowd cheered. It was the sign that the cardinals had elected a new pope. Who would it be? It was 77-year-old Cardinal Angelo Roncalli, who would be called Pope John XXIII. Some people were surprised at his election and suggested that at his age he would just be a "fill-in" pope.

To everyone's amazement, John XXIII proved to be just the opposite. He called the Second Vatican Council to re-energize and reform the Church. What he hoped for was a "new Pentecost," a new outpouring of the Holy Spirit.

With warmth and affection, he met with leaders of other Christian churches and with the Jewish community.

Above all, John XXIII remained a simple and gentle man. He visited inmates in a Roman prison and sick children in a local hospital. This pope became in only five years a kind of father figure for the whole world. When he died in 1963, he was one of the best-loved people on earth.

How do you think John XXIII was a channel of God's grace for people?

In what ways does God reach out to other people through you?

Sharing Life

Discuss together how God is guiding your life today.

Imagine ways you can be more effective channels of God's grace to others.

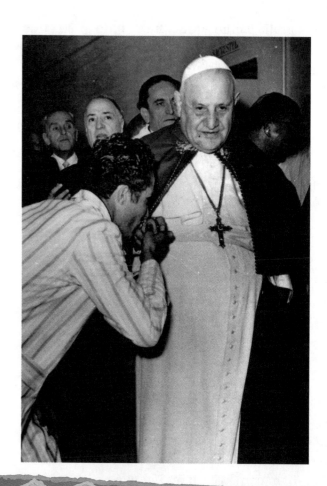

Rebeca e Isaac

Dios con frecuencia usa a otras personas como canales para su gracia. La historia de Rebeca es un ejemplo de la forma en que Dios usa a la gente para ser canales de la actividad de Dios en la vida de otros.

En la Biblia leemos que Abraham no quería que Isaac se casara con una cananea porque los cananeos adoraban muchos dioses. Así que Abraham envió a un sirviente a su país natal a buscar a una mujer para Isaac. Cuando el sirviente llegó, la hermosa Rebeca le ofreció agua de su cántaro.

Más tarde el sirviente de Abraham fue a la casa de Rebeca y le dijo a su familia que él había visto a Rebeca con su cántaro cuando rezaba en el pozo. El supo inmediatamente que había encontrado a la persona adecuada para casarse con el hijo de su patrón. Así, con la bendición de su padre, Rebeca se fue a Canaán con el sirviente de Abraham. Isaac la tomó por esposa y la amó desde ese momento.

Basado en Génesis 24:1–67

Dios usó al sirviente de Abraham e Issac para reunir a Isaac y a Rebeca. Debemos aprender que Rebeca jugó un papel muy importante al tener a su hijo Jacob escogido para suceder a Abraham como patriarca del pueblo escogido.

Esau y Jacob

Esaú y Jacob fueron los hijos gemelos de Rebeca e Isaac. Esaú, quien nació primero, era el favorito de Issac porque le gustaba el aire libre y cazar. Como primogénito, Esaú tenía el derecho de suceder a Isaac como patriarca. Jacob era el favorito de Rebeca. El era tranquilo y le gustaba estar en casa. Rebeca quería que Jacob sucediera a su padre.

Un día Jacob estaba cocinando cuando Esaú llegó de cazar y le dijo: "Dame de ese guiso rojizo; me estoy muriendo de hambre".

"Antes tienes que prometerme que me darás tus derechos de primogénito a cambio", contestó Jacob. Esaú acordó cambiar sus derechos por un plato de sopa. Desde ese momento Jacob se consideró como el sucesor de su padre.

Basado en Génesis 25:27–34

Pasaron muchos años. Isaac envejeció y estaba casi ciego. Había llegado el tiempo de pasar la herencia de la familia, así que llamó a Esaú.

Pero Rebeca ayudó a Jacob para recibir la bendición de Isaac. Preparó la comida favorita de Isaac y le dijo a Jacob que se la llevara a Isaac

Rebecca and Isaac

God often uses other people to be channels of God's grace. The story of Rebecca is an example of the way God uses people to be the channels of God's activity in our lives.

In the Bible we read that Abraham did not want Isaac to marry a Canaanite woman because the Canaanites worshiped many gods. So Abraham sent his servant to the country where he had been born to find a wife for Isaac. When the servant arrived there, the beautiful Rebecca offered him a drink from her water jar.

Later Abraham's servant went to the home of Rebecca and told her family that he had seen Rebecca with a water jar when he had been praying at the well. He knew immediately that he had found the right person to marry his master's son. So with the blessing of her father, Rebecca returned to Canaan with Abraham's servant. Isaac took her for his wife and loved her from that moment.

Based on Genesis 24:1–67

God used Abraham and Isaac's servant to bring Isaac and Rebecca together. We shall learn that Rebecca played a very important ole in having her son Jacob chosen to be Abraham's successor as patriarch of the chosen people.

Esau and Jacob

Esau and Jacob were the twin sons of Rebecca and Isaac. Esau, the firstborn, was Isaac's favorite because he was an outdoorsman and liked to hunt. As the firstborn, Esau had the right to succeed Isaac as patriarch. But Jacob was Rebecca's favorite. He was quiet and preferred to stay at home. Rebecca wanted Jacob to succeed his father.

One day Jacob was cooking bean soup. Esau came in from hunting and said to Jacob, "Let me gulp down some of that red stuff; I'm starving.

"First promise me that you will give me your birthright in exchange for it," demanded Jacob. Esau agreed and exchanged his rights for a bowl of soup. From that time on, Jacob considered himself as his father's heir.

Based on Genesis 25:27–34

Many years passed. Isaac grew old and was nearly blind. It was time for him to pass on the family inheritance, so he sent for Esau.

But Rebecca helped Jacob to receive Isaac's blessing. She prepared Isaac's favorite meal and told Jacob to take it to him to eat, so

quien le daría la bendición antes de morir. En esa época la bendición final, una vez otorgada, no podía retirarse.

Jacob dijo: "Mi hermano Esaú es un hombre peludo y yo soy lampiño". Entonces Rebeca tomó la ropa de Esaú y se la dio a Jacob para que se la pusiera. También puso en sus brazos piel de ovejas para que se sintieran peludas.

Jacob se presentó ante su padre. Isaac lo tocó. Los brazos de Jacob eran peludos como los de Esaú Isaac dijo: "Acércate hijo y bésame". Así reconoció el olor de la ropa de Esau. Luego lo bendijo, pasando así la herencia familiar a Jacob.

Basado en Génesis 27:5–29

Jacob y su hijos

Jacob tuvo doce hijos pero tenía predilección especial por José, quien había nacido cuando Jacob era ya viejo. Los hermanos de José lo envidiaban y un día lo vendieron a unos mercaderes que a su vez lo vendieron como esclavo en Egipto.

Al paso del tiempo José se liberó de la esclavitud y llegó a ser el favorito del faraón porque salvó a Egipto de una gran hambruna.

VOCABULARIO

Los **patriarcas** fueron los antepasados de los antiguos israelitas.

Cuando Jacob envió a sus hijos a Egipto para comprar comida, José reconoció a sus hermanos, los perdonó y trajo a Jacob y a toda su familia a vivir con él a Egipto.

Basado en Génesis 37—50

Estas historias nos enseñan que Dios está presente en todos los eventos de nuestras vidas, sean justos o no. De las cosas malas pueden salir buenas si creemos y confiamos en Dios. Aprendemos que nunca debemos alejarnos de la herencia de pertenecer al reino de Dios, para satisfacer un capricho. Estas historias también nos enseñan que Dios usa a las personas como canales de gracia. Tú también eres elegido para ser canal de los planes de Dios en tu vida cuando le dices sí.

that Issac would give Jacob his blessing before he died. In those days a final blessing, once given, could not be taken back.

Jacob objected, "But my brother Esau is a hairy man, and I am smooth-skinned!" So Rebecca took Esau's clothes and gave them to Jacob to wear. Then she put goat skins on his arms to make them feel hairy.

Jacob went to his father. Isaac touched him. Jacob's arms were hairy like Esau's. Isaac said, "Come closer, son, and kiss me." He recognizedthe scent of Esau's clothes. Then he blessed Jacob, passing the family inheritance on to him.

Based on Genesis 27:5–29

Jacob and His Sons

Jacob had twelve sons but had a special love for Joseph, who was born when Jacob was very old. Joseph's brothers were so jealous of him that one day they sold him to some merchants who eventually sold him as a slave in Egypt.

In time, Joseph rose from slavery to become the favorite of the pharaoh because he saved Egypt from a great famine.

FAITH WORD

The **patriarchs** were men who were the ancestors of ancient Israel.

When Jacob sent his sons to Egypt to buy food, Joseph recognized his brothers, forgave them, and brought Jacob and his whole family to live with him in Egypt.

Based on Genesis 37—50

These stories teach us that God is present in all the events of our lives, whether these events are fair or not. Out of bad events can come good if we believe and trust in God. We learn that we must never throw away our inheritance to belong to God's reign, just to satisfy a passing whim. These stories also teach us that God uses many people as channels of grace. You, too, are chosen to be a channel of God's plans as you say yes to him in your life.

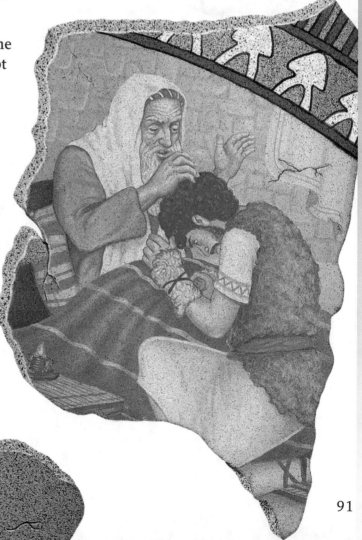

91

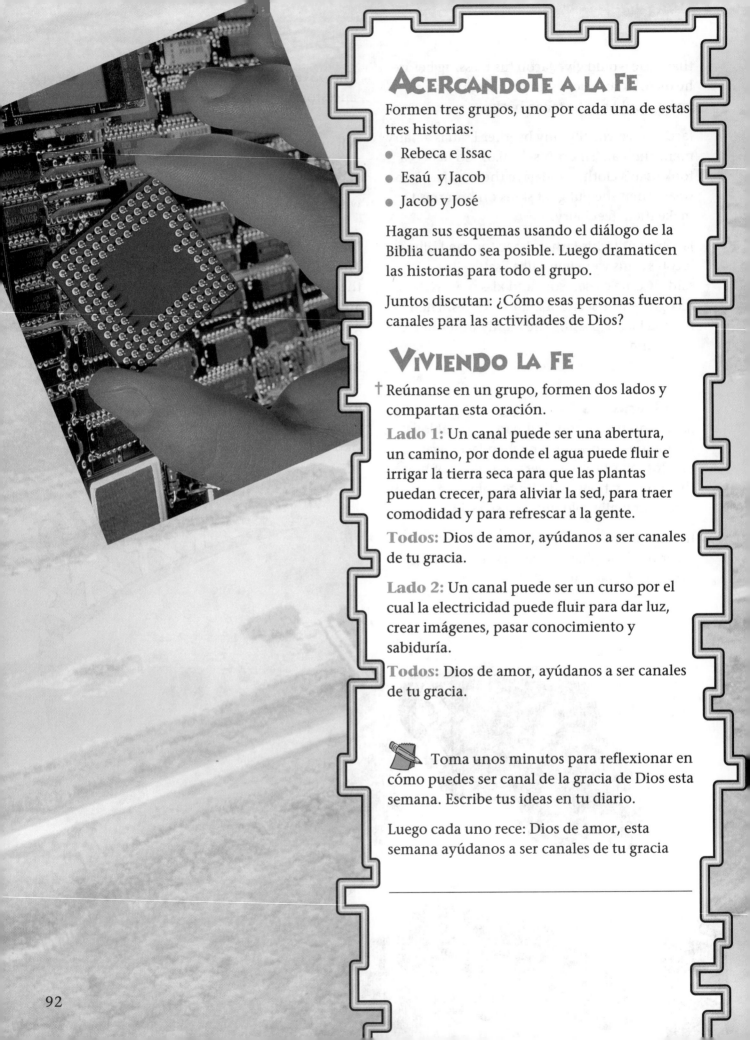

Acercandote a la Fe

Formen tres grupos, uno por cada una de estas tres historias:

- Rebeca e Issac
- Esaú y Jacob
- Jacob y José

Hagan sus esquemas usando el diálogo de la Biblia cuando sea posible. Luego dramaticen las historias para todo el grupo.

Juntos discutan: ¿Cómo esas personas fueron canales para las actividades de Dios?

Viviendo la Fe

† Reúnanse en un grupo, formen dos lados y compartan esta oración.

Lado 1: Un canal puede ser una abertura, un camino, por donde el agua puede fluir e irrigar la tierra seca para que las plantas puedan crecer, para aliviar la sed, para traer comodidad y para refrescar a la gente.

Todos: Dios de amor, ayúdanos a ser canales de tu gracia.

Lado 2: Un canal puede ser un curso por el cual la electricidad puede fluir para dar luz, crear imágenes, pasar conocimiento y sabiduría.

Todos: Dios de amor, ayúdanos a ser canales de tu gracia.

Toma unos minutos para reflexionar en cómo puedes ser canal de la gracia de Dios esta semana. Escribe tus ideas en tu diario.

Luego cada uno rece: Dios de amor, esta semana ayúdanos a ser canales de tu gracia

Coming to Faith

Form three groups, one for each of the three stories:

- Rebecca and Isaac
- Esau and Jacob
- Jacob and Joseph

Make up your own scripts, using the dialogue from the Bible whenever you can. Then act out the stories for the whole group.

Discuss together: how are these people channels of God's activity?

Practicing Faith

† Gather as a group. Form two sides and share this prayer activity.

Side 1: A channel can be an opening, a pathway, through which water can flow to irrigate dry earth so plants can grow, to ease thirst, to bring comfort and cooling relief to people.

All: Loving God, help us to be channels of your grace.

Side 2: A channel can be a course through which electricity flows to give light, to create images, to pass on knowledge and wisdom.

All: Loving God, help us to be channels of your grace.

Take a few quiet minutes now to reflect on how you might be a channel of God's grace this week. Write your thoughts in your journal.

Then let each one pray: Loving God, this week help us to be channels of your grace by

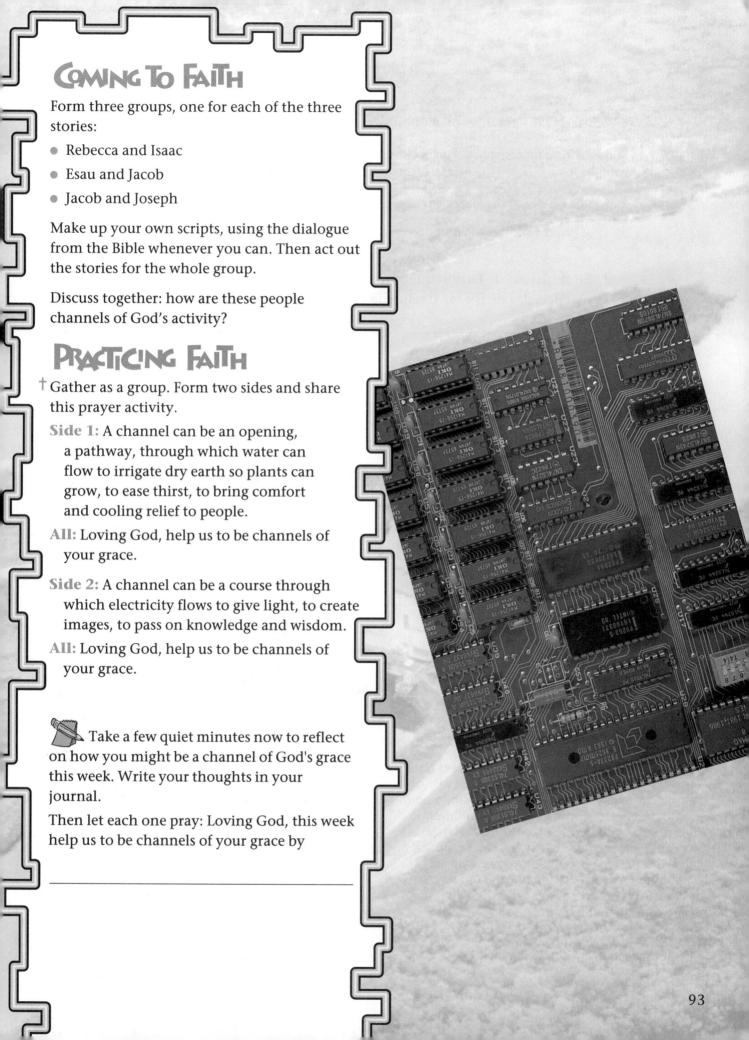

REPASO

Contesta las siguientes oraciones.

1. Escribe una importante lección que la historia de Isaac y Rebeca nos enseña.

_____

2. ¿Quién vendió sus derechos de nacimiento a Jacob? _____

3. En la historia de Jacob, ¿qué aprendemos acerca de la herencia de pertenecer al reino de Dios?

_____

4. ¿Quién fue vendido por sus hermanos a mercaderes? _____

5. ¿Cómo puedes ser un canal de la actividad de Dios en la escuela, el vecindario, la parroquia o la familia?

_____

_____

_____

EN EL HOGAR Y EN LA PARROQUIA

El recuento bíblico que los niños aprendieron en esta lección nos muestra como Dios elige diferentes tipos de personas para ser canales de su gracia. Ellas son testigos de la presencia de Dios trabajando en medio de nuestra compleja condición humana. Ellas nos recuerdan que Dios nunca nos deja sino que siempre nos está invitando a renovar, a cambiar nuestro corazón. Esta es una de las muchas razones por las que la Biblia tiene tanto que decirnos. Es acerca de personas como nosotros quienes luchan con el llamado que Dios le hace y tratan de responder la amorosa invitación de Dios. Guiados por el Espíritu Santo, también nosotros podemos escuchar en la Biblia el llamado de Dios a una nueva forma de vida.

Resumen de la fe

- La historia de Isaac y Rebeca muestra cómo el amor de Dios guía la vida de los patriarcas.

- Rebeca ayudó a Jacob a ser el sucesor de Isaac. José salvó a su familia de morir de hambre.

- Estas historias nos recuerdan que también somos llamados a ser canales de la actividad de Dios en el mundo.

REVIEW ▪ TEST

Write answers for the following questions.

1. Name one important lesson the story of Isaac and Rebecca teaches us.

_____

2. Who sold his birthright to Jacob? _____

3. In the story of Jacob, what do we learn about our inheritance
of belonging to God's kingdom?

_____

4. Who was sold by his brothers to merchants? _____

5. How can you be a channel of God's activity in your school,
neighborhood, parish, or family?

_____

_____

_____

FAITH ALIVE AT HOME AND IN THE PARISH

The biblical accounts that your sixth grader learned in this lesson show how God chooses different kinds of people to be channels of grace. They testify to the presence of God working in the midst of our complex human condition. They remind us that God never turns away from us but is always inviting us to a renewal, a change of heart. This is one of the many reasons why the Bible has so much to teach us. It is about people like ourselves who struggled with their God-given call and tried to respond to God's loving invitation. Guided by the Holy Spirit, we, too, will hear in the Scriptures God calling us to a whole new way of life.

Faith Summary

- The story of Isaac and Rebecca shows God's guiding love in the life of the patriarch.

- Rebecca helped Jacob to become Isaac's successor. Joseph was able to save his family from starvation.

- These stories remind us that we are also called to be channels of God's activity in the world.

10 | Anhelo por la tierra prometida

Yavé, nuestro Dios, ayúdanos a trabajar por libertad para todos.

NuesTra ViDA

Era el año 1955. Al final de un largo día de trabajo en Montgomeri, Alabama, una mujer negra llamada Rosa Parks se sentó en la parte atrás de un autobús para regresar a su casa. En una parada varios blancos subieron al autobús. El chofer insistió en que cuatro negros les cedieran sus asientos. Cuando le pidió a Rosa Parks ella se negó—un acto histórico de desafío a un sistema injusto. Ella fue arrestada y encarcelada.

El valor de Rosa Parks empezó una cadena de eventos en Alabama que eventualmente produjeron cambios. En 1965, el congreso de los Estados Unidos votó la ley de los derechos civiles, que garantiza a todo ciudadano el mismo derecho a las libertades bajo la ley.

¿Qué significa ser verdaderamente libre?

¿Cuáles son las personas en nuestra sociedad cuyos derechos no son respetados?

COMPARTIENDO LA VIDA

Discutan estas preguntas en parejas

¿Ha sentido alguna vez la necesidad de protestar por algo injusto?

¿Qué pueden hacer acerca de la injusticia?

¿Son estas cosas las que esclavizan a los jóvenes hoy? Hagan una lista para comparar entre todos.

Decidan lo que pueden hacer los niños de sexto curso para ayudar a llevar la verdadera libertad a todos.

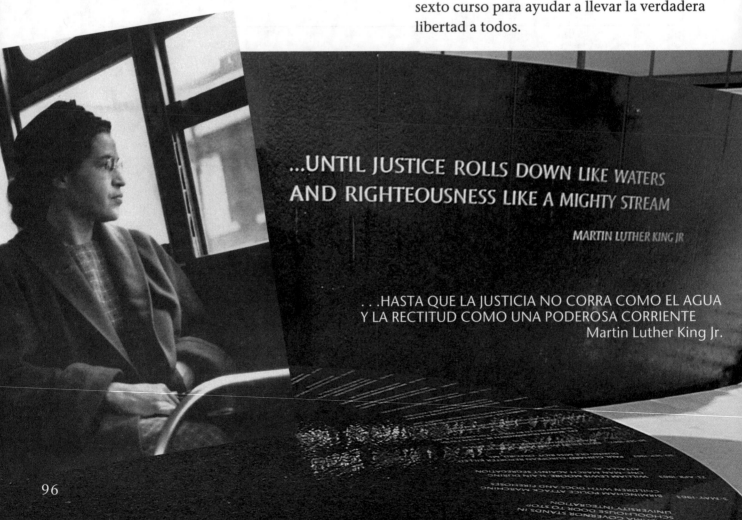

...UNTIL JUSTICE ROLLS DOWN LIKE WATERS AND RIGHTEOUSNESS LIKE A MIGHTY STREAM

MARTIN LUTHER KING JR

...HASTA QUE LA JUSTICIA NO CORRA COMO EL AGUA Y LA RECTITUD COMO UNA PODEROSA CORRIENTE
Martin Luther King Jr.

10 Longing for the Promised Land

Yahweh, our God, help us to work for freedom for all.

Our Life

The year was 1955. At the end of a long workday in Montgomery, Alabama, an African-American woman named Rosa Parks found a seat in the rear section of the bus that would take her home. At the next stop several white people got on. The driver insisted that four African-Americans give up their seats to them. When told to move, Rosa Parks refused—an historic act of defiance to an unjust system. She was arrested and jailed.

Rosa Parks' courageous act started a whole chain of events in Alabama that eventually led to change. In 1965, the U.S. Congress passed the civil rights bill, which guaranteed all citizens the same equal rights and freedoms under the law.

What does it mean to be really free?

Who are the people in our society whose rights are not respected?

Sharing Life

Discuss these questions with a partner.

Do you ever feel the need to stand up against something unjust?

What can you do about injustice?

Are there things that enslave young people today? Make a list and compare with others.

Decide something sixth graders can do to help bring about true freedom for all.

Moisés

Después que el hambre llevó a la familia de Jacob a Egipto, los israelitas vivieron ahí aproximadamente 400 años en libertad y paz. Cuando un nuevo faraón tomó el poder convirtió a los israelitas en esclavos y decretó la muerte de todos sus varones recién nacidos. En este cruel mundo nació Moisés

Cuando nació Moisés, su madre lo puso en una canasta de bambú y lo escondió entre las hierbas del Nilo para protegerlo del faraón. La hija del faraón lo encontró y decidió adoptarlo como su hijo. Así Moisés fue criado como un príncipe egipcio.

Un día Moisés vio a un egipcio maltratar a un cansado israelita. En defensa del israelita Moisés golpeó al egipcio hasta matarlo. Para salvar su vida Moisés tuvo que escapar. Se estableció en el desierto, en la región llamada *Madián,* donde vivió durante varios años como pastor. Un día mientras cuidaba de sus ovejas cerca del Monte Sinaí tuvo una visión. En la visión, Dios le llamó por su nombre desde una zarza ardiendo. Moisés contestó: "Aquí estoy".

Dios le dijo: "He bajado para librarlos del poder de los egipcios". Luego Dios le dijo a Moisés que fuera a ver al faraón para pedirle la libertad de los israelitas.

A Moisés le preocupaba cómo podía hacer que los israelitas escaparan de Egipto. Le preguntó a Dios su nombre. Dios le contestó: "Yo soy el que soy. Así dirás al pueblo de Israel: Yo soy me ha enviado a ustedes. También dirás: Yavé, el Dios de sus padres, el Dios de Abraham, el Dios de Isaac y el Dios de Jacob, me ha enviado. Este será mi nombre para siempre".

El nombre "Yo soy" es Yavé en hebreo. Dios prometió a Moisés darle el poder que necesitaba para esa misión.

Basado en Exodo 1—4

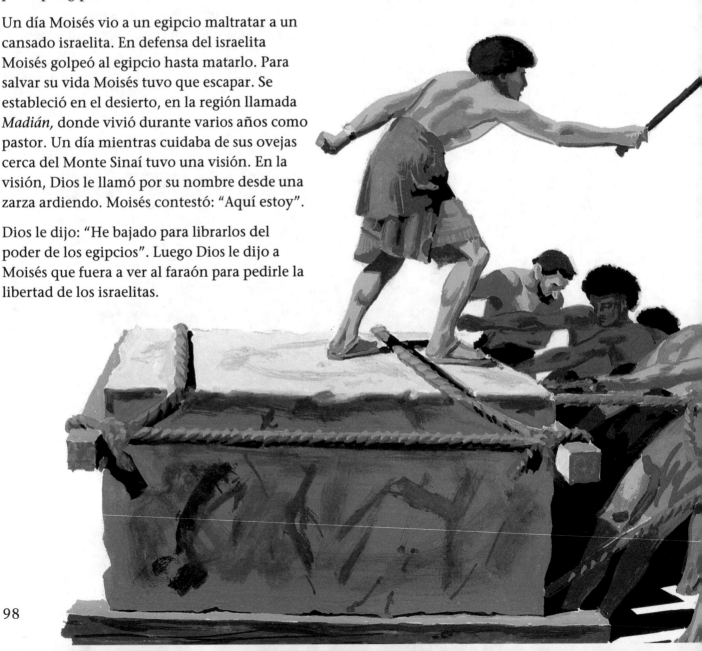

Moses

After famine brought Jacob and his family to Egypt, the Israelites lived there in freedom and peace for over 400 years. Then a new Egyptian pharaoh came to power. He made the Israelites his slaves, took away all their freedoms, and decreed the death of all newborn Israelite males. Into this cruel world the Israelite Moses was born.

After the birth of Moses, his mother hid him in a basket of reeds in the tall grass of the Nile River to protect him from being murdered by the pharaoh. He was found by the pharaoh's daughter, who decided to adopt the baby as her own. That is why Moses was raised as an Egyptian prince.

One day Moses saw an Egyptian slave driver beat an exhausted Israelite. Moses defended the Israelite and in a fit of anger killed the Egyptian. Then Moses had to flee for his very life. He settled in a desert region to the east, called *Midian,* where he lived for several years as a shepherd. It was while Moses was shepherding his flock one day near Mount Sinai that he had a vision. In the vision, God was calling him by name from a burning bush. Moses answered, "Here I am."

God said, "I have come down to rescue them [my people]." Then God told Moses to go to the pharaoh and demand the Israelites' freedom.

Moses wondered how he would be able to get the Israelites to escape from Egypt. He asked for God's name. God said, "I am who am. This is what you shall tell the Israelites: I AM sent me to you. Thus shall you say to the Israelites: The LORD, the God of your fathers, the God of Abraham, the God of Isaac, the God of Jacob, has sent me to you. This is my name forever." God's name, "I AM," is Yahweh in Hebrew. God promised to give Moses the power he needed for his mission.

Based on Exodus 1—4

99

Con la ayuda de su hermano Aarón, Moisés preparó su misión libertadora. Ellos confrontaron al faraón diciéndole: "Así dice Yavé, el Dios de Israel: Deja salir a mi pueblo". El faraón se negó a libertar a los israelitas y les hizo trabajar más fuertemente. Moisés y Aarón nuevamente retornaron donde el faraón, pero seguía rechazando sus demandas a pesar de los desastres llamados plagas, que cayeron sobre Egipto.

Basado en Exodo 5—10

Pascua

Dios dijo a Moisés: "Todavía mandaré otra plaga sobre el faraón y sobre su pueblo. Después los dejará salir y él mismo los presionará para que se den prisa".

Entonces Moisés fue donde el faraón a avisarle y le dijo: "A media noche el Señor pasará sobre Egipto, y todo primogénito morirá". Pero el faraón ignoró el aviso. El no dejó salir a los israelitas.

Para proteger a los niños de los israelitas, Dios dijo a Moisés que pidiera al pueblo preparar una comida especial. Cada familia debía matar un cordero, asarlo y comerlo durante esa noche con pan sin levadura y hierbas amargas. Con la sangre de los corderos debían untar las puertas de las casas de los israelitas. Ninguno sería herido donde hubiera esa marca. La plaga "pasaría" de largo. Por esta razón es que la noche en que los israelitas ganaron su libertad fue llamada "pascua".

Después de la décima plaga, el faraón dejo ir a los israelitas. Dios los había libertado.

Basado en Exodo 11—12

VOCABULARIO

Yavé es el nombre de Dios según fue dado a Moisés. Significa "Yo soy el que soy".

El valioso regalo de la libertad dado por Dios es celebrado todos los años por el pueblo judío en la fiesta de pascua. Como cristianos, nosotros celebramos nuestra pascua en Pascua de Resurrección. La Pascua de Resurrección es nuestra celebración de la nueva vida y libertad en Cristo. La historia de la primera pascua nos llama a agradecer nuestra libertad y a trabajar por verdadera libertad para el pueblo.

With the support of his brother Aaron, Moses set out on his mission of freedom. They confronted the pharaoh and said, "Thus says the LORD, the God of Israel: 'Let my people go.'" But the pharaoh refused their request and made the Israelites work even harder. Moses and Aaron again and again returned to the pharaoh, but he continued to refuse their demands in spite of nine terrible disasters, called plagues, that came upon Egypt.

Based on Exodus 5—10

Passover

God said to Moses, "One more plague will I bring upon Pharaoh and upon Egypt. After that he will let you depart."

So Moses went to Pharaoh to warn him. He said, "At midnight [the Lord] will go forth through Egypt. Every first-born in this land shall die." But Pharaoh ignored the warning. He would not let the people go.

To protect the Israelite children, God told Moses to have the Israelites prepare a special meal. Each family was to kill a lamb, roast it, and eat it that night with unleavened bread and bitter herbs. Some of the lamb's blood was to be put on the doorpost of each Israelite house. No one in those houses would be harmed. The plague would "pass over" those houses. That is how the night the Israelites won their freedom became known as the "Passover."

After this tenth plague, the pharaoh let the Israelites go. God had freed them.

Based on Exodus 11—12

God's precious gift of freedom is celebrated each year by the Jewish people at the feast of Passover. As Christians, we celebrate our Passover at Easter. Easter is our great celebration of new life and freedom in Christ. The story of the first Passover calls us to be grateful for our freedom and to work for true freedom for all people.

Yahweh is God's name as it was given to Moses. It means "I am who I am."

ACERCANDOTE A LA FE

¿Qué nos dice acerca de Dios la historia de Moisés y la libertad de los israelitas?

¿Qué aprendiste de la historia de Moisés y la Pascua?

VIVIENDO LA FE

Reúnanse en pequeños grupos para reflexionar sobre personas de nuestro tiempo, que al igual que el pueblo de Moisés, sufren por falta de libertad, por la pobreza, la opresión o la discriminación. Compartan historias de personas que conozcan o hayan escuchado.

Discutan por qué esas personas están sufriendo y hagan una lista de las razones para compartir con todo el grupo. Compartan lo que creen que Jesús diría acerca de esas situaciones. Sugieran formas de ayudar a esas personas a liberarse de sus sufrimientos o injusticias. En grupo, decidan una acción adecuada en que responderán a una necesidad específica.

Escribe un diálogo con Jesús acerca de una historia de injusticia que te haya emocionado.

Termina con una oración.

COMING TO FAITH

What does the story of Moses and the freeing of the Israelites tell us about God?

What do you learn from the story of Moses and the Passover for your own life?

PRACTICING FAITH

Gather in small groups to reflect on people in our times who, like Moses' people, suffer from a lack of freedom through poverty, oppression, or discrimination. Share any stories of people you might know or have heard of.

Discuss why these people are suffering and list the reasons to share with the larger group. Share what you think Jesus might say about these situations. Suggest ways of helping such people become free from their suffering or injustice. As a group, decide on one appropriate action as your response to a particular need.

Write a dialogue with Jesus about a story of injustice that touched you deeply.

Close with a prayer.

REPASO

Encierra en un círculo la letra al lado de la respuesta correcta.

1. Dios se apareció a Moisés en una visión en

    a. una roca sagrada.

    b. nueve plagas.

    c. la zarza ardiente.

    d. una canasta de bambú.

2. "Yo soy" significa Yavé en

    a. egipcio.

    b. árabe.

    c. hebreo.

    d. latín.

3. La fiesta de pascua recuerda que Dios liberó al pueblo escogido de los

    a. egipcios.

    b. griegos.

    c. romanos.

    d. bárbaros.

4. Los cristianos celebran su pascua

    a. en Pentecostés.

    b. en Navidad.

    c. el día de Todos los Santos.

    d. el día de Pascua de Resurrección.

5. Qué harás esta semana para usar responsablemente el don de libertad que Dios te ha dado?

_____

_____

EN EL HOGAR Y EN LA PARROQUIA

Las historias de la pascua y del éxodo son dos grandes historias de la Biblia. Ellas nos recuerdan que Dios está dispuesto a entrar en la historia humana para salvarnos y liberarnos de la opresión. También nos ayudan a recordar nuestro compromiso bautismal para vencer el mal en todas sus formas y vivir en la libertad que sólo Dios puede dar.

La historia de Moisés muestra como su fe en Dios le ayuda a dirigir a los israelitas hacia la libertad. "Yo estaré contigo" dijo Dios a Moisés y Moisés confió en Dios.

Resumen de la fe

- En una visión, Dios se apareció a Moisés en una zarza ardiendo y lo llamó para dirigir a los israelitas hacia la libertad.

- La historia del éxodo nos cuenta que Dios liberó a los israelitas. Dios salvó al pueblo y lo liberó de la esclavitud y la opresión.

- La fiesta de la pascua nos recuerda que Dios salvó al pueblo escogido de los egipcios. Los cristianos celebran su pascua en Pascua de Resurrección.

REVIEW ▪ TEST

Circle the correct answer.

1. God called Moses in the vision of the

  a. sacred rock.

  b. nine plagues.

  c. burning bush.

  d. basket of reeds.

2. God's name, "I AM," is Yahweh in

  a. Egyptian.

  b. Arabic.

  c. Hebrew.

  d. Latin.

3. The meal the Israelites prepared before their journey out of Egypt is called

  a. the Passover meal.

  b. the sacrifice meal.

  c. manna.

  d. the heavenly banquet.

4. Christians celebrate their Passover at

  a. Easter.

  b. Pentecost.

  c. Christmas.

  d. All Saints' Day.

5. What will you do this week to use God's gift of freedom responsibly?

_____

_____

FAITH ALIVE AT HOME AND IN THE PARISH

The story of the Passover and of the Exodus are some of the greatest stories of the Bible. They remind us that God is willing to enter into human history to save us and free us from oppression. They also help us to recall our baptismal commitment to oppose evil in all its forms and to live in the freedom that only God can give.

The story of Moses shows how his faith in God enabled him to lead the Israelites out of slavery to freedom. "I will be with you!" God told Moses, and he trusted in God.

Faith Summary

- In a vision, God appeared in a burning bush to Moses and called him to lead the Israelites to freedom.

- The Exodus story teaches us that God freed the Israelites. God saves people and frees them from slavery and oppression.

- The feast of Passover reminds us that God saved the chosen people from the Egyptians. Christians celebrate their Passover at Easter.

11 Regreso a la tierra prometida

Oh Dios, ayúdanos a encontrar la verdadera libertad siguiendo tus leyes.

NUESTRA VIDA

Hablen acerca de estas creencias. Señala en las columnas si son fáciles o difíciles de creer; fáciles o difíciles de vivir.

¿Crees que. . .

	Fácil creer	Difícil creer	Fácil vivir	Difícil vivir
Dios creó a todo el mundo para vivir en paz?	_____	_____	_____	_____
la paz empieza en cada persona?	_____	_____	_____	_____
la gente puede vivir en paz aun cuando sufra tragedias?	_____	_____	_____	_____
la paz llega cuando libremente decidimos seguir a Jesús?	_____	_____	_____	_____
como miembro de tu familia y de tu Iglesia prometes vivir bajo sus reglas?	_____	_____	_____	_____

Habla acerca de tus creencias a un amigo. ¿Cuáles son fáciles de creer? ¿Cuáles son difícil de creer?

COMPARTIENDO LA VIDA

Usa esta escala para mostrar la frecuencia con que haces lo correcto en cada situación.

1	2	3	4	5
nunca	de vez en cuando	algunas veces	la mayoría de las veces	siempre

_____ Tengo oportunidad de hacer trampa en un examen.

_____ Los chicos con los que me junto toman alcohol.

_____ Un grupo se ha burlado de uno de los compañeros quien no es como nosotros.

_____ Encontré una billetera con $100.

_____ Mis amigos se mofaron de mí porque quería ir a misa.

_____ Quería salir con mis amigos pero mis padres me pidieron cuidar de mi hermanita.

Si marcaste 4 ó 5 en cualquier situación, piensa en lo que podría ayudarte a actuar con responsabilidad.

Si marcaste 1, 2 ó 3 piensa en lo que te impide hacer lo correcto.

Comparte con un amigo algo que has aprendido de este ejercicio.

11 Returning to the Promised Land

OUR LIFE

Talk about these beliefs. Check those
that are easy to believe, hard to
believe, easy to live, hard to live.
Do you believe. . .

	Easy to Believe	Hard to Believe	Easy to Live	Hard to Live
that God created everyone to live in peace?	_____	_____	_____	_____
that peace begins within each person?	_____	_____	_____	_____
that people can be at peace even when they are suffering a terrible tragedy?	_____	_____	_____	_____
that peace comes when we freely choose to follow Jesus?	_____	_____	_____	_____
that as a member of your family and your Church you promise to live by their rules?	_____	_____	_____	_____

Talk about your beliefs with a friend. Which are easy to believe? Which are hard to believe?

SHARING LIFE

Use this scale to show how often
you do what is right in each situation.

1	2	3	4	5
Never	Once-in-a-while	Sometimes	Most Times	Always

_____ I get a chance to cheat on a test.

_____ A group is being mean to a classmate who is different from the rest of us.

_____ I find a wallet with $100 in it.

_____ The kids I hang around with are drinking.

_____ My friends make fun of me for wanting to go to Mass.

_____ I want to go out with my friends; my parents ask me to babysit.

If you marked a 4 or 5 in a situation, think about who or what helped you to act responsibly.

If you marked a 1, 2, or 3, think about who or what seemed to keep you from doing the right thing.

Share something you learned from this exercise with a friend.

La historia del éxodo

Los israelitas habían sido esclavos de los egipcios. Después que el faraón les había dicho que eran libres, formaron una caravana bajo la dirección de Moisés. Empezaron un viaje a Canaán, la tierra que Dios había prometido a sus antepasados. Ese fue su éxodo o "salida" de la esclavitud hacia la libertad. Cuando la caravana llegó al área pantanosa a las orillas del mar, entre Egipto y Sinaí, hicieron un campamento.

Al mismo tiempo, el faraón cambió de idea y preparó el ejército para capturar a los israelitas y regresarlos a la esclavitud. Cuando los egipcios aparecieron, Moisés pidió ayuda a Dios. Dios le dijo: "Di a los hijos de Israel que se pongan en marcha. Levanta tu bastón, extiende tu mano sobre el mar".

Un fuerte viento llegó y secó el mar para que los israelitas pudieran pasar por sus aguas. Los egipcios los siguieron, pero el agua retornó a su lugar ahogando el ejército. Libres al fin los israelitas alabaron a Dios. Miriam, la hermana de Moisés, los dirigió en cantos y bailes de victoria. Desde ese momento los israelitas recuerdan cómo Dios los pasó de la esclavitud a la libertad.

Basado en Exodo 12:37—15:21

La alianza de Dios en el Sinaí

Cuando la caravana arribó al Monte Sinaí, Moisés subió a la montaña a rezar. Ahí Dios dijo a Moisés: "Di a los israelitas . . . Si ustedes me escuchan atentamente y respetan mi alianza, los tendré por mi pueblo entre todos los pueblos. . . Los tendré a ustedes como mi pueblo de sacerdotes, y una nación que me es sagrada".

Basado en Exodo 19:1–8

Después que los israelitas aceptaron la alianza con Dios, Moisés regresó al Monte Sinaí. Luego Dios explicó a los israelitas sus responsabilidades para vivir la alianza. Estas responsabilidades están resumidas en los Diez Mandamientos, los cuales Moisés dio al pueblo y que estaban escritos en dos tablas. Los mandamientos son leyes que nos dicen como amar, honrar y respetar a Dios y a los demás. Ellos ayudan a quienes los cumplen a conocer la verdadera libertad que Dios intenta para cada uno.

The Exodus Story

The Israelites had been slaves of the Egyptians. After the pharaoh told them that they were free to go, they formed a caravan under the leadership of Moses. They began their journey to Canaan, the land God had promised to their ancestors. This was their exodus, or "going out," from slavery into freedom. When the caravan came to the marshy sea area between Egypt and Sinai, they set up camp.

Meanwhile, the pharaoh changed his mind and sent the army to capture the Israelites and return them to slavery. When the Egyptians appeared, Moses prayed to God for help. God said, "Tell the Israelites to go forward. And you, lift up your staff…with hand outstretched over the sea."

A strong wind came up and dried the sea so that the Israelites could pass through the water. The Egyptians followed, but the water returned and drowned the army. Free at last, the Israelites praised God. Miriam, Moses' sister, led them in a song and dance of victory. From that time the Israelites remembered how God had brought them through the waters from slavery to freedom.

Based on Exodus 12:37—15:21

God's Covenant at Sinai

When the caravan arrived at Mount Sinai, Moses went up the mountain to pray. There God said to Moses, "Tell the Israelites…if you hearken to my voice and keep my covenant, you shall be my special possession, dearer to me that all other people…. You shall be to me a kingdom of priests, a holy nation."

Moses returned and told the Israelites about God's covenant. They responded, "Everything the LORD has said, we will do."

Based on Exodus 19:1–8

After the Israelites accepted God's covenant, Moses returned to Mount Sinai. Then God explained the Israelites' responsibilities for living by the covenant. These are summarized in the Ten Commandments, which Moses gave to the people and which were written on two stone tablets. The commandments are laws that tell us how to love, honor, and respect God and others. They help all who live them to know the true freedom that God intends for everyone.

Escribe en el siguiente cuadro una forma en que cumplirás cada mandamiento.

Los Diez Mandamientos en nuestras vidas

1. Yo soy el Señor, tu Dios, que te ha sacado de Egipto, de la servidumbre. No habrá para ti otros dioses delante de mí.

2. No tomarás en falso el nombre del Señor tu Dios.

3. Guardarás el día del sábado para santificarlo.

4. Honra a tu padre y a tu madre.

5. No matarás.

6. No cometerás adulterio.

7. No robarás.

8. No darás testimonio falso contra tu prójimo.

9. No desearás la mujer de tu prójimo.

10. No codiciarás. . .nada que sea de tu prójimo.

Basado en Éxodo 20:1–17

Alianza es un acuerdo especial entre Dios y su pueblo

Dios debe estar primero que nada en nuestras vidas.

_____

Debemos mostrar reverencia y honrar el nombre de Dios.

_____

Rezar y dar culto es importante para vivir como pueblo de Dios.

_____

Debemos mostrar respeto por: nuestros padres, las personas mayores y todo el que tenga autoridad;

_____

vida humana;

_____

la sexualidad;

_____

las propiedades ajenas;

_____

la verdad;

_____

los esposos de otros;

_____

las propiedades ajenas en nuestros pensamientos

_____

A **covenant** is a special agreement made between God and people.

Write on the chart below one way you will keep each commandment.

The Ten Commandments in Our Lives

1. I, the LORD, am your God, who brought you out of . . . that place of slavery. You shall not have other gods besides me.

   God is to come first in our lives.

   _____

2. You shall not take the name of the LORD, your God, in vain.

   We show reverence for God by honoring God's name.

   _____

3. Remember to keep holy the sabbath day.

   Prayer and worship are important for living as God's people.

   _____

4. Honor your father and your mother.

   We are to show respect for:
   parents, older people, and those in authority;

   _____

5. You shall not kill.

   human life;

   _____

6. You shall not commit adultery.

   sexuality;

   _____

7. You shall not steal.

   the property of others;

   _____

8. You shall not bear false witness against your neighbor.

   truth;

   _____

9. You shall not covet your neighbor's wife.

   other people's spouses;

   _____

10. You shall not covet your neighbor's house . . . nor anything that belongs to him.

    other people's property in our thoughts.

    _____

Based on Exodus 20:1–17

Acercándote a la Fe

¿En qué se parece tu vida al viaje de los israelitas desde la esclavitud de Egipto hacia la tierra prometida? ¿En qué se diferencia?

¿Cómo está Dios presente con nosotros hoy?

¿Cómo Dios nos ayuda a vivir en verdadera libertad?

¿Cuántos mandamientos conoces? Trata de aprenderlos de memoria.

Viviendo la Fe

Reflexiona en los Diez Mandamientos como guía para la verdadera libertad. Piensa, por lo menos en un mandamiento y escribe cómo este te puede hacer verdaderamente feliz. Túrnense para compartir sus ideas sobre los mandamientos y la libertad. Luego recen juntos:

† **Todos:** Dios de amor, haz hecho una alianza con nosotros al igual que hiciste con Moisés. Ayúdanos a ser fieles a ella.

Lector 1: Tus mandamientos nos ayudan a vivir en armonía unos con otros.

Todos: Dios de amor, nos diste la verdadera libertad. (Repetir después de cada petición).

Lector 2: Tus mandamientos nos enseñan a ponerte antes que nada en nuestras vidas. (Todos)

Lector 3: Tus mandamientos nos llaman a tratar a todo el mundo con respeto y amor. (Todos)

Todos: Haremos todo lo que nos has mandado. Ayúdanos especialmente esta semana.

_____.

Coming To Faith

How is your life like that of the Israelites as they journeyed from the slavery of Egypt to the Promised Land? How is it different?

How is God present to us today?

How does God help us to live in true freedom?

How many of the Ten Commandments do you know? Try to learn them by heart.

Practicing Faith

Reflect on the Ten Commandments as guidelines to real freedom. Think of at least one commandment and write how it can make you truly free. Share in turn your thoughts on the commandments and freedom. Then pray together:

†**All:** Loving God, you have made a covenant with us just as you did with Moses. Help us be true to it.

Reader 1: Your commandments help us to live in harmony with one another.

All: Loving God, you gave us true freedom. (Repeat after each petition.)

Reader 2: Your commandments teach us to put you first in our lives. (All)

Reader 3: Your commandments call us to treat all people with respect and love. (All)

All: We will do everything that you have commanded. Help us especially this week to

_____.

REPASO

Contesta las siguientes preguntas.

1. ¿Qué es una alianza? _____

2. ¿Explica en tus propias palabras la alianza que Dios hizo con los israelitas en el Monte Sinaí.

_____

3. ¿Con quién hizo Dios la alianza en el Monte Sinaí?

_____

4. ¿Qué necesitamos para vivir con amor, respeto, paz y justicia?

_____

5. ¿Qué experimentamos cada vez que libremente elegimos cumplir uno de los mandamientos?

_____

_____

_____

FE VIVA

EN EL HOGAR Y EN LA PARROQUIA

En esta lección explicamos a los niños los Diez Mandamientos con más detalle. Los Diez Mandamientos son las leyes básicas de Dios que nos liberan para vivir verdaderamente libres y en paz con Dios y con los demás. La alianza mosaica muestra cuanto Dios desea tener una relación duradera y personal con la humanidad. Los mandamientos son más que unas reglas fijas que nos obligan a obedecer. Son los medios por los cuales el pueblo de Dios vive su alianza con él y con los demás. Ellos son los pilares de la verdadera libertad.

Resumen de la fe

- La historia del éxodo cuenta como los israelitas escaparon de la esclavitud de Egipto hacia la libertad.

- Dios hizo una alianza con Moisés y los israelitas después de salir de Egipto. La alianza hecha en el Monte incluye los Diez Mandamientos.

- Vivir y obedecer los Diez Mandamientos trae la verdadera libertad que Dios quiere para todos.

REVIEW • TEST

Write answers to the following questions.

1. What is a covenant? _____

2. What was the chest containing the stone tablets on which
the Ten Commandments were written called?

_____

3. In your own words explain the covenant God made with the
Israelites on Mount Sinai.

_____

4. Who was Moses' successor? _____

5. What do we experience each time we freely choose to keep one
of the commandments?

_____

_____

_____

FAITH ALIVE AT HOME AND IN THE PARISH

In this lesson your sixth grader deepened his or her understanding of the Ten Commandments—the basic laws of God that free us to live in true freedom and in peace with God and others. The Mosaic covenant shows how much God desires to enter into an enduring and personal relationship with humankind. The commandments are more than a set of rules to be obeyed. They are the means by which God's people live out their covenant with God and one another. They are our signposts to true freedom.

Faith Summary

- The Exodus story tells of the escape of the Israelites from slavery in Egypt to freedom.

- God made a covenant with Moses and the Israelites after their exodus from Egypt. The covenant made on Mount Sinai included the Ten Commandments.

- Living by the Ten Commandments brings us the true freedom that God intends for everyone.

12 Establecimiento en la tierra prometida

Tú eres nuestra fortaleza, oh Dios. En ti ponemos nuestra confianza.

NUESTRA VIDA

En Burlington, Iowa, una señora se dirigía al cabildo para ratificar la Declaración Universal de los Derechos Humanos. Esta poderosa declaración fue confirmada por las Naciones Unidas hace muchos años y muchas naciones la han ratificado. El Congreso de los Estados Unidos no la ha ratificado a pesar del hecho de que su constitución contiene la "Bill of Rights" (Ley fundamental sobre los derechos).

En la pequeña ciudad de Burlington, Iowa, sin embargo, hay muchas personas tratando de que el cabildo de la ciudad ratifique la Declaración de los Derechos Humanos. Imagina que cada ciudad y pueblo en los Estados Unidos hiciera eso. El Congreso de los Estados Unidos tendría que hacer algo.

¿Fue importante lo que hizo esa señora? ¿Cuántas personas puede afectar su acción?

¿De qué formas se te llama a tener valor?

COMPARTIENDO LA VIDA

¿Conoces a alguien que tomó la decisión correcta a pesar de una fuerte oposición? Habla al grupo acerca de esa persona. Luego discutan estas ideas:

¿Cómo puede Dios ayudarnos a ser fuertes para hacer lo que es correcto? ¿Has sentido algunas vez que Dios te ha ayudado a tener valor? Háblanos acerca de eso.

¿Cuándo tenemos más temor de hacer lo correcto? ¿Cómo puede nuestra fe en Dios hacernos fuertes?

12 Settling the Promised Land

You are our
strength,
O God.
We place our
trust in you.

Our Life

In Burlington, Iowa, one woman started a drive to get the city council to ratify the Universal Declaration of Human Rights. This powerful declaration was affirmed by the United Nations many years ago and many nations have ratified it. The United States Congress has not, despite the fact that our own Constitution contains a Bill of Rights.

In the little city of Burlington, Iowa, however, there are now many people trying to get their own city council to ratify the Declaration of Human Rights. Imagine if each city and town across the country did that! The Congress of the United States would have to do something about it then.

Is what this one woman did important? How many lives might her actions affect?

In what ways are you called to be courageous?

Sharing Life

Do you know of people who did the right thing in the face of strong opposition? Tell the group about them. Then discuss these ideas:

How can God help us to be strong in doing what is right? Have you ever felt that God was helping you to be strong? Tell about it.

When are we most afraid to do the right thing? How can our faith in God make us strong?

Sansón

Cuando los israelitas salieron de Egipto, antes de tener un rey, fueron guiados por líderes llamados "jueces". La historia acerca de Sansón, uno de esos jueces, recuerda a los israelitas que Dios era la fuente de su fortaleza.

Sansón vivía cerca de la frontera de Palestina y el norte de Canaán. Antes de que naciera, sus padres lo consagraron nazireo. La palabra nazireo significa "consagrado a Dios". Los nazireos eran personas que no se cortaban el pelo ni la barba para mostrar su amor a Dios, tampoco tomaban vino o cerveza.

Sansón fue conocido por su fortaleza física y su inteligencia. Los filisteos le temían; los israelitas lo respetaban como líder y juez. Pero Sansón se enamoró de una filistea llamada Dalila y se casó con ella. Ella fue convencida para engañar a Sansón para que le revelara la fuente de su fuerza y como podía ser debilitado.

Dalila preguntó a Sansón el secreto de su fuerza. Un día él le contó que su cabello nunca había sido cortado porque él había sido consagrado a Dios. "Si me cortaran el pelo perdería mi fuerza y sería como cualquier hombre".

Cuando Sansón dormía, Dalila le cortó el pelo. Cuando Sansón despertó, se dio cuenta de que sus fuerzas le faltaban. Los filisteos lo agarraron, le sacaron los ojos, lo amarraron y lo pusieron a trabajar en el molino de la cárcel. Sansón pidió a Dios que le devolviera su fuerza. Poco a poco su pelo volvió a crecer, hasta que un día Sansón fue capaz de empujar las columnas donde se apoyaba la casa y pudo matar a quienes lo tenían preso.

Basado en Jueces 13—16

Nunca seremos llamados a hacer cosas que requieran la fuerza de Sansón, pero su vida es una lección para nosotros. Algunas veces puede que perdamos nuestra fortaleza espiritual al escoger no hacer la voluntad de Dios. Si pedimos a Dios, como lo hizo Sansón, Dios nos perdonará y renovará nuestras fuerzas.

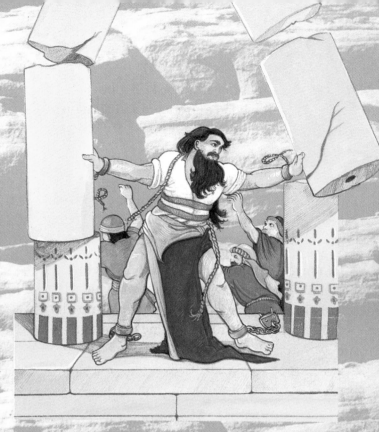

OUR
CATHOLIC
FAITH

Samson

After the Israelites had returned from Egypt to the Promised Land and before they had a king, they were guided by leaders called "judges." The story of Samson, one of these judges, reminded the Israelites that God was the source of their strength.

Samson lived close to the Philistine border to the north of Canaan. Before he was born, his parents consecrated him as a Nazirite.

The word *Nazirite* means "one set apart." The Nazirites were people who showed their love for God by not cutting their hair or beards and by not drinking wine or beer.

Samson became known for his physical strength and cleverness. The Philistines feared him; the Israelites respected him as a leader and judge. But then Samson fell in love with a Philistine woman named Delilah. When the Philistines heard about this, they went to Delilah and bribed her. They convinced her to trick Samson into telling her why he was so strong and how they could make him helpless.

Delilah asked Samson to tell her the secret of his strength. Finally, one day he told her that his hair had never been cut because he had been dedicated to God as a Nazirite. "If I am shaved, my strength will leave me, and I shall be as weak as any other man."

While Samson was asleep, Delilah had his hair cut off. When Samson awoke, he discovered that his strength had left him. The Philistines seized him, poked out his eyes, chained him, and put him to work at the prison mill. Samson prayed that God would give him great strength again. Gradually his hair grew back, until one day Samson was able to push over the pillars supporting a building and kill his captors.

Based on Judges 13—16

We may never be called to do deeds requiring Samson's great physical strength, but his life has a lesson for us. Sometimes we may lose some of our spiritual strength by choosing not to do God's loving will. If we pray to God as Samson did, God will forgive us and renew our strength.

119

Rut

Las bendiciones llegaron hasta Rut por su fortaleza y fidelidad a su suegra y al Dios de los israelitas.

Durante el tiempo de la gran hambruna, un israelita llamado Elimelec y su esposa, Noemí, salieron de Belén, con su dos hijos, al reino de Moab. Los dos hijos se casaron con mujeres moabitas; una llamada Orfa y la otra Rut.

Elimelec y sus dos hijos murieron. Noemí decidió regresar a Belén. Rut, ahora viuda, insistió en dejar su propia tierra y acompañar a su suegra, ella le dijo: "No me obligues a dejarte, yéndome lejos de ti, pues adonde tú vayas, iré yo; y donde tú vivas , viviré yo: tu pueblo será mi pueblo y tu Dios será mi Dios".

Cuando Noemí vio la determinación de Rut no dijo nada más. La dos mujeres viajaron a Belén. Allí un rico familiar de Noemí llamado Booz se enamoró de Rut y se casó con ella.

Basado en Rut 1—4

Como Rut dio todo para ayudar a Noemí, ella fue feliz en su matrimonio. Dios premió su generosidad de otra forma. Por su matrimonio Rut se convirtió en antepasado de Jesús. Su nombre se encuentra inscrito en el árbol genealógico de Jesús al principio del Evangelio de Mateo.

Las historias de Sansón y Rut son acerca de personas con dos diferentes tipos de fortaleza; un hombre de gran fuerza física y una fiel y valiente nuera. Sus historias muestran que Dios da poder y fortaleza a todo el que confía en él. Dios pide a todos, jóvenes y viejos, fuertes y débiles, famosos y comunes ser fieles seguidores. Todos somos llamados a hacer la voluntad de Dios amando y sirviendo a otros.

Ruth

Blessings came to Ruth because of the strength of her loyalty to her mother-in-law and to the God of the Israelites.

During a great famine, an Israelite named Elimelech and his wife, Naomi, fled with their two sons from Bethlehem to the kingdom of Moab. There the two sons married Moabite women, Orpah and Ruth.

Then Elimelech and his two sons died. Naomi decided to return to her own people in Bethlehem. Ruth, now a widow, insisted on leaving her own land and accompanying her mother-in-law, saying, "Do not ask me to abandon or forsake you! for wherever you go, I will go, wherever you lodge, I will lodge, your people shall be my people, and your God my God."

When Naomi saw that Ruth was determined to go with her, she said nothing more. The two women traveled together to Bethlehem. There a wealthy relative of Naomi named Boaz fell in love with Ruth and married her.

Based on Ruth 1—4

Because she gave up everything to help Naomi, Ruth found happiness in her new marriage. But God rewarded Ruth's generosity in still another way. Because of this marriage, Ruth became one of the ancestors of Jesus. She is listed in the family tree at the beginning of Matthew's Gospel.

The stories of Samson and Ruth are about people with two different kinds of strength; a man of great physical strength, and a loyal and courageous daughter-in-law. Their stories show that God gives power and strength to all who trust in him. God asks everyone, young and old, the physically strong and the physically handicapped, the famous and the ordinary, to be true and loyal followers. All are called to do God's life-giving will by loving and serving others.

Acercandote a la Fe

Después de aprender sobre las vidas de Sansón y Rut, ¿qué piensas ahora de lo siguiente?

Una persona fuerte es alguien que ————

————————————————————

Una persona fiel es alguien que ————

————————————————————

Una persona que hace una diferencia en nuestro mundo es alguien que ————

————————————————————

Una persona que hace la voluntad de Dios es alguien que ————

————————————————————

¿Cómo puedes tener una de las características arriba mencionadas?

Viviendo la Fe

Trabaja con un compañero. Escoge un héroe de la Biblia. Ya conoces a Adán, Eva, Noé, Abraham, Sara, Isaac, Rebeca, Jacob, José, Moisés, Miriam, Sansón y Rut. Túrnense para compartir en el grupo cómo el héroe escogido es una fuente de la fortaleza de Dios para otros.

Piensa en una decisión que este héroe te invita a tomar acerca de cómo vivir tu fe.

Piensa en cómo puedes usar tus dones personales para ayudar a otros. Termina rezando una oración por las vocaciones.

COMING TO FAITH

After learning about the lives of Samson and Ruth, how have your ideas about the following changed?

A strong person is one who _____

_____

A loyal person is one who _____

_____

A person who makes a difference in our world is one who _____

_____

A person who does God's loving will is one who _____

_____

How can you be any of the above?

PRACTICING FAITH

Work with a partner. Choose a Bible hero or heroine. You have already met Adam, Eve, Noah, Abraham, Sarah, Isaac, Rebecca, Jacob, Joseph, Moses, Miriam, Samson, and Ruth. Take turns sharing with the group how your choice was a source of God's strength for others.

Think of a decision this hero or heroine invites you to make about living your faith.

Pause for a moment to journal how you can use your own personal gifts to help others. Close by praying a prayer for vocations.

REPASO

Llena los espacios en blanco.

fidelidad   jueces   nazireo   fortaleza

1. Antes de los reyes, los _____ guiaban a los israelitas.

2. Sansón, uno de los jueces fue consagrado _____.

3. La historia de Sansón ayudó a los israelitas a recordar que Dios era la fuente

de su _____.

4. La historia de Rut nos ayuda a valorar la _____ la familia y

los amigos como señal de fortaleza espiritual.

5. ¿Puedes pensar en formas en que puedes ser fuente de fortaleza para alguien?

_____

_____

_____

EN EL HOGAR Y EN LA PARROQUIA

Los niños continúan aprendiendo historias de héroes de la Biblia. La historia de Sansón nos recuerda que Dios es la fuente de nuestra fortaleza. La historia de Rut ilustra la belleza de la fidelidad de Dios: "Donde tú vayas; iré yo" (Rut 1:16).

La fidelidad de Dios no se debe dudar. Para ser fieles a Dios, necesitamos la ayuda del Espíritu Santo. Debemos rezar con frecuencia por la gracia de la fidelidad. Explore el significado de fidelidad usando ejemplos de su propia vida o de personas en su parroquia.

Resumen de la fe

- Dios da a personas comunes fortaleza para cumplir su voluntad.

- Puede que perdamos algo de nuestra fuerza espiritual al escoger no hacer la voluntad de Dios.

- Rut creyó en el Dios de Israel, fue fiel y se convirtió en uno de los antepasados de Jesús.

REVIEW ■ TEST

Fill in the blanks with the words below.

loyalty   judges   Nazarite   strength

1. Before Israel had kings, _____ guided the people.

2. Samson, one of the judges, was consecrated as a _____.

3. The story of Samson helped the Israelites to remember that God was

the source of their _____.

4. The story of Ruth encourages us to value _____ to family and
friends as a sign of spiritual strength.

5. Can you think of a way you might be, right now, a source of
strength to someone?

_____

_____

_____

FAITH ALIVE AT HOME AND IN THE PARISH

Your sixth grader has continued learning the stories of Bible heroes and heroines. The story of Samson reminds us that God is the source of our strength. The story of Ruth illustrates the beauty of God's faithfulness to us: "Wherever you go, I will go" (Ruth 1:16).

God's faithfulness to us is never in doubt. But for us to be faithful to God, we need the help of the Holy Spirit. We should pray often for the grace of faithfulness. Explore the meaning of faithfulness by using examples from your own life or of people in your parish.

Faith Summary

- God gives ordinary people the strength to carry out his loving will.

- We may lose some of our spiritual strength by choosing not to do God's will.

- Ruth believed in the God of Israel, was faithful and loyal, and became one of the ancestors of Jesus.

13 Celebrando el Adviento

Ven, Señor
Jesús.

NUESTRA VIDA

El jefe Nube Roja es la última persona que aún habla el lenguaje de su tribu en Carolina del Sur. Dice que lo aprendió al sentarse con los ancianos durante las noches alrededor del fuego para escuchar sus historias.

Un profesor de idiomas de Harvard le pidió pasar algún tiempo con él en la universidad. Quería grabar el lenguaje—así como palabras, frases y las historias que Nube Roja pudiera recordar. De esa forma el lenguaje no se perdería para siempre.

Durante muchos días ambos se sentaron en el laboratorio—el jefe hablaba y el profesor grababa. Finalmente Nube Roja se quedó en blanco; simplemente no pudo recordar nada más. El profesor decidió parar y sentarse por un rato a la orilla del río Charles. Algo sorprendente pasó. De la mente del jefe indio manaron palabras de su lenguaje nativo— palabras que significaban nube, hierba, onda. No podía parar y dijo al profesor: "Los indios estamos unidos a la naturaleza. Esta es nuestra vida. Es nuestro contacto con el creador de todo".

¿Qué aprendiste de esta historia?

¿Cuáles son algunos de tus contactos con "el creador de todo"? Junto con un amigo hagan una lista.

COMPARTIENDO LA VIDA

¿Cómo estamos unidos a nuestros antepasados en la fe?

Discutan: Como cristianos compartimos un pasado, un "lenguaje". ¿Por qué es importante conocerlo, "hablarlo"?

13 Celebrating Advent

Come, Lord Jesus!

Our Life

Chief Red Thundercloud is the last remaining member of his South Carolina tribe who can speak the language of his tribe. He says he learned the language by sitting with the elders around the fire at night and listening to their stories.

A professor of languages at Harvard asked the chief to spend time with him at the university. He wanted to record the language—as many of the words and phrases and stories that Red Thundercloud could remember. In this way, the language would not be lost forever.

For many days the two sat together in the laboratory—the chief speaking, the professor recording. Finally Red Thundercloud's mind went blank; he simply couldn't remember any more. He and the professor decided to stop and sit outside on the banks of the Charles River for a while. As they did, an amazing thing happened. Words of his native language flooded the chief's mind—words for "ripple," "cloud," "blade of grass." He could hardly stop! He told the professor, "We Indians are bonded to nature. It is life to us. It is our contact with the creator of all."

What do you learn from this story?

What are some of your contacts with "the creator of all"? With a friend, make a list.

Sharing Life

How are we connected to our ancestors in faith?

Discuss together: We share a past, a "language" as Christians. Why is it important to know it, to "speak" it?

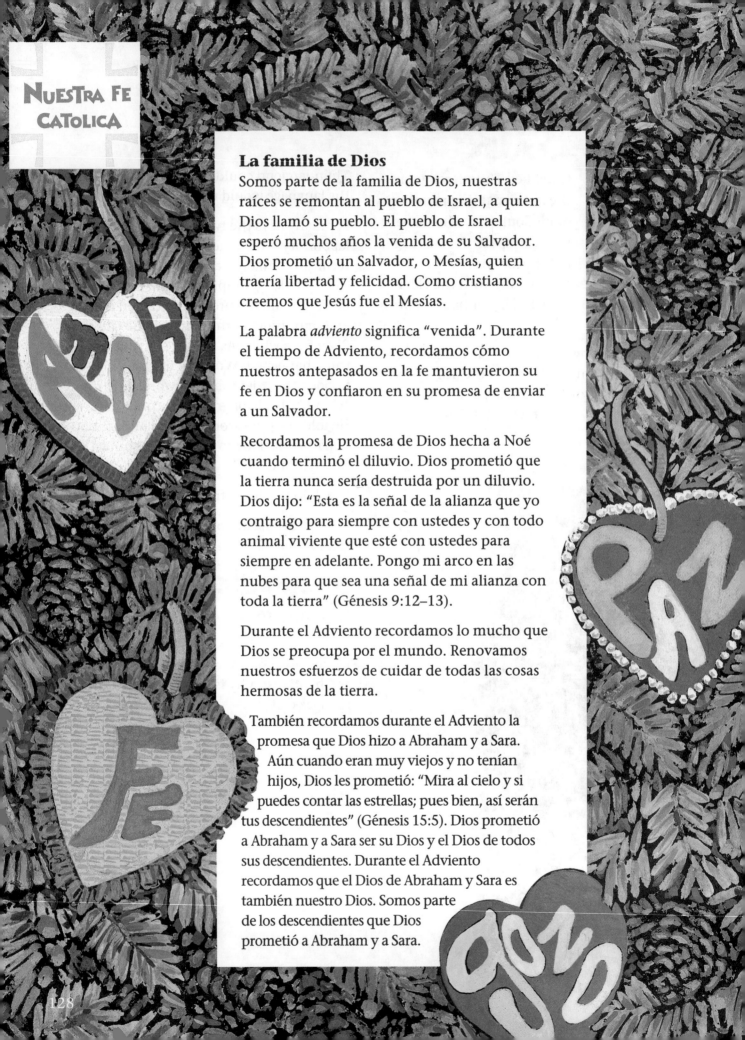

La familia de Dios

Somos parte de la familia de Dios, nuestras raíces se remontan al pueblo de Israel, a quien Dios llamó su pueblo. El pueblo de Israel esperó muchos años la venida de su Salvador. Dios prometió un Salvador, o Mesías, quien traería libertad y felicidad. Como cristianos creemos que Jesús fue el Mesías.

La palabra *adviento* significa "venida". Durante el tiempo de Adviento, recordamos cómo nuestros antepasados en la fe mantuvieron su fe en Dios y confiaron en su promesa de enviar a un Salvador.

Recordamos la promesa de Dios hecha a Noé cuando terminó el diluvio. Dios prometió que la tierra nunca sería destruida por un diluvio. Dios dijo: "Esta es la señal de la alianza que yo contraigo para siempre con ustedes y con todo animal viviente que esté con ustedes para siempre en adelante. Pongo mi arco en las nubes para que sea una señal de mi alianza con toda la tierra" (Génesis 9:12–13).

Durante el Adviento recordamos lo mucho que Dios se preocupa por el mundo. Renovamos nuestros esfuerzos de cuidar de todas las cosas hermosas de la tierra.

También recordamos durante el Adviento la promesa que Dios hizo a Abraham y a Sara. Aún cuando eran muy viejos y no tenían hijos, Dios les prometió: "Mira al cielo y si puedes contar las estrellas; pues bien, así serán tus descendientes" (Génesis 15:5). Dios prometió a Abraham y a Sara ser su Dios y el Dios de todos sus descendientes. Durante el Adviento recordamos que el Dios de Abraham y Sara es también nuestro Dios. Somos parte de los descendientes que Dios prometió a Abraham y a Sara.

The Family of God

We are part of the family of God. Our roots go back to the people of Israel, whom God called to be God's own people. The people of Israel waited many years for the coming of their Savior. God had promised that a Savior, or Messiah, would bring them freedom and happiness. As Christians we believe that Jesus was the Messiah.

The word *advent* means "coming." During the season of Advent, we remember how our ancestors in faith kept their faith in God and trusted in God's promise of a Savior.

We remember the promise God made to Noah when the flood ended. God promised that the earth would never again be destroyed by a flood. God said, "This is the sign that I am giving for all ages to come, the covenant between me and you and every living creature with you: I set my bow in the clouds to serve as a sign of the covenant between me and the earth" (from Genesis 9:12–13).

During Advent we take time to remember how much God cares for the world. We renew our efforts to take good care of all the beautiful things of the earth.

During Advent we also remember the promise that God made to Abraham and Sarah. Although they were very old and childless at the time, God promised, "Look up at the sky and count the stars, if you can. Just so," he added, "shall your descendants be" (Genesis 15:5). God promised Abraham and Sarah to be their God and the God of all their descendants. During Advent we remember that the God of Abraham and Sarah is our God, too. We are part of the descendants whom God promised to Abraham and Sarah.

Dios bendijo a Abraham y a Sara con un hijo llamado Isaac. Recordamos que Abraham amó tanto a Dios que estaba dispuesto a ofrecer a su hijo en sacrificio a Dios. Durante el Adviento renovamos nuestra confianza en Dios. Sabemos que Dios se preocupa por nosotros, de la misma forma que lo hizo por Abraham, Sara e Isaac.

Dios hizo una alianza con Moisés y los israelitas. En Adviento recordamos que también los Diez Mandamientos nos fueron dados. Ellos nos ayudan a vivir libre y responsablemente como pueblo de Dios. Dios prometió estar siempre con nosotros.

Recordamos que Dios prometió que un descendiente de David, uno de los reyes de Israel, sería el Salvador. Recordamos la espera y el ansia del pueblo de Israel por el Salvador. Nos preparamos para la venida de Jesús en nuestros corazones. Durante este tiempo, también esperamos la venida final de Jesús en gloria.

¿Cómo te prepararás para la venida de Cristo durante el Adviento?

ACERCANDOTE A LA FE

¿Puedes aparear estos símbolos con la persona o personas que describen?

1. arco iris _____ Moisés
2. estrellas _____ Abraham y Sara
3. leña para sacrificio _____ Noé
4. dos tablas de piedra _____ Rey David
5. corona _____ Issac

Coloca el árbol deshojado en una lata llena de arena. Luego juntos trabajen para crear y cortar símbolos. Hagan un hueco en la parte superior de cada símbolo y pongan un pedazo de hilo para que puedan ser atados al árbol durante el servicio de oración.

God blessed Abraham and Sarah with a son named Isaac. We remember that Abraham loved God so much that he was willing to offer his son, Isaac, as a sacrifice to God. During Advent we renew our trust in God. We know that God cares for us, as God cared for Abraham, Sarah, and Isaac.

God made a covenant with Moses and the Israelites. During Advent we remember that the Ten Commandments were given to us, too. They help us to live freely and responsibly as God's own people. God promised to be with us always.

During Advent we remember that God promised that a descendent of David, one of Israel's kings, would be the Savior. We remember the hope and longing with which the people of Israel waited for the Savior. We prepare ourselves for the coming of Jesus once again into our hearts. During this time, we also look forward to the final coming of Jesus Christ in glory.

How will you prepare for Christ's coming during Advent?

COMING TO FAITH

Can you match these symbols with the person or persons they describe?

1. rainbow
2. stars
3. wood for sacrifice
4. two stone tablets
5. crown

_____ Moses
_____ Abraham and Sarah
_____ Noah
_____ King David
_____ Isaac

Insert a leafless tree branch into a container filled with sand. Then work together to create and cut symbols. Punch a hole at the top of each symbol and put a piece of yarn through it so that it can be tied to the Jesse Tree during the prayer service.

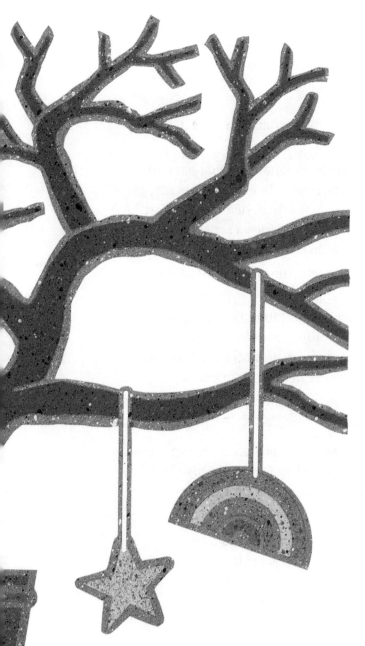

Viviendo la Fe

Servicio de oración

Reúnanse en oración alrededor del árbol

Lector: Jesé fue el padre de David, Rey de Israel. De la familia de David nació Jesús. Mientras recordamos la historia de la familia de Jesús, coloquen los símbolos que han hecho en el árbol cuando sea nombrada alguna persona.

Lector: Dios de amor, ponemos un arco iris en nuestro árbol como recuerdo de tu promesa a Noé. Ayúdanos a ser siempre fieles a tu alianza con nosotros.

Todos: Recuerda tu promesa, oh Dios. Ven a salvarnos.

Lector: Ponemos tus estrellas en nuestro árbol como recuerdo de tu promesa a Abraham y a Sara. Ayúdanos a renovar nuestra fe y confianza en ti.

Todos: Recuerda tu promesa, oh Dios. Ven a salvarnos.

Lector: Ponemos esta leña, recogida para un sacrificio, en nuestro árbol como recuerdo de la disposición de Abraham de ofrecerte a su único hijo, Isaac. Ayúdanos a ser generosos ofreciéndote todo lo que decimos y hacemos.

Todos: Recuerda tu promesa, oh Dios. Ven a salvarnos.

Lector: Ponemos estas tablas de piedra en nuestro árbol como recuerdo de los mandamientos que diste a Moisés. Ayúdanos a cumplir fielmente tus mandamientos.

Todos: Recuerda tu promesa, oh Dios. Ven a salvarnos.

Lector: Ponemos estas coronas en nuestro árbol como recuerdo del Rey David, de cuya familia nació Jesús. Ayúdanos, oh Dios, a prepararnos para la venida de Jesús.

Hagan una (☧) para colocarla en la copa del árbol, juntos de las manos canten "Noche de paz".

PRACTICING FAITH

Jesse Tree Prayer Service

Gather in a prayer circle around the tree.

Reader: Jesse was the father of King David of Israel. It was from the family of King David that Jesus was born. As we remember the story of Jesus' family, place the symbol you have made on the tree when the person's name is spoken.

Reader: Loving God, we set your rainbow on our tree as a reminder of your promise to Noah. Help us to be faithful always to our covenant with you.

All: Remember your promise, O God. Come and save us.

Reader: We set your stars on our tree as a reminder of your promise to Abraham and Sarah. Help us to renew our faith and trust in you.

All: Remember your promise, O God. Come and save us.

Reader: We set this wood, which was meant for sacrifice, on our tree as a reminder of Abraham's willingness to give you even his only son, Isaac. Help us to be generous in offering up to you all we say and do.

All: Remember your promise, O God. Come and save us.

Reader: We set these stone tablets on our tree as a reminder of the commandments, which you gave Moses. Help us to follow your commandments faithfully.

All: Remember your promise, O God. Come and save us.

Reader: We set these crowns on our tree as a reminder of King David, from whose family Jesus was born. Help us, O God, to prepare for the coming of Jesus again.

As a Chi-Rho (☧) is placed on the top of the tree, all join hands and sing "O Come, O Come, Emmanuel."

REPASO

Completa las siguientes oraciones

1. Como señal de su alianza Dios prometió nunca más

_____ .

2. La palabra *adviento* significa _____ .

3. Dios prometió a Abraham y a Sara _____ .

4. Abraham amó tanto a Dios que estaba dispuesto a sacrificar a

_____ .

5. ¿Cómo te prepararás espiritualmente para la Navidad este Adviento?

_____

_____

_____

EN EL HOGAR Y EN LA PARROQUIA

En esta lección se les recordó a los niños algunos de nuestros antepasados en la fe—Noé, Abraham y Sara, Issac, Moisés—quienes esperaron con esperanza y ansias que la promesa de un Salvador se cumpliera.

Durante el tiempo de Adviento, la Iglesia nos recuerda los advientos, venidas, de Jesús: su pasada venida en Belén y su venida final en gloria. Durante el Adviento, recordamos cómo nuestros antepasados en la fe mantuvieron su fe en Dios y confiaron en su promesa de un Mesías, aún en los peores tiempos.

Durante el santo tiempo de Adviento, miramos hacia la venida final de Jesús en gloria. Durante ese tiempo, abrimos nuestros corazones para dar la bienvenida a Jesús en todas las formas que él se hace presente en nosotros—en el mundo de Dios, en los sacramentos, en otras personas, especialmente los necesitados y en todos los eventos que nos suceden.

Resumen de la fe

- En Adviento recordamos la promesa de Dios de enviar a un Salvador y preparamos diariamente nuestros corazones para su venida.

- Durante el Adviento también esperamos la segunda venida de Jesús en gloria.

REVIEW ■ TEST

Complete the following sentences.

1. As a sign of the covenant made with the world, God promised never to

_____ .

2. The word *advent* means _____ .

3. God promised Abraham and Sarah that _____ .

4. Abraham loved God so much that he was willing to sacrifice

_____ .

5. How will you prepare spiritually this Advent for Christmas?

_____

_____

_____

FAITH ALIVE AT HOME AND IN THE PARISH

In this lesson your sixth grader was reminded of some of our ancestors in faith — Noah, Abraham and Sarah, Isaac, Moses — who waited with hope and longing for God's promise of a Savior to be fulfilled.

During the season of Advent, the Church reminds us of the advents, or comings, of Jesus: his coming in the past in Bethlehem and his final coming in glory. During Advent, we remember how our ancestors in faith kept their faith in God and trusted in the promise of a Messiah, even in the worst of times.

During this holy season of Advent, we look forward to the final coming of Jesus in glory. And during this season, we open our hearts to welcome Jesus in all the ways he makes himself present to us—in the word of God, in the sacraments, in other people, especially those in need, and in all the events that happen to us.

Faith Summary

- In Advent we remember God's promise of a Savior and prepare our hearts for his coming every day.

- During Advent we also look forward to Jesus' final coming in glory.

14 Celebrando la Navidad

Jesús, Luz del Mundo, ilumina nuestras mentes y corazones.

NUESTRA VIDA

El día 17 de enero de 1994, a las 4:30 a.m. ocurrió un fuerte terremoto en un área muy poblada de California. En ese instante, mucha gente se quedó sin energía eléctrica, agua, teléfono, casa y muchos perdieron la vida. Se generaron muchos incendios y se derrumbaron partes de las autopistas.

Aún en la oscuridad de esta terrible tragedia, surgió la luz de la bondad humana. Un joven que vivía en el último piso de un edificio de tres pisos, que se derrumbó, arriesgó varias veces su vida para ayudar a rescatar a otros. Cuando se le preguntó por qué lo hacía, llorando dijo: "Nunca había tenido tanto miedo, pero tenía que hacerlo—era lo humano. Sólo le pedía a Dios que me ayudara".

¿Has sufrido los efectos de un terremoto o huracán alguna vez? Cuéntanos.

¿Hay momentos en que haces cosas difíciles por alguien? ¿Pides ayuda a Dios?

COMPARTIENDO LA VIDA

Algunas veces tenemos sombras en nuestros corazones. ¿Qué piensas que significan? Habla con un compañero acerca de las mejores maneras de tratarlas.

Jesús es llamado la "Luz del Mundo". ¿Qué crees que eso significa? ¿Cómo puede Jesús ser ahora luz en tu mundo?

¿Qué te ayudará a ver la luz de Jesús esta Navidad?

14 Celebrating Christmas

Jesus, Light of the World, be light to our hearts and minds.

OUR LIFE

At 4:30 A.M. on January 17, 1994, a powerful earthquake struck a heavily populated area of southern California. In that instant, people lost electrical power, water, telephones, homes, and even lives. Raging fires broke out, and sections of the freeways collapsed.

Yet even in the darkness of this terrible tragedy, the light of human goodness emerged. A young man who lived on the top floor of a collapsed three-story apartment building risked his life repeatedly to rescue as many people as he could. When asked about it later that night by reporters, he said in tears,

"I've never been so scared, but I had to do it—it was the human thing to do. I just kept asking God to help me."

Have you ever been in an earthquake, hurricane, flood, or tornado? Tell about it.

Are there times when you do difficult things for other people? Do you ask God to help you?

SHARING LIFE

Sometimes we have darkness in our hearts. What do you think this means? Talk with a partner about the best ways to deal with this.

Jesus is called the "Light of the World." What do you think this means? How can Jesus be the light of your world now?

What will the light of Jesus help you to see this Christmas?

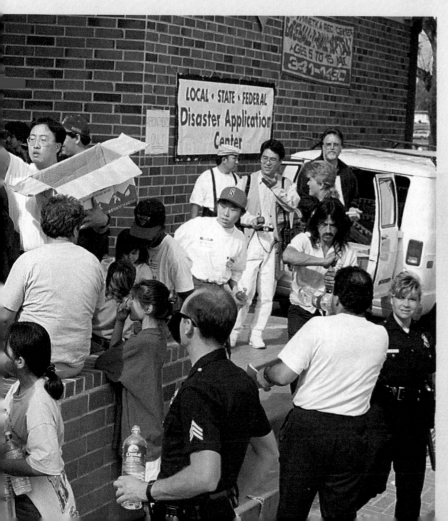

El tiempo de Navidad

En la misa de media noche, en Navidad, la primera lectura es tomada de Isaías. Leemos:

El pueblo de los que caminan en la noche,
     divisaron una luz grande;
habitaban el oscuro país de la muerte,
     pero fueron iluminados.

Isaías 9:1

Jesucristo es la Luz del Mundo. Esto quiere decir que Jesús trajo la luz de la buena nueva y la gracia de Dios a la oscuridad de la vida humana. Hace dos mil años Jesús nació en el pueblo de Belén.

Todos los años la Iglesia celebra el nacimiento de Jesús durante el tiempo de Navidad. Desde muy temprano en la historia de la Iglesia, probablemente en el siglo IV, los cristianos empezaron a celebrar el nacimiento de Jesús el 25 de diciembre. Durante este tiempo del año, los días son muy cortos y el sol brilla por sólo unas horas. El 25 de diciembre, muchos paganos celebraban una fiesta honrando el nacimiento del sol. Cuando se convirtieron al cristianismo, la Iglesia quería que ellos vieran que Jesús era la verdadera luz del mundo. La Iglesia empezó a celebrar la Navidad el día de la vieja fiesta romana del sol.

El tiempo de Navidad se extiende desde la fiesta de Navidad hasta la fiesta del Bautismo del Señor, el domingo siguiente a la Epifanía, a principios de enero. Durante este tiempo, celebramos muchas fiestas conmemorando cómo Jesús se manifestó a todo el mundo.

El día de Navidad, recordamos que el Hijo de Dios se hizo uno como nosotros. Recordamos que Jesús se manifestó a los pobres y a simples pastores.

El domingo entre el dos y el ocho de enero, celebramos la fiesta de la Epifanía. En esta fiesta recordamos la visita de los reyes magos, quienes vinieron del este, a visitar a Jesús. De acuerdo a la historia los magos ofrecieron tres regalos a Jesús. Cada regalo tenía un significado simbólico. El primer regalo fue oro que significa que el mago reconocía a Jesús como rey. El segundo fue incienso, que al quemarse despide un humo aromático. Todavía hoy quemamos incienso en señal de adoración. Al ofrecer incienso el rey mago reconocía que Jesús era Dios y le adoró. El tercer regalo fue mirra, especia usada para ungir los cuerpos de los muertos. Al ofrecer mirra, el mago reconocía que Jesús moriría por todo el mundo.

Nacimiento de Cristo, relieve en mármol (primeros cristianos o era Bizantina)

OUR CATHOLIC FAITH

The Season of Christmas

At the Midnight Mass of Christmas, the first reading is from the Book of Isaiah. We read:

The people who walked in darkness
   have seen a great light;
Upon those who dwelt in the land of gloom
   a light has shone.

Isaiah 9:1

Jesus Christ is the Light of the World. This means that Jesus brought the light of God's good news and grace into the darkness of human life. Two thousand years ago, Jesus was born in the town of Bethlehem.

Each year the Church celebrates the birth of Jesus during the Christmas season. Very early in the history of the Church, probably during the fourth century, Christians began to celebrate the birth of Jesus on December 25. During this time of year, the days are very short and the sun shines only for a few hours. On December 25, many pagans celebrated a feast day honoring the birth of the sun. When they converted to Christianity, the Church wanted them to see that Jesus was the real Light of the World. So the Church began to celebrate Christmas on the day of the old Roman feast of the sun.

The Christmas season lasts from the feast of Christmas until the feast of the Baptism of the Lord, the Sunday after Epiphany, early in January. During this time, we celebrate many feasts that commemorate how Jesus was shown, or manifested, to all people.

On Christmas day, we remember that the Son of God became one of us. We remember that Jesus manifested himself to poor and simple shepherds.

On the Sunday between January 2 and January 8, we celebrate the feast of the Epiphany. On this feast, we remember the visit of the wise men who came from the East to visit Jesus. According to the story, the wise men offered three gifts to the child Jesus. Each gift had a symbolic meaning. The first gift was gold. This means that the wise men recognized Jesus as a king. The second gift was frankincense, which burns and becomes a sweet-smelling smoke. We still burn incense today as a sign of worship. By giving frankincense, the wise men recognized that Jesus was God and worshiped him. The third gift was myrrh, which was a spice used to anoint the bodies of the dead. By giving a gift of myrrh, the wise men recognized that Jesus would die for all people.

The Nativity, Watanabe (1970)

139

El tiempo de Navidad termina con la fiesta del Bautismo del Señor, el domingo después de la Epifanía, a principios de enero. En esa fiesta recordamos el inicio de la vida publica de Jesús. Recordamos que cuando Juan el Bautista derramó agua sobre la cabeza de Jesús, se escuchó una voz que decía: "Este es mi Hijo, el amado; este es mi elegido" (Mateo 3:17).

Jesús iba a empezar su vida pública. El se manifestó como Hijo de Dios a todo el mundo. Jesús predicó al pueblo diciendo "Yo soy la Luz del mundo. El que me sigue no caminará en tinieblas, sino que tendrá luz y vida" (Juan 8:12).

Hoy encendemos velas durante la Navidad. Las luces nos recuerdan que Jesús removió la oscuridad del pecado y nos mostró como vivir como pueblo de Dios.

Debemos llevar la luz de Jesús a todo el mundo. La oscuridad nunca apagará la luz de Cristo.

Acercandote a la Fe

¿Qué significa para ti decir que Jesús es tu luz?

¿Cómo mostrarás que Jesús es la Luz del Mundo?

Usen el siguiente drama como oración en grupo. Escojan a un narrador y el repertorio.

The Christmas season ends with the feast of the Baptism of the Lord, the Sunday after Epiphany, early in January. On this feast we remember the beginning of Jesus' public ministry. We remember that as John the Baptist poured water over the head of Jesus, a voice was heard saying, "This is my beloved Son, with whom I am well pleased" (Matthew 3:17).

Jesus was about to begin his public ministry. He manifested himself as God's own Son to all the world. Jesus preached to the people, "I am the light of the world. Whoever follows me will not walk in darkness, but will have the light of life" (John 8:12).

Today we often light candles and bright lights at Christmastime. The lights should remind us that Jesus has removed the darkness of sin and shown us how to live as people of God. We are to bring the light of Jesus to all people. The darkness will never put out the light of Jesus Christ.

Coming To Faith

What does it mean for you to say that Jesus is your light?

How will you show that Jesus is the Light of the World?

Use the following play as part of your group prayer. Choose the narrator and cast of characters.

Viviendo la Fe

Narrador: Hace mucho tiempo, San Francisco de Asís estaba pasando la Navidad en Greccio, un pequeño pueblo de Italia. Una tarde caminó por la plaza del pueblo.

Francisco: ¡No puedo creerlo! Faltan sólo unos días para Navidad y nadie está listo para celebrarla. No hay decoraciones ni luces. Me gustaría saber cómo celebrar el nacimiento de Jesús (Francisco se sienta y se queda dormido).

(Todos cantan)

Narrador: Mientras duerme, Francisco sueña en la forma de ayudar a la gente a recordar el nacimiento de Jesús. Cuando despierta grita:

Francisco: ¡Ya sé qué hacer! Sé que nos puede ayudar a recordar el nacimiento de Jesús.

Narrador: Francisco habló con las personas en la plaza del pueblo. Les comentó su idea. El quería escenificar la primera Navidad. Construyó un establo y lo llenó de paja. Pidió a hombres, mujeres y niños, hacer el papel de pastores, reyes magos, ángeles, de Jesús, María y José. Francisco consiguió un burro y una

vaca y los puso en el establo. Tarde en la noche de Navidad, Francisco corrió de puerta en puerta en el pueblo gritando:

Francisco: Vengan a ver el nacimiento del Señor.

(Escena de Navidad)

Pastor 1: ¿Contaste tus ovejas? Es muy tarde ya.

Pastor 2: Sí, todas están a salvo aquí.

Pastor 1: ¡Mira que gran luz hay allí!

Pastor 2: (Cubriendo sus ojos con una mano para tapar la luz) ¿Qué es eso? Tengo miedo.

Angel: No tengan miedo. Vengo a traerles una buena noticia, que será de mucha alegría para todos. Hoy en el pueblo de David ha nacido un Salvador—Cristo el Señor. Está será la señal que van a ver; encontrarán un niño envuelto en pañales durmiendo en un pesebre.

Narrador: De repente el cielo se llenó de ángeles que cantaban:

Angeles: Gloria a Dios en el cielo y paz en la tierra a los hombres que ama el Señor.

Narrador: Los pastores corrieron a ver a María y a José y encontraron al niño acostado en el pesebre.

(Todos cantan "Noche de Paz")

Narrador: Poco después, algunos hombres que estudiaban las estrellas llegaron a Jerusalén y preguntaron:

Reyes Magos: ¿Dónde está el niño que será el rey de Israel? Vimos su estrella cuando salió en el este y hemos venido a adorarle.

Narrador: Los magos siguieron la estrella hasta que paró sobre el lugar donde estaba el niño. Cuando vieron al niño con María, su madre, se arrodillaron y le adoraron. Ellos trajeron oro, incienso y mirra y se lo presentaron de regalo al niño.

(Todos canten)

PRACTICING FAITH

A Christmas Play

Narrator: A long time ago, Saint Francis of Assisi was spending Christmas in Greccio, a small town in Italy. One evening he walked around the town square.

Francis: I don't believe it! Here it is just a few days before Christmas, and no one is getting ready to celebrate. There are no decorations or lights! I wish I knew a way to have a birthday celebration for Jesus! (Francis sits down and falls asleep).

(Everyone sings prayerfully "O Little Town of Bethlehem.")

Narrator: As Francis slept, he dreamed of a way to help the people remember Jesus' birthday. When Francis woke up, he shouted excitedly:

Francis: I know what to do! I know what will help us remember the birth of Jesus.

Narrator: Francis went from person to person in the town square. He told them his idea. He wanted to reenact the first Christmas. Francis made a stable and filled it with straw. He asked men, women, and children to take the part of the shepherds, the wise men, the angels, and Jesus, Mary, and Joseph. Francis even got a donkey and a cow and put them in the stable. Very late on Christmas Eve, Francis ran from door to door in the town square, shouting to the people:

Francis: Come and see the birthplace of the Lord!

(A Nativity scene)

Shepherd I: Did you count all your sheep? It's very late now.

Shepherd II: Yes, I did. They're all here and safe.

Shepherd I: Hey, look at that great light over there!

Shepherd II: (He puts hand over his eyes to shield himself from the light) What is that? I'm afraid.

Angel: Do not be afraid. I am here with good news for you, which will bring great joy to all the people. This very day in David's town, your Savior was born—Christ the Lord! And this is what will prove it to you; you will find a baby wrapped in cloths and lying in a manger.

Narrator: Suddenly the sky was filled with angels. They all sang:

Angels: Sing glory to God in the highest and peace to God's people on earth.

Narrator: The shepherds hurried off and found Mary and Joseph and saw the baby lying in the manger.

(Everyone sings "Silent Night.")

Narrator: Soon after, some men who studied the stars came to Jerusalem and asked:

Wise Man: Where is the baby who was born to be King of the Jews? We saw his star when it came up in the east and have come to worship him.

Narrator: The wise men followed the star until it stopped over the place where the Child was. When they saw the Child with Mary his mother, they knelt down and worshiped him. They brought out their gifts of gold, frankincense, and myrrh and presented them to him.

(Everyone sings "O Come All Ye Faithful.")

REPASO

Contesta las siguientes preguntas.

1. Nombra uno de los regalos de los reyes magos y explica su significado simbólico.

_____

2. ¿Por qué llamamos a Jesús la Luz del Mundo?

_____

3. ¿Con qué fiesta los cristianos terminan la Navidad?

_____

4. ¿Qué celebramos en esta fiesta?

_____

5. Explica algunas formas en que puedes ayudar a continuar celebrando la Navidad todo el año.

_____

_____

_____

EN EL HOGAR Y EN LA PARROQUIA

En esta lección los niños aprendieron que el tiempo de Navidad empieza con la fiesta de Navidad y termina con la celebración del Bautismo del Señor, el domingo después de Epifanía. Durante este tiempo celebramos muchas fiestas que conmemoran la manifestación de Jesús al pueblo.

El evangelio de la misa de media noche nos cuenta la historia del nacimiento de Jesús y la aparición de los ángeles a los pastores. La misa de media noche describe la visita de los pastores al niño Jesús, a María y a José. Durante la misa del día se lee el evangelio de Juan que proclama que Jesús es verdaderamente el Hijo de Dios.

La fiesta de la Epifanía celebra la manifestación de Jesús al pueblo. El tiempo de Navidad termina con la fiesta del Bautismo de Jesús y el testimonio de la voz de Dios desde el cielo: "Tú eres mi Hijo, el Amado, tú eres mi Elegido" (Marcos 1:11). Como discípulos de Jesús y activos miembros de nuestra parroquia debemos llevar la luz de Jesús a la gente de nuestro tiempo.

Resumen de la fe

- El tiempo de Navidad se extiende desde la fiesta de Navidad hasta el Bautismo del Señor.

- La fiesta de Epifanía nos recuerda que Jesús se manifestó a todo el mundo.

REVIEW · TEST

Write your answers to the following questions.

1. Name one of the gifts of the wise men and explain its symbolic meaning.

_____

2. Why do we call Jesus the Light of the World?

_____

3. On what feast does the Christmas season end?

_____

4. What do we celebrate on this feast?

_____

5. Tell a few ways you can help to continue the celebration of the Christmas season after Christmas day.

_____

_____

_____

FAITH ALIVE AT HOME AND IN THE PARISH

In this lesson your sixth grader learned that the Christmas season begins with the feast of Christmas and ends with the Baptism of the Lord, the Sunday after Epiphany. During this season, we celebrate many feasts that commemorate the manifestation, or showing forth, of Jesus to all people.

The gospel at Midnight Mass tells the story of the birth of Jesus and the appearance of the angels to the shepherds. The Mass at dawn describes the visit of the shepherds to the Infant Jesus and Mary and Joseph. The Mass during the day proclaims from John's Gospel that Jesus is indeed the Son of God.

The feast of the Epiphany celebrates the manifestation of Jesus to all people. The Christmas season ends with the Baptism of Jesus and the testimony of God's voice from heaven, "You are my beloved Son; with you I am well pleased" (Mark 1:11). It is up to us as Jesus' disciples and as active members of our parish to bring the light of Jesus to the people of our time.

Faith Summary

- The Christmas season lasts from the feast of Christmas until the Baptism of the Lord.

- The feast of Epiphany reminds us that Jesus was shown, or manifested, to all people.

Oh Dios, ayúdanos a ser tu pueblo quien conserva tu alianza

NUESTRA VIDA

Guía—¿En qué piensas cuando escuchas o ves estas palabras? Trata de hacer tu propia descripción de lo que es un buen líder y por qué la gente lo sigue.

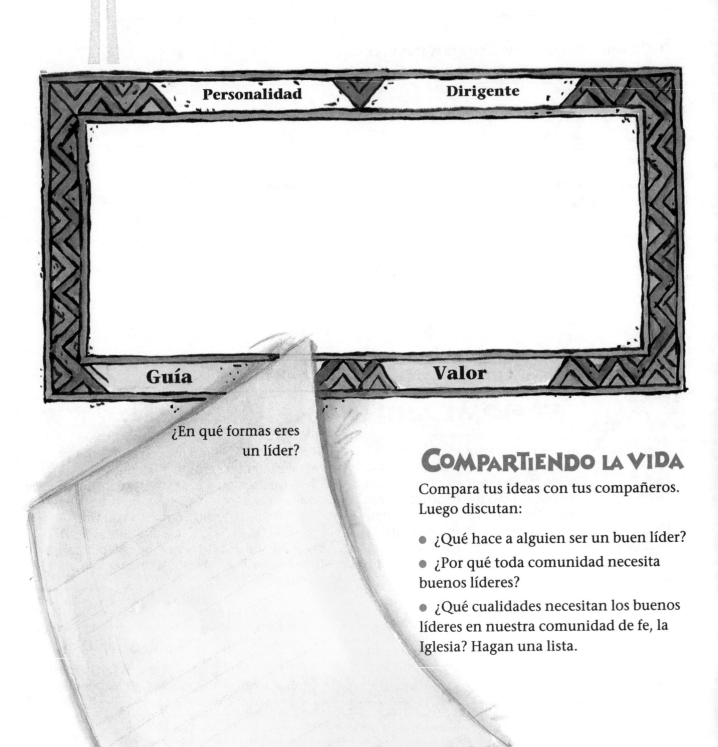

Personalidad

Dirigente

Guía

Valor

¿En qué formas eres un líder?

COMPARTIENDO LA VIDA

Compara tus ideas con tus compañeros. Luego discutan:

- ¿Qué hace a alguien ser un buen líder?
- ¿Por qué toda comunidad necesita buenos líderes?
- ¿Qué cualidades necesitan los buenos líderes en nuestra comunidad de fe, la Iglesia? Hagan una lista.

15 · A Golden Age for Israel

O God, help us
to be people
who keep your
covenant.

Our Life

Leader —What ideas come to your mind when you see or hear this word? Try to come up with your own description of what makes a leader and why people will follow her or him.

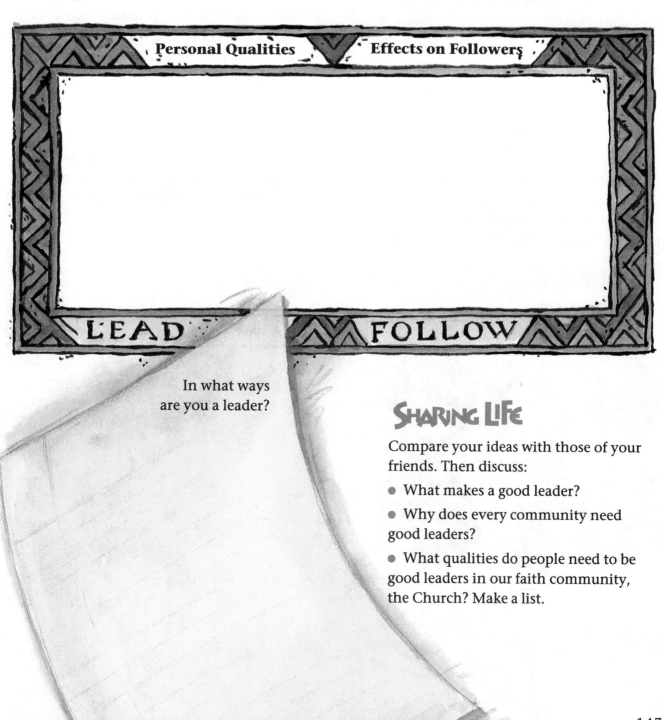

Personal Qualities   Effects on Followers

LEAD   FOLLOW

In what ways
are you a leader?

Sharing Life

Compare your ideas with those of your friends. Then discuss:

● What makes a good leader?

● Why does every community need good leaders?

● What qualities do people need to be good leaders in our faith community, the Church? Make a list.

El primer rey de Israel

Samuel, Saúl y David fueron grandes líderes de Israel. Sus historias nos cuentan acerca de cómo vivir la alianza con Dios y lo que pasa cuando olvidamos y rompemos esa alianza.

Después de estar los israelitas en Canaán durante dos siglos, los ancianos de las doce tribus fueron donde Samuel, el más respetado juez de Israel. Ellos le dijeron: "Danos un rey para que nos gobierne, como hacen los reyes en todos los países".

A Samuel no le gustó el pedido. El creía que sólo Dios debía ser considerado como gobernador de Israel. Así que Samuel rezó por guía para tomar la mejor decisión. Decidió que Dios le permitiría tener un rey.

Poco después Dios dio a Samuel esta instrucción: "Mañana a esta misma hora, te enviaré un hombre de la tierra de Benjamín. Lo ungirás como jefe de mi pueblo, Israel".

Al día siguiente Samuel fue a un pueblo vecino y conoció a Saúl de la tribu de Benjamín. Samuel tomo una jarra de aceite de oliva. Aceite usado como símbolo de fortaleza y bendición de Dios. Lo derramó sobre la cabeza de Saúl diciendo: "Yavé es quien te ha ungido como jefe de Israel. . . lo librarás de los enemigos que le rodean".

Al principio Saúl era un buen rey. Gobernó al pueblo con justicia y lo dirigió para que observara la alianza. Gradualmente perdió la humildad. Saúl olvidó que todo lo bueno viene de Dios. Ya no gobernaba con la bendición de Dios. Por esta razón ninguno de sus hijos lo sucedió como rey.

Basado en 1 Samuel 8:1—15:10

La historia de Saúl nos recuerda lo fácil que es olvidar nuestra alianza con Dios. Al igual que Saúl podemos olvidar que Dios nos llama para usar lo que tenemos y hacer de este un mundo mejor.

Israel's First King

Samuel, Saul, and David were great leaders of the Israelite community. Their stories tell us about living God's covenant and what happens when we forget and break our covenant with God.

After the Israelites had been in Canaan for two centuries, the elders of the twelve tribes went to Samuel, the most respected judge of Israel. They said to him, "Appoint a king over us, as other nations have, to judge us."

Samuel was displeased with their request. He felt that only God should be considered the ruler of Israel. So Samuel prayed that he would make the correct decision. He decided that God would allow them to have a king.

Shortly afterward, God gave Samuel this instruction: "At this time tomorrow I will send you a man from the land of Benjamin whom you are to anoint as commander of my people Israel."

The next day Samuel was in a neighboring town and met Saul of the tribe of Benjamin. Samuel took a jar of olive oil. Oil was a symbol of strength and God's blessing. He poured the oil on Saul's head and said, "The LORD anoints you commander over his heritage. . . . Save them from the grasp of their enemies."

At first, Saul was a good king. He ruled the people with justice and led them in observing the covenant. But gradually he became proud. Saul forgot that all goodness comes from God. He no longer ruled with God's blessing. Because of this, none of Saul's sons would succeed him as king.

Based on 1 Samuel 8:1—15:10

The story of Saul reminds us how easy it is to forget our covenant with God. Like Saul, we can forget that God calls us to use what we have and what we can do to make the world a better place.

David el joven pastor

En ese tiempo Dios dijo a Samuel que llenara su cuerno de aceite y se fuera a Belén. Dios envió a Samuel a ver a un hombre llamado Jesé, para escoger a uno de sus hijos para ser rey.

Cuando Samuel conoció al hijo menor de Jesé, David, el joven pastor, Dios dijo a Samuel: "Levántate y conságralo con aceite, porque es este".

Samuel tomó aceite y ungió a David, el elegido por Dios para ser el futuro rey de Israel. Luego David volvió a las montañas a atender sus ovejas.

Tiempo más tarde, David fue citado al palacio para tocar su arpa y cantar al rey Saúl. David le cayó bien a Saúl y lo escogió para cargar sus armas en las batallas. En una de las batallas los filisteos enviaron a Goliat, un gigante, para retar a Saúl. "Este es mi desafío a los israelitas", dijo Goliat. Sólo David se atrevió a aceptar el reto. El confió en la alianza con Dios; David tenía fe en que Dios lo protegería. Con sólo sus aperos de pastor, una honda y cinco piedras en un saco, corrió a encontrarse con Goliat. Todos se quedaron en silencio sorprendidos de que el joven pastor se enfrentara al gigante guerrero. David puso su primera piedra en su honda y la disparó contra Goliat quien calló muerto. Los atónitos filisteos bajaron sus armas. Los israelitas aclamaron al nuevo héroe, David.

Basado en 1 Samuel 16:1—17:53

El rey David

Cuando murió Saúl los líderes de las tribus declararon rey a David. Bajo el liderazgo de David, los israelitas compartieron las promesas de la alianza: paz, justicia y unidad. Esta fue una "Epoca de Oro". David usó sus talentos para ayudar a Israel a vivir la alianza con Dios.

David escogió a Jerusalén, un viejo fuerte, como su capital. Fue conocido como la

"ciudad de David" y llegó a ser un gran centro religioso para el pueblo.

Basado en 2 Samuel 5;5—6:19

David fue un gran rey pero no siempre fue fiel a Dios. Un día se enamoró de Betsabé, la esposa de Urías, uno de sus oficiales. David tomó a Betsabé para sí y mandó a matar a Urías en una batalla.

Dios envió al profeta Natán para que dijera a David lo disgustado que estaba por su pecado. David escuchó a Dios hablarle por medio de Natán. Confesó su pecado diciendo: "Pequé contra Yavé". David pidió perdón a Dios por su grave pecado. Natán aseguró a David que Dios le había perdonado.

Basado en 2 Samuel 11:1—12:15

David the Shepherd Boy

In time, God told Samuel to fill his horn with oil, and go to Bethlehem. God sent Samuel to a man named Jesse, for he had chosen one of Jesse's sons to be king.

When Samuel met Jesse's youngest son, David, a shepherd boy, God said to Samuel, "There — anoint him, for this is he!"

Samuel took oil and anointed David, the one chosen by God to be the future king of Israel. Then David returned to the hills to tend his sheep.

Sometime later, David was summoned to the palace to play his harp and sing for King Saul. Saul liked David and chose him to carry his weapons in battle. In one battle, the Philistines sent Goliath, a giant-sized man, to challenge Saul. "I defy the ranks of Israel today," Goliath said. No one dared to accept the challenge — except David. He trusted in God's covenant; David had faith that God would protect him.

Carrying only his shepherd's staff, a slingshot, and a bag of five stones, David ran to meet Goliath. Silence fell; everyone was amazed that the young shepherd boy would face the giant warrior. David placed his first stone in his slingshot and hurled it at Goliath. Goliath fell over dead. The stunned and frightened Philistines lay down their arms. The Israelites cheered their new hero, David.

Based on 1 Samuel 16:1—17:53

David the King

When Saul died, the tribal leaders proclaimed David their new king. Under David's leadership, the Israelites shared in the promises of the covenant: peace, justice, and unity. It was a "golden age." David used his talents to help Israel live God's covenant.

David chose Jerusalem, an old Canaanite stronghold, as his capital. It was known as the "city of David" and became a great religious center for the people.

Based on 2 Samuel 5:6—6:19

David was a great king, but David was not always faithful to God. One day he fell in love with Bathsheba, the wife of Uriah, one of his army officers. David took Bathsheba as his own and arranged for Uriah to be killed in battle.

God sent the prophet Nathan to tell David how displeasing his sinfulness was. David listened to God speaking to him through Nathan. He confessed his sin by saying, "I have sinned against the LORD." David asked God to forgive him for his great sin. Nathan then assured David that God had forgiven him.

Based on 2 Samuel 11:1—12:15

ACERCANDOTE A LA FE

Identifica lo siguiente.

1. Ungí a Samuel como rey. _____

2. Mis armas fueron una honda y una piedra.

_____

3. Se me conoce como la "ciudad de David".

_____

¿Cómo te han ayudado las historias de Saúl y David a entender lo que significa vivir de acuerdo a la alianza con Dios?

VIVIENDO LA FE

Los medios de comunicación son, con frecuencia, un factor importante en la forma en que miramos las cosas. Ellos pueden ser un "Goliat". Imitar el valor de David cuando luchamos contra el gigante escribiendo una carta para una campaña llamada "Ejercicio escrito". Trabaja con un compañero para decidir lo que van a decir.

Algunas cartas pueden alabar el buen uso de la televisión y las películas y animar a los canales de televisión a seguir con ese trabajo. Otras pueden expresar disgusto por los aspectos negativos en los medios de comunicación— tales como la violencia, falta de dignidad humana, sexo fortuito, trato injusto, etc. Compartan sus cartas antes de enviarlas.

Piensa lo valiosa que es cada persona ante los ojos de Dios. Pide a Dios que te ayude a ser una persona que ayude a promover respeto por la dignidad humana.

COMING TO FAITH

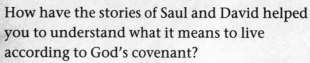

Identify the following.

1. I anointed Saul as king. _____

2. My only weapons were a staff and a slingshot. _____

3. I am known as the "city of David."

_____

How have the stories of Saul and David helped you to understand what it means to live according to God's covenant?

PRACTICING FAITH

The media are often a controlling factor in the way we look at things. They can be a "Goliath." Imitate David's courage when battling the giant by working together on a letter-writing campaign called "Exercise Your Writes." Work with a friend to decide what you will say.

Some letters could praise the good use of television and film and encourage the networks to provide more of it. Others could express dislike for the negative aspects of the media—too much violence, lack of human dignity, casual sex, unjust treatment of people, and so on. Share your letters before you send them.

Think how precious each person is in God's eyes. Ask God to help you be a person who helps promote respect and human dignity.

REPASO

Contesta las siguientes preguntas.

1. ¿Por qué los israelitas dijeron a Samuel que querían un rey?

_____

2. ¿Qué simbolizaba el aceite cuando Samuel ungió a Saúl?

_____

3. ¿Por qué el rey Saúl perdió la bendición de Dios?

_____

4. Nombra una cosa buena hecha por el rey David para los israelitas.

_____

5. ¿Qué podemos aprender de la historia del pecado de David?

_____

_____

FE VIVA — EN EL HOGAR Y EN LA PARROQUIA

En este capítulo los niños aprendieron sobre algunos reyes que Dios dio como líderes a los israelitas. Algunas veces esos reyes fueron sabios y justos, dirigiendo al pueblo a mantener su alianza con Dios. Otras veces fueron pecadores necesitados de misericordia. Por ejemplo, el pecado de David con Betsabé y su arrepentimiento nos recuerda que cuando nos alejamos de la bondad de Dios debemos pedir perdón y tratar de nuevo. La mejor manera de hacer esto es en el sacramento de la Reconciliación.

Semana para mostrar aprecio

David, el joven pastor y músico, era el más pequeño de su familia. Todos se sorprendieron cuando fue escogido por Dios para ser rey. Durante esta semana reconozca los dones y talentos de cada miembro de la familia, desde el mayor hasta el menor. Escoja una manera de mostrar su aprecio esta semana—en palabras o en hechos.

Resumen de la fe

- Saúl, el primer rey de Israel, fue un gran gobernante, hasta que su orgullo lo hizo olvidar vivir de acuerdo a la alianza con Dios.

- David, ungido rey por Samuel, dirigió a Israel durante una época de oro de paz, justicia y unidad.

- La historia del pecado de David nos muestra la maravilla de la misericordia y el perdón de Dios.

REVIEW ▪ TEST

Write answers to the following questions.

1. Why did the Israelites ask Samuel to appoint a king?

_____

2. What was oil a symbol of when Samuel anointed Saul?

_____

3. Why did King Saul lose God's blessing?

_____

4. Name one positive thing David did for the Israelites.

_____

5. What can we learn from the story of David the sinner?

_____

_____

FAITH ALIVE AT HOME AND IN THE PARISH

In this chapter your sixth grader learned about some of the kings whom God gave as leaders to the Israelites. At times these kings were wise and just, leading the people in keeping their covenant with God. At other times they were sinful and in need of mercy. For example, the sin of David with Bathsheba and his repentance reminds us that when we turn away from God's goodness, we must ask for forgiveness and try again. The best way to do this is in the sacrament of reconciliation.

Appreciation Week

David, the shepherd boy and musician, was the youngest in his family. Everyone was surprised when he was chosen by God to be king. Take time this week to recognize and appreciate the gifts and talents of each member of your family, from the oldest to the youngest. Choose a way to show your appreciation this week — in words or in action.

Faith Summary

- Saul, Israel's first king, was a great ruler, until his pride made him forget to live according to God's covenant.

- David, anointed king by Samuel, led Israel into its golden age of peace, justice, and unity.

- The story of David, the sinner, shows us the wonder of God's mercy and forgiveness.

Dios de amor, danos la sabiduría para distinguir el bien y el mal.

NUESTRA VIDA

Imagínate en estas situaciones.

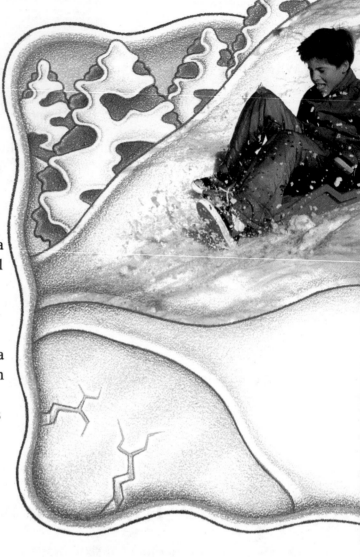

● No tienes que ir a la escuela porque ha caído una fuerte nevada. Junto con tus amigos, trineo al hombro, estás buscando el lugar perfecto para deslizarse. Hay una loma fantástica que baja directamente a las aguas congeladas del lago. Puedes llegar hasta el otro lado del lago. ¿Está el lago bien congelado? No ves ninguna indicación—así que decides . . .

● Un gran deportista hablará en una asamblea hoy. Si llegas temprano puede que consigas un autógrafo. Puedes cortar camino cruzando los rieles. Puede ser peligroso, pero es mucho más corto—así que decides . . .

¿Cuál fue tu decisión en ambos casos?

¿Cuándo fue la última vez que hiciste algo estúpido? ¿Qué pasó? ¿Aprendiste algo de esa experiencia?

COMPARTIENDO LA VIDA

Juntos discutan: si tienes que decidir entre ser sabio o rico, ¿cuál de las dos escogerías? ¿Por qué?

Encasilla a tus compañeros de acuerdo a las siguientes afirmaciones. ¿Cuántos están de acuerdo con ellas? ¿Cuántos no lo están?

● La mayoría de la gente no puede ser sabia todo el tiempo. Todos actuamos de forma estúpida de vez en cuando.

● Nos hacemos sabios aprendiendo de las cosas estúpidas que hacemos.

¿Cuáles piensas que serán las respuestas de tus amigos?

Loving God, give us the wisdom to know right from wrong, good from evil.

OUR LIFE

Imagine yourself in these situations.

● You have a snow day from school. You and your friends are out with your sleds looking for the "perfect run." There is a great hill that runs right down to an ice-covered lake! You could slide right across the lake! Is the lake frozen hard enough? You don't see any warning signs—so you....

● A sports hero is speaking at assembly this morning. If you get there early you might get an autograph! You can take a short cut along the railroad tracks. It might be dangerous, but it is so much faster—so you....

In each case what would be the wise decision?

When was the last time you did something foolish? What happened? Did you learn anything from it?

SHARING LIFE

Discuss together: If you had the choice to be either wise or wealthy, which would you choose? Why?

Poll your friends about the following statements. How many people agree with them? How many disagree?

● Most people cannot be wise all of the time. Everyone acts foolishly once in a while.

● We gain wisdom by learning from the times we act foolishly.

What do you think of your friends' responses?

157

Salomón oró por sabiduría

El reino de Salomón, hijo de David, fue un ejemplo del éxito convertido en fracaso.

Al principio Salomón fue un rey bueno y fiel. Dirigió a los israelitas a vivir la alianza con Dios y a hacer la voluntad de Dios. Dios estaba tan contento con Salomón que una noche le habló en sueño y le dijo: "Pídeme lo que quieras". Salomón contestó: "Dame, pues, a mí, tu servidor, un espíritu atento, para gobernar bien a tu pueblo y para decidir entre lo bueno y lo malo".

Luego Dios le dijo: "Porque has pedido inteligencia . . . te concedo lo que pides . . .

Además te doy lo que no has pedido, riquezas y gloria tales que no habrá rey alguno como tú".

Basado en 1 Reyes 3:1–15

Por muchos años, Salomón gobernó a los israelitas con sabiduría, les enseñó las maneras de la justicia y la paz. Su gran logro fue construir el Templo de Jerusalén, el gran centro de culto de Israel. Cuando el templo fue terminado brillaba con la luz del sol. Su exterior estaba decorado con oro y piedras preciosas. Fue uno de los edificios más hermosos del mundo antiguo.

Salomón convocó a una gran celebración. Pidió que el arca de la alianza fuera llevada en solemne procesión hasta el Templo. Fue puesta ahí en el lugar más sagrado del Templo. El Templo se convirtió en el centro de vida de la nación de Israel. Le recordaba al pueblo su alianza con Dios y su presencia entre ellos.

Basado en 2 Crónicas 5:2–14

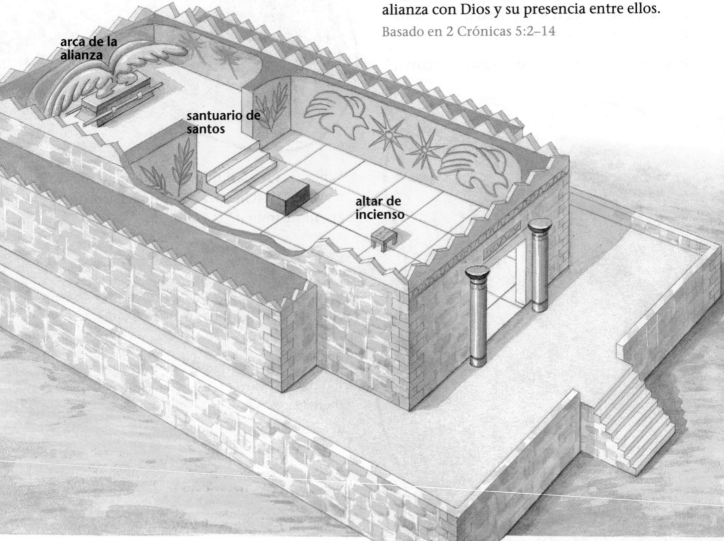

arca de la alianza

santuario de santos

altar de incienso

Solomon Prays for Wisdom

The reign of David's son Solomon was an example of success turned into failure.

At first, Solomon was a good and faithful king. He led the Israelites in living their covenant with God and in doing God's loving will. God was so pleased with Solomon that one night God spoke to him in a dream saying, "Ask something of me and I will give it to you."

Solomon said, "Give your servant . . . an understanding heart to judge your people and to distinguish right from wrong."

Then God said, "Because you have asked for this . . . I do as you requested . . . .In addition, I give you what you have not asked for, such riches and glory that among kings there is not your like."

Based on 1 Kings 3:1–15

For many years, Solomon governed the Israelites wisely, teaching them in the ways of justice and peace. His greatest accomplishment was building the Temple of Jerusalem, the great center of worship in Israel. When the Temple was completed, it glistened in the sunlight. Its exterior was decorated with gold and precious stones. It was one of the most beautiful buildings in the ancient world.

Solomon called for a great celebration. The ark of the covenant was carried in solemn procession to the Temple. There it was placed in the holy of holies, the most sacred place in the Temple. The Temple became the center of Israel's life as a nation. It reminded the people of God's covenant with them and his presence among them.

Based on 2 Chronicles 5:2–14

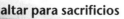

altar para sacrificios

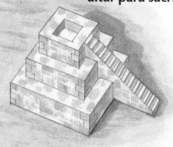

lavatorio

159

Olvido del Dios verdadero

Después de construido el Templo, Salomón mandó a construir un magnífico palacio para él. Israel continuó prosperando. Sus territorios se extendieron y el comercio con otras naciones se expandió. Con todo el éxito Salomón se fue poniendo más y más orgulloso y olvidó al verdadero Dios. Al igual que Saúl, olvidó que todas las bendiciones vienen de Dios como parte de su alianza. Salomón olvidó el camino de la justicia y la paz.

Cuando Salomón olvidó la alianza se volvió codicioso e infeliz. Demandaba más y más impuestos para pagar la manutención de su palacio de gobierno. Por primera vez en la historia de Israel empezó a haber una gran diferencia entre los ricos y los pobres. El pueblo empezó a estar insatisfecho con su rey. Esta insatisfacción llevó a la nación a dividirse en dos reinos.

Al morir Salomón, su hijo Roboam fue nombrado rey. Las diez tribus del norte de Israel le pidieron quitar los altos impuestos que Salomón había impuesto, pero él se negó. Así las tribus del norte se declararon independientes, manteniendo el nombre de Israel para su reino. Escogieron a Joroboan, gobernador oficial bajo el reinado de Salomón, como su gobernador. Roboam se quedó con la parte más pequeña del reino, en el sur, reconocido como reino de Judá.

Nuestra necesidad de sabiduría

El despilfarro y mal ejemplo de Salomón fue el principio del final de la Edad de Oro de Israel. Salomón dejo de hacer el trabajo de justicia y paz. Debemos aprender que la verdadera felicidad quiere decir vivir siempre nuestra alianza con Dios. Cuando rechazamos a Dios también rechazamos a quien nos da todo lo que necesitamos.

La historia de Salomón nos enseña lo importante que es la sabiduría. Sabiduría es la habilidad de tomar buenas decisiones o hacer

El arca de la alianza era un cofre de madera en el cual se guardaban las dos piedras en las que estaban escritos los Diez Mandamientos.

buenos juicios. Cada día tenemos que tomar muchas decisiones. Tenemos que decidir lo que es correcto y lo que no lo es. Debemos rezar para pedir sabiduría y tomar decisiones fieles a nuestro compromiso con Dios.

Forgetting the One True God

After the Temple was completed, Solomon had a magnificent palace built for himself. Israel continued to experience prosperity. Its territories were extended, and trade with other countries was expanded. But with each success, Solomon began to grow proud and to forget the one true God. Like Saul, he forgot that all blessings come from God as part of the covenant. Solomon grew foolish and left the path of justice and peace.

FAITH WORD

The **ark of the covenant** was a wooden chest in which the two stone tablets of the Ten Commandments were kept.

When Solomon forgot God's covenant, he grew greedy and unhappy. He demanded more and more taxes to pay for the upkeep of his palace and government. For the first time in Israel's history, there began to be a big difference between the rich and the poor. The people became very dissatisfied with their king. This dissatisfaction would lead to the division of the nation into two rival kingdoms.

When Solomon died, his son Rehoboam was made king. The ten tribes in the north of Israel asked him to remove the heavy taxes that Solomon had placed on them, but he refused. With that, the tribes of the north declared their independence, keeping the name Israel for their kingdom. They chose Jeroboam, a former government official under Solomon, to be their king. Rehoboam was left with the much smaller kingdom in the south, which became known as Judah.

Our Need for Wisdom

Solomon's wasteful spending and poor example were the beginning of the end of the golden age for Israel. Solomon forgot to do the works of justice and peace. We should learn that true happiness always means living our covenant with God. When we reject God, we reject the one on whom we depend for everything.

The story of Solomon teaches us the importance of wisdom. Wisdom is the ability to make good decisions or judgments. Each day we make many decisions. We have to decide what is correct or not correct to do. We have to pray for the wisdom to make decisions that are faithful to our covenant with God.

Acercandote a la Fe

Salomón olvidó al verdadero Dios e hizo del poder y la riqueza sus dioses. ¿Por qué la gente hoy hace ídolos de esa y otras cosas?

Piensa en las veces en que has sido necio y no tomaste una buena decisión. Pregúntate:

- ¿Por qué actúe de esa forma?
- ¿Cuáles son las consecuencias?
- ¿Rechacé el llamado de Dios con mi acción?
- ¿Cómo podría actuar de manera diferente hoy?

Escribe en tu diario las respuestas a cada una de estas preguntas.

Viviendo la Fe

Necesitamos el don de Dios de sabiduría para juzgar rectamente y tomar buenas decisiones como discípulos de Jesús.

Hablen acerca de algo que creen es injusto en tu parroquia, escuela o vecindario. Escojan el tema que crean que su fe cristiana les está llamando a resolver. Antes de plantear el plan de acción juntos recen las palabras del profeta Miqueas (6:8):

Ya se te ha dicho, hombre
  lo que es bueno y lo que el Señor te exige:
Tan sólo que practiques la justicia,
  que sepas amar y te portes
    humildemente con tu Dios.

Discutan lo que el grupo puede hacer para corregir la injusticia. Decidan tres pasos "sabios" a tomar.

Planifiquen la forma en que lo van a poner en acción. Terminen rezando de nuevo a Miqueas.

_____

_____

_____

_____

_____

_____

COMING TO FAITH

Solomon forgot the one true God and made wealth and power his gods. Why might people make these and other things into idols today?

Think of a time when you acted foolishly and did not make a good decision. Ask yourself:

- Why did I act that way?
- What were the consequences?
- Did I reject God's call by my actions?
- How might I act differently today?

 Write your responses to each question in your journal.

PRACTICING FAITH

We need God's gift of wisdom to make good judgments and decisions in living as disciples of Jesus.

Talk together about something in your parish or school or neighborhood that you feel is an injustice to the community. Choose the issue that you think your Christian faith is calling you to help solve. Before you draw up your action plan, pray together the words of the prophet Micah (6:8):

> You have been told…
>   what the LORD requires of you:
> Only to do the right and to love goodness,
>   and to walk humbly with your God.

Discuss what your group might do to correct the injustice. Decide on three "wise" steps to take.

Now plan on ways to put these into action. Close by praying the Micah prayer again.

_____

_____

_____

_____

_____

_____

_____

REPASO

Encierra en un círculo **F** cuando sea falso y **V** cuando sea verdadero.
Escribe en forma afirmativa la oración falsa.

1. Al principio de su reinado Salomón fue conocido por su riqueza. **V** **F**

_____.

2. Sabiduría es la habilidad de tomar buenas decisiones. **V** **F**

_____.

3. Salomón se olvidó de la alianza con Dios. **V** **F**

_____.

4. El Templo fue el centro de la vida en la nación de Israel. **V** **F**

_____.

5. Después de leer acerca de Salomón, ¿cuál es tu definición de verdadera felicidad?

_____

_____

EN EL HOGAR Y EN LA PARROQUIA

En este capítulo los niños aprendieron que Salomón, por su orgullo y avaricia, perdió el don de la sabiduría que Dios le había dado, lo que lo alejó de Dios.

Lean en familia la historia de la sabiduría de Salomón en 1 Reyes 3:16–27. En esta, dos mujeres dicen ser la madre de un niño. Salomón pide que el niño sea partido en dos, sabiendo que su orden revelaría a la verdadera madre.

Después de discutir la historia, hablen acerca de la importancia de apreciar y alimentar el don de la sabiduría en nuestras vidas.

Resumen de la fe

- El rey Salomón, quien construyó el templo, pidió a Dios sabiduría para gobernar al pueblo de Dios con justicia.

- El orgullo de Salomón le hizo olvidar que todos sus logros venían de Dios. El pecó contra la alianza con Dios.

- Después de la muerte de Salomón, la nación fue dividida en dos reinos: el reino del norte (Israel) y el reino del sur (Judá).

REVIEW ■ TEST

Circle **T** for true or **F** for false. Rewrite any false statements to make them true.

1. At the beginning of his reign, Solomon became known for his wealth.　**T**　　**F**

_____ .

2. Wisdom is the ability to make good decisions.　　**T**　　**F**

_____ .

3. Solomon forgot the covenant with God.　　**T**　　**F**

_____ .

4. The Temple became the center of Israel's life as a nation.　　**T**　　**F**

_____ .

5. After reading about Solomon, what is your definition of true happiness?

_____

_____

FAITH ALIVE AT HOME AND IN THE PARISH

In this chapter your sixth grader learned that Solomon, who had been gifted by God with wisdom, lost it through greed and pride and turned away from God.

With your family, read the story of Solomon's wisdom in 1 Kings 3:16–27. Here two women claim the same child as their own. Solomon commanded that the child be cut in two, knowing that this order would reveal the true mother.

After discussing the story, talk about the importance of cherishing and nurturing God's gift of wisdom in our lives.

Faith Summary

- King Solomon asked God for wisdom to rule God's people with justice.

- Solomon's pride made him forget that all his successes came from God. He sinned against the covenant with God.

- After Solomon's death, the nation was divided into two kingdoms: the northern kingdom (Israel) and the southern kingdom (Judah).

17 Aprendiendo de los profetas

Oh Dios,
ayúdanos a ser
fieles.

Nuestra Vida

¿Recuerdas las palabras del profeta Miqueas?

Tres cosas te pide el Señor:
hacer lo correcto,
amar la bondad
y caminar humildemente con el Señor.

Mira las fotografías en esta página. Escribe
debajo de cada una el mensaje de Miqueas que
crees cada una ilustra.

Di cuándo y dónde harás estas cosas . . .

Compartiendo la Vida

Comparte tus ideas con el resto del grupo.
Luego discutan por qué hay veces que estas
tres simples cosas que Dios nos pide
pueden ser muy difíciles de cumplir.
Escoge cual es la más difícil para ti.

O God,
help us to be
faithful.

OUR LIFE

Do you remember the words of the prophet
Micah?
Three things God asks of you:
  to do the right,
  to love goodness,
  to walk humbly with your God.

Look at the photographs on this page. Under each
one write the part of Micah's message you think
the picture illustrates.

Tell how and when you do these things.

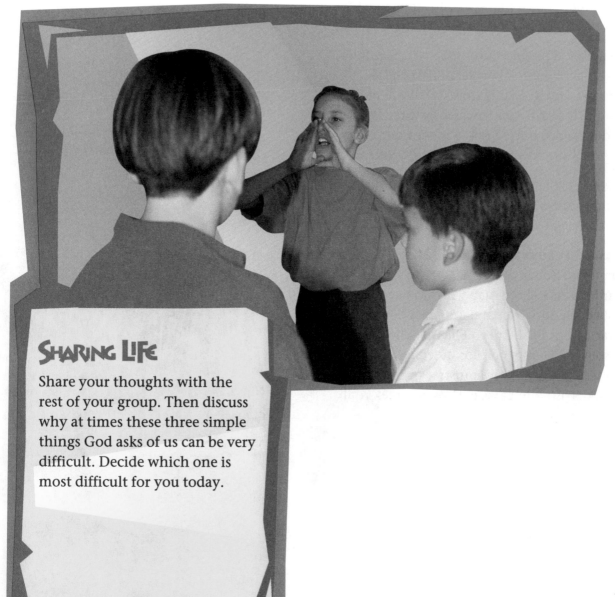

SHARING LIFE

Share your thoughts with the
rest of your group. Then discuss
why at times these three simple
things God asks of us can be very
difficult. Decide which one is
most difficult for you today.

Dios envía al profeta Elías

Profetas son personas que nos dicen la verdad de Dios. Ellos nos muestran lo que significa vivir la alianza con Dios. Los profetas nos enseñan especialmente lo importante que es para el pueblo vivir con justicia y paz.

Cuando Ajab era rey del reino del norte, se casó con Jezabel, una princesa fenicia. Ella adoraba a Baal, el dios fenicio de la fertilidad. Así que ella mandó a construir un templo a Baal donde también Ajab ofrecía culto junto con ella.

Muy pronto otros israelitas se convirtieron en idólatras rompiendo así su alianza con Dios. Jezabel mandaba a matar a todo aquel que se opusiera a la adoración de Baal.

Para avisar al pueblo que estaba rompiendo la alianza, Dios envió al profeta Elías. Elías le habló pero no le escucharon. Así que le pidió a Dios que los castigara enviándole una sequía que durara dos o tres años, a menos que el rey y su pueblo se arrepintieran de su pecado.

El pueblo no se arrepentía y la profecía de Elías se cumplió. No llovía. Los sembrados se secaron y llegó una gran hambruna.

Elías y los servidores de Baal

Al tercer año de la sequía, Elías regresó una vez más donde el rey Ajab y le dijo que estaba desobedeciendo los mandamientos de Dios al adorar al dios Baal. Luego Elías decidió probar que sólo había un solo Dios quien tenía todo el poder. El retó a Ajab a mostrar que Baal era más poderoso que Yavé, el Dios de Israel. Ajab aceptó el reto.

En frente a todos, Elías y los profetas de Baal prepararon sacrificios. No encendieron fuego bajo su sacrificio. Los profetas de Baal rezaron a su dios y Elías a nuestro Dios. Elías dijo que el dios que contestara con fuego era el verdadero Dios.

Todo el día los sirvientes de Baal rezaron, pero no llegó ningún fuego. Luego Elías rezó a Yavé. De repente, una bola de fuego bajó del cielo y quemó el sacrificio de Elías. Cuando el pueblo vio esto, cayó al suelo exclamando "¡Yavé es Dios, Yavé es Dios!" Una vez el pueblo reconoció a Yavé como su Dios, empezó a llover.

Basado en 1 Reyes 18

God Sends Elijah the Prophet

Prophets are people who tell us God's truth. They show us what it means to live out our covenant with God. The prophets especially teach us how important it is for all people to live in justice and peace.

When Ahab was king of the northern kingdom, he married a Phoenician princess named Jezebel. She worshiped Baal, the Phoenician god of fertility. So a temple of Baal was built for Jezebel, and eventually Ahab worshiped there with her.

Soon many other Israelites turned to idolatry and broke their covenant with God. Jezebel had anyone who opposed the worship of Baal killed.

To warn these people that they were breaking the covenant, God sent the prophet Elijah. Elijah scolded them, but they did not listen to him. So he asked God to punish the people by sending a drought that would last two or three years, unless the king and his people repented of their sins.

The people still did not repent, and Elijah's prophecy was fulfilled. There was no rain. The crops failed, and there was a famine.

Elijah and the Servants of Baal

In the third year of the drought, Elijah returned once more to King Ahab and told him he was disobeying God's commands by worshiping the idols of Baal. Then Elijah decided to prove that there was only one true God, who had all power. He challenged Ahab to show that Baal was greater than Yahweh, the God of Israel. Ahab accepted the challenge.

With everyone watching, Elijah and the prophets of Baal both prepared sacrifices. Neither lit a fire under their sacrifice. The prophets of Baal prayed to their god, and Elijah prayed to our God. Elijah said that the god who answers with fire is God.

All day the servants of Baal prayed, but no fire came. Then Elijah prayed to Yahweh. Suddenly, a bolt of fire came down from the sky and burned the sacrifice of Elijah. When the people saw what happened, they fell to the ground and exclaimed, "The LORD is God! The LORD is God!" Once the people acknowledged Yahweh as their God, the rains came.

Based on 1 Kings 18

Today the story of Elijah still speaks to us, reminding us not to turn away from our responsibility to follow God's law. We must ignore today's "false gods" of money, selfishness, popularity, and wanting many things. We must instead put the one true God first in our lives.

Hoy la historia de Elías sigue hablándonos, nos recuerda no ignorar nuestra responsabilidad de cumplir la ley de Dios. Debemos ignorar los "falsos dioses" de hoy: el dinero, el egoísmo, la popularidad y el querer muchas cosas. Debemos poner al verdadero Dios primero en nuestras vidas.

El profeta Oseas

Dios escogió al profeta Oseas para enseñar que Dios nos perdona aun cuando no seamos fieles. Oseas era un buen hombre que amaba a Dios con todo su corazón. Cuando joven, se casó con una joven a quien amaba mucho. Descubrió que su mujer le era infiel, lo que le causó gran pena. Sin embargo, siguió amando a su mujer y tratando de que volviera a su lado.

Un **profeta** es alguien que habla por Dios con valor.

Como profeta, Oseas comparó el amor de Dios por Israel con su amor por su infiel esposa. Aún cuando los israelitas se alejaron de Dios, él se mantenía fiel a ellos y seguía amándoles. Por medio de Oseas, Dios dijo a los israelitas: "Yo te desposaré para siempre".

Basado en Oseas 1:1—3:1

La caída del reino del norte

Aun cuando Elías y Oseas llamaron al pueblo de Israel a regresar a Dios, él continuó siendo infiel. Olvidaron trabajar por la justicia y la paz. En el año 721 a.C. Israel cayó en manos de los asirios. Muchos ciudadanos del reino del norte fueron deportados a otros lugares del imperio asirio. El gobierno asirio mantuvo cautiva a mucha gente de otras naciones en Israel. Los israelitas que quedaron se casaron con extranjeros. Con el tiempo fueron llamados samaritanos.

El reino del sur, Judá, también olvidó su alianza con Dios. Pero la caída de Israel fue un ejemplo que Judá no podía darse el lujo de ignorar. Desde el principio Judá tomó en serio el mensaje de los profetas y fue perdonado.

Podemos aprender de Elías y Oseas que nuestras vidas pueden ser un mensaje para otros acerca del amor y la misericordia de Dios. Hoy también debemos escuchar el mensaje de los profetas de Dios. Por ejemplo, nuestros padres, líderes de la Iglesia, maestros y amigos pueden ser profetas de Dios para nosotros. Debemos escuchar lo que Dios nos está diciendo por medio de ellos y siempre tratar de vivir nuestra alianza con Dios.

The Prophet Hosea

God chose the prophet Hosea to teach that God forgives us even when we are unfaithful. Hosea was a good man who loved God with all his heart. As a young man, he had married someone whom he loved dearly. Then he discovered that his wife was unfaithful to him. This caused Hosea great pain. He continued to love his wife, however, and kept trying to bring her back to him.

As a prophet, Hosea compared God's love for Israel to his own love for his unfaithful wife. Even when the Israelites turned away from God, he remained faithful to them and continued to love them. Through Hosea, God said to the Israelites: "I will espouse you to me forever . . . in love and in mercy."
Based on Hosea 1:1—3:1

The Northern Kingdom Falls

Even though Elijah and Hosea called the people of Israel to return to God, they continued to be unfaithful. They forgot to do the works of justice. In 721 B.C. Israel fell to the Assyrians. Many citizens of the northern kingdom were deported to other parts of the Assyrian empire. In turn, the Assyrian government settled captive peoples from other nations in Israel. The remaining Israelites intermarried with these foreigners. In time, those who had so intermarried became known as the Samaritans.

The southern kingdom, Judah, also forgot its covenant with God. But the fall of Israel was an example that Judah could not afford to ignore. At first Judah took the message of the prophets seriously and was spared.

From Elijah and Hosea we should learn that our lives can be a message to others about the love and mercy of God. We must also listen to the message of God's prophets today. For example, our parents, Church leaders, teachers, and friends may be God's prophets to us now. We should listen to what God is telling us through them and always try to live our covenant with God.

171

ACERCANDOTE A LA FE

Piensa en lo que hace que una persona sea un profeta. ¿Qué hicieron Elías y Oseas que recordó al pueblo su alianza con Dios?

Elías _____

_____

Oseas _____

_____

¿Qué crees que esos profetas nos pueden decir hoy?

_____

_____

VIVIENDO LA FE

Servicio de oración de profetas

Habla Elías: ¡Yavé es Dios, sólo Yavé es Dios!

Todos: Reconocemos los dioses falsos, dinero, egoísmo y prejuicio. ¡Yavé es Dios, sólo Yavé es Dios!

Habla Oseas: "Yo te desposaré para siempre. Tú serás para mí una esposa fiel".

Todos: Oh Dios, llámanos de nuevo; ayúdanos a ser fieles y sinceros.

Habla Miqueas: Lo bueno se te ha explicado. Eso es sólo lo que Dios te pide:

Todos: Hacemos lo correcto, amaremos la bondad; seremos humildes con Dios.

Escribe en tu diario cómo tratarás de seguir uno de estos mensajes proféticos durante esta semana.

COMING TO FAITH

Think about what makes a person a prophet. What did Elijah and Hosea do that reminded the people of their covenant with God?

Elijah _____

_____

Hosea _____

_____

What do you think these prophets might say to us today?

_____

_____

PRACTICING FAITH

A Prayer Service of Prophets

Elijah speaks: Yahweh is God; Yahweh alone is God!

All: We renounce the false gods of money, selfishness, and prejudice. Yahweh is God; Yahweh alone is God!

Hosea speaks: I, your God, will show you constant love and mercy; I will make you mine forever!

All: O God, call us back to you; help us to be faithful and true.

Micah speaks: What is good has been explained to you. This is what God asks of you, only this:

All: We will do the right; we will love goodness; we will walk humbly with our God.

 Now, in your journal, write how you will try to follow one of these prophetic messages this week.

REPASO

Escribe el término correcto en la línea en blanco.

| Oseas | Judá | Yavé | samaritanos |

1. Elías llamó al pueblo de Israel a ser fiel a _____, único y verdadero Dios.

2. Después de la caída del reino del norte, los israelitas que quedaron y se casaron con extranjeras fueron llamados _____.

3. _____ nos enseña sobre el constante amor y misericordia de Dios aun cuando no seamos fieles.

4. Al principio el reino del sur, _____, tomó el mensaje de los profetas en serio.

5. ¿Cómo imitarás al profeta Elías, quien escuchó al único y verdadero Dios y a Oseas, quien perdonaba continuamente? _____

_____

_____

EN EL HOGAR Y EN LA PARROQUIA

Los profetas son personas que hablan la verdad de Dios con valor. Nos recuerdan nuestra alianza con Dios y nuestra llamada a vivirla fielmente, especialmente trabajando por la justicia y la paz. Por esta razón los profetas con frecuencia no son populares. En tiempos de avaricia, ellos nos recuerdan que Dios nos llaman a trabajar por la justicia y la paz para todos. En la presencia de inmoralidad nos urgen a vivir la Ley del Amor.

Explore si hay uno o más "profetas" en su parroquia y por que hacen lo que hacen en su comunidad parroquial.

Resumen de la fe

- El profeta Elías llamó al pueblo de Israel a ser fiel a Yavé y le dio señal de que Dios era el único y verdadero Dios.

- El profeta Oseas enseñó que Dios siempre nos ama y perdona, aun cuando no seamos fieles a Dios.

- Hoy debemos escuchar el mensaje de Dios dado por medio de los profetas.

REVIEW ■ TEST

Write the correct term from the list below.

Hosea   Judah   Yahweh   Samaritans

1. Elijah called the people of Israel to be faithful to _____, the one true God.

2. After the northern kingdom fell, the remaining Israelites who intermarried with

foreigners became known as _____.

3. _____ teaches of God's constant love and mercy, even when we
have been unfaithful.

4. At first, the southern kingdom, _____, took the message of the prophets
seriously.

5. How will you imitate one of these prophets: Elijah, who listened to the one true God;

Hosea, who continually forgave? _____

_____

_____

FAITH ALIVE AT HOME AND IN THE PARISH

Prophets are people who speak God's truth with great courage. They remind us of our covenant with God and of our call to live that covenant faithfully, doing especially the works of justice and peace. For this reason prophets are often not very popular. In times of greed, they remind us of God's call to work for justice and peace for all people. In the presence of immorality, they urge us to live the Law of Love.

It is likely that our parish has one or more "prophets." Explore together who these people may be and why they do what they do in your parish or community.

Faith Summary

- The prophet Elijah called the Israelites to be faithful to Yahweh and gave them a sign that their God was the one true God.

- The prophet Hosea taught that God always loves and forgives us, even when we are unfaithful.

- We must listen to the message of God's prophets today.

18   Predicadores de la fe

Nuestra Vida

Cuando la bomba atómica fue detonada en Hiroshima, Japón, en 1945, Sadako Sasaki de dos años de edad fue expuesta a radiaciones. Los efectos de esa radiación no aparecieron sino hasta nueve años más tarde. A la edad de 11 años desarrolló leucemia. Durante los meses que siguieron, Sadako dobló cientos de aves de papel con la creencia, en la tradición japonesa, de que si llegaba a doblar 1000 se pondría bien. Cuando su vida empezaba a apagarse, sus compañeros de clase empezaron a ayudarle.

Sadako, víctima de la guerra, dijo a su madre: "Escribiré la palabra paz en las alas de las aves y las dejaré volar por todo el mundo. Quiero que todo el mundo viva en paz". Murió a la edad de 12 años y fue enterrada con 1000 aves de papel hechas por ella y sus compañeros.

Esta historia se difundió rápidamente y Sadako se convirtió en una heroína para los niños japoneses. En 1958, con la contribución de miles de niños, se erigió una estatua a Sadako Sasaki en la Plaza de la Paz de Hiroshima. Sadako está de pie en la cima de una montaña de granito sosteniendo un ave de oro en sus manos. La inscripción lee: "Este es nuestro grito, esta es nuestra oración: PAZ EN EL MUNDO".

¿Qué fue lo que más te impresionó de Sadako Sasaki?

¿Conoces a alguien como ella?

Habla de las formas en que trabajas por la paz.

Compartiendo la Vida

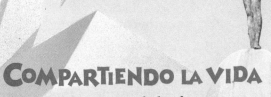

Juntos hablen acerca de las formas en que los jóvenes pueden abogar por la paz. ¿Quién lo hará? ¿Por qué preocuparse? ¿Cuál será tu mensaje? ¿A quién?

¿Por qué se necesita valor para ser profeta?

18   Preachers of the Faith

Our Life

When the atomic bomb was dropped on Hiroshima in 1945, two-year-old Sadako Sasaki was exposed to radiation. The effects of the radiation, however, did not appear for nine years. Then, at the age of 11, she developed leukemia. During the months that followed, Sadako folded hundreds of paper cranes in the traditional Japanese belief that if she could fold 1000 of them, she might get well. As her life began to slip away, her schoolmates joined her in making paper cranes.

Sadako, a victim of war, told her mother, "I will write peace on the cranes' wings and fly them over the world. I want everyone to live in peace." She died when she was 12 and was buried with the 1000 paper cranes she and her friends had folded.

Her brave story soon spread and Sadako became a heroine to the children of Japan. In 1958, with contributions from thousands of young people, a statue of Sadako Sasaki was unveiled in the Hiroshima Peace Park. Sadako stands on top of a granite mountain holding a golden crane in outstretched hands. The inscription reads: "This is our cry, this is our prayer: PEACE IN THE WORLD."

What impressed you most about Sadako Sasaki?

Do you know anyone like her?

Tell about ways that you try to make peace.

Sharing Life

Talk together about ways young people can speak out for peace. Who will do it? Why be so concerned? What would your message be? To whom?

Why does being a prophet take courage?

Isaías el profeta

Todos estamos invitados por Dios a ser profetas de los que se encuentran a nuestro alrededor. Profetas son personas que responden al llamado de Dios aun en momentos de grandes dificultades. Ellos mantienen la alianza y hacen la voluntad de Dios. Podemos aprender cómo ser profetas con los profetas del Antiguo Testamento.

Al mismo tiempo que el profeta Oseas predicaba en Israel, otro profeta, Isaías, fue enviado por Dios al reino del sur, Judá

Un día de una gran fiesta en el año 724 a. C., Isaías estaba en el templo cuando escuchó a Dios decirle: "¿A quién enviaré, y quién irá por nosotros?" Dios quería que Isaías fuera un profeta, pero era decisión de Isaías aceptar.

"Aquí me tienes, mándame a mí". Isaías sabía que ser un profeta podía ser peligroso pero no temió aceptar el llamado de Dios.

Basado en Isaías 6:1–8

Isaías empezó su misión inmediatamente. Predicó el mensaje de verdadera justicia y habló de la misericordia y el amor de Dios. El mensaje de Isaías fue más allá de la esperanza del pueblo de Dios.

Algunos de los pasajes más hermosos en el libro de Isaías hablan del plan de salvación de Dios. Sucedería no por guerra o violencia, sino por medio de un sufrido sirviente de Dios, quien traerá la justicia de Dios a todo el mundo. Será lleno del Espíritu de Dios (Isaías 42:4). Por medio de su sufrimiento el mundo será sanado (Isaías 53). En Jesús, nuestro Mesías, vemos el verdadero significado del sirviente sufrido.

Isaiah the Prophet

All of us are invited by God to be prophets to those around us. Prophets are people who respond to God's call, even in the face of great difficulties. They keep the covenant and do God's loving will. We can learn how to be prophetic people from the prophets of the Old Testament.

At about the same time that the prophet Hosea was preaching in Israel, another prophet, Isaiah, was sent by God to the southern kingdom of Judah.

While Isaiah was at the Temple on a great feast day in 742 B.C., he heard God say, "Whom shall I send? Who will go for us?" God wanted Isaiah to be a prophet, but it was up to Isaiah to say yes.

"Here I am," Isaiah answered, "send me!" Isaiah knew that being a prophet could be quite dangerous. But he did not hesitate to accept God's call.

Based on Isaiah 6:1–8

Isaiah began immediately to carry out his mission. He preached the message of true justice and spoke lovingly of God's mercy and love. The message of Isaiah went far beyond the hopes of God's people.

Some of the most beautiful passages in the Book of Isaiah speak of God's plan for salvation. This would happen not through war or violence but through God's suffering servant, who would bring God's justice to the whole world. He would be filled with God's Spirit (Isaiah 42:1–4). Through his suffering all would be healed (Isaiah 53). In Jesus, our Messiah, we see the real meaning of the suffering servant.

El profeta Jeremías

Un día, ya pasado el tiempo de Isaías, Dios apareció en una visión a un joven llamado Jeremías y lo llamó para ser un profeta. Jeremías contestó a Dios que él no sabía como hablar porque era muy joven.

Dios insistió en que Jeremías no era tan joven. Dios prometió a Jeremías estar con él cuando fuera a dar el mensaje al pueblo donde fuera enviado.

Basado en Jeremías 1:6–8

Dios pidió a Jeremías avisar al pueblo de Judá que un enemigo del norte lo atacaría y lo vencería si no cambiaba su manera. Jeremías pidió al pueblo mantener su alianza con Dios. Nadie tomó el mensaje seriamente.

Exilio en Babilonia

En 589 a. C. los babilonios arrasaron Judá. Todos los pueblos fueron quemados y saqueados. El Templo de Jerusalén y el palacio fueron despojados de todo material valioso y

750 – 587 a. C.
Profetas, Exilio

VOCABULARIO

El **exilio** fue un período entre 587 y 539 a. C. cuando el pueblo de Judá estuvo cautivo en Babilonia.

destruidos. Muchos fueron heridos; el resto deportado a Babilonia en el 587 a.C. Empezó el exilio.

Los israelitas en el exilio empezaron a conocerse como judíos y su religión como judaísmo, derivados de Judá. Los judíos desarrollaron su propio asentamiento en Babilonia. Al igual que sus antepasados, exilados en Egipto, los judíos en Babilonia preservaron su creencia en un verdadero Dios y su identidad como pueblo.

El profeta Ezequiel

El gran profeta del exilio fue Ezequiel. El era un joven sacerdote que servía en el Templo de Jerusalén cuando fue deportado a Babilonia. En el exilio, Dios llamó a Ezequiel para ser profeta. En el Libro de Ezequiel leemos que él consoló a otros exilados, recordándoles que un día su nación y el Templo serían devueltos.

Hoy necesitamos gente como Ezequiel para que nos de la esperanza y nos recuerde que Dios siempre nos ama. Necesitamos gente como Isaías y Jeremías para responder al llamado de Dios a dirigir al pueblo a dejar la vida de egoísmo por una de generosidad y compasión. Todos somos llamados a ser profetas para los que nos rodean. Con la ayuda de Dios, podemos trabajar juntos para llevar justicia y paz a todo el mundo.

Jeremiah the Prophet

One day, after the time of Isaiah, God appeared in a vision to a young man named Jeremiah and called him to be a prophet. Jeremiah told God that he did not know how to speak because he was too young.

God insisted that Jeremiah was not too young. He promised to be with Jeremiah when he brought God's message to the people to whom he was sent.

Based on Jeremiah 1:6–8

God told Jeremiah to warn the people of Judah that an enemy from the north would come and defeat them if they did not change their ways. Jeremiah pleaded with the people to keep their covenant with God. But no one seemed to take his message seriously.

FAITH WORD

The **Exile** was the period from 587 to 539 B.C. when the people of Judah were captives in Babylon.

Exile in Babylon

In 589 B.C. the Babylonians swept through Judah. Everywhere, towns were burned and looted. The Temple of Jerusalem and palace were stripped of all precious materials and destroyed. Many people were slaughtered; the rest were deported to Babylon in 587 B.C. The Exile had begun.

The Israelites in exile became known as Jews, and their religion as Judaism, from the word Judah. The Jews developed their own settlements in Babylon. Like their ancestors, who had been exiled in Egypt, the Jews in Babylon preserved their belief in the one true God and their identity as a people.

The Prophet Ezekiel

The great prophet of the Exile was Ezekiel. He was a young priest serving in the Temple of Jerusalem when he was deported from Judah to Babylon. In exile, God called Ezekiel to be a prophet. In the Book of Ezekiel we read that he comforted the other exiles, reminding them that one day their nation and their Temple would be restored.

Today we need people like Ezekiel to give us hope and remind us that God will always love us. We need people like Isaiah and Jeremiah to respond to God's call to lead people out of a life of selfishness to one of generosity and compassion. All of us are called to be prophets to those around us. With God's help, we can work together to bring justice and peace to all people.

Acercándote a la Fe

Túrnense para ser el profeta Isaías. Expresen sus diferentes mensajes al pueblo en la forma en que creen que él pudo anunciarlo.

Dramaticen la escena entre Jeremías y Dios.

Compartan sus ideas de cómo hoy podemos ser gente como Ezequiel, Jeremías e Isaías.

Viviendo la Fe

Reúnanse y escuchen una lectura del libro del profeta Isaías.

Y oí la voz del Señor que decía: "¿A quién enviaré, y quién irá por nosotros?" Y respondí: "Aquí me tienes, mándame a mí".

Basado en Isaías 6:8

Toma unos minutos para escribir en tu diario lo que significa para ti hablar en favor de algo que crees.

Después juntos hagan banderas para escribir el mensaje de los profetas para los jóvenes de hoy. Exhíbanlas, si es posible, en el centro parroquial.

Peace in the World

FEED THE HUNGRY

COMING TO FAITH

Take turns being the prophet Isaiah. Deliver his different messages to the people the way you think he might have announced them.

Act out the scene between Jeremiah and God.

Share your thoughts on why today we need people like Ezekiel, Jeremiah, and Isaiah.

PRACTICING FAITH

Gather quietly and listen to a reading from the book of the prophet Isaiah.

Then I heard the voice of the Lord saying, "Whom shall I send? Who will go for us?" "Here I am;" I said; "send me!"

Isaiah 6: 8

Take a few minutes to write in your journal what it means to you to speak out on something you believe in.

Then work together to create flags or pennants containing messages of the prophets to today's young people. Display them, if possible, in your church or parish center.

REPASO

Encierra en un círculo la letra al lado de la respuesta correcta.

1. El profeta que habló acerca del sirviente sufrido de Dios fue.

   a. Jeremías.

   b. Ezequiel.

   c. Isaías.

2. El profeta de los judíos en el exilio fue

   a. Jeremías.

   b. Ezequiel.

   c. Isaías.

3. El profeta que dijo a Dios que era muy joven para llevar el mensaje fue

   a. Jeremías.

   b. Ezequiel.

   c. Isaías.

4. El profeta que llevó el mensaje a los israelitas de que a menos que cambiaran su forma sufrirían, fue

   a. Jeremías.

   b. Ezequiel.

   c. Isaías.

5. ¿Cómo tratarás de compartir el mensaje de esperanza de Dios con otros.

_____

_____

_____

EN EL HOGAR Y EN LA PARROQUIA

Hable con su familia de las formas en que cada uno ha sido escogido por Dios para hacer algo especial. Dios ha llamado a cada uno por su nombre desde antes de nacer. Dios nos habla por medio de la voz de Jeremías:

"Antes de formarte en el seno de tu madre, ya te conocía; antes de que tú nacieras, yo te consagré, y te destiné a ser profeta de las naciones.. . . En este momento pongo mis palabras en tu boca".
Jeremías 1:5,9

¿Cómo podemos ser profetas de esperanza, como Ezequiel, durante tiempos difíciles en nuestra familia?

Resumen de la fe

- El profeta Isaías llamó al pueblo de Judá a regresar a Dios y a vivir con justicia y paz.

- El profeta Jeremías pidió al pueblo enmendar su vida, pero continuaron olvidando la alianza.

- El profeta Ezequiel consoló a los exiliados en Babilonia.

REVIEW ∎ TEST

Circle the letter beside the correct answer.

1. The prophet who spoke of God's suffering servant was

  a. Jeremiah.

  b. Ezekiel.

  c. Isaiah.

2. The prophet to the Jews in exile was

  a. Jeremiah.

  b. Ezekiel.

  c. Isaiah.

3. The prophet who told God he was too young to be God's messenger was

  a. Jeremiah.

  b. Ezekiel.

  c. Isaiah.

4. The prophet who delivered the message of disaster to the Israelites unless they changed their ways was

  a. Jeremiah.

  b. Ezekiel.

  c. Isaiah.

5. How will you try to share God's message of hope with others?

_____

_____

_____

FAITH ALIVE ∎ AT HOME AND IN THE PARISH

alk over with your family the ways each has been chosen by God to do something unique. God has called us by name even before we were born. God speaks to us through the words of Jeremiah:
"Before I formed you in the womb I knew you,
    before you were born I dedicated you,
  a prophet to the nations I appointed you."
And "See, I place my words in your mouth!"
Jeremiah 1:5, 9

How can we be prophets of hope, like Ezekiel, during troubled times in our family?

Think about your parish. Who are "prophets" that speak out for justice and peace and that give us hope? How can you also be a prophet?

Faith Summary

• The prophet Isaiah called the people of Judah to return to God and to live in justice and peace.

• The prophet Jeremiah warned the people to mend their ways, but they continued to forget their covenant.

• The prophet Ezekiel comforted the exiles in Babylon.

Dios de amor, ayúdanos a mantener nuestra alianza contigo.

NUESTRA VIDA

Cuando Ana tenía once años se fue de su casa. A la edad de doce pertenecía a una ganga que vagaba por las calles buscando comida y dinero. El robar se convirtió en una forma de vida. Poco después, taciturna y enojada, se encontraba frente a un juez de la corte juvenil.

Juana García, la policía que vio a Ana no podría olvidar su cara. Debajo de la endurecida frente había una niña confundida y con miedo. Ella pidió al juez que le diera la custodia de Ana. Poco a poco trató de ganársela y muchas veces fue rechazada. Gradualmente, las dos establecieron una relación. Hablaban por largo rato, paseaban por las tiendas, iban al cine y comían en la casa de Juana. Un año más tarde, al aparecer en la corte, eran amigas. Ana ya no está en las calles—mejor aún, ahora es miembro de la familia García.

"Tengo un nuevo comienzo, una nueva vida", dice Ana.

¿Has tenido alguna vez que "empezar de nuevo"? ¿Cómo fue al principio? ¿Cómo tuviste el valor de tratar de vencer una mala situación? ¿Quién te ayudó?

COMPARTIENDO LA VIDA

Hablen de estas ideas. Escúchense con atención.

¿Crees que la gente siempre merece una segunda oportunidad? ¿Por qué?

¿Hay excepciones? ¿Por qué?

¿Crees que Dios quiere que la gente siempre tenga una "segunda oportunidad"? ¿Por qué o por qué no?

19 Servants of God's People

Loving God, help us to keep our covenant with you.

Our Life

By the time Jodie was eleven she was a runaway. At twelve she was part of a gang that roamed the streets in search of food and money. Robbery and shoplifting became a way of life. It wasn't long before Jodie was standing, sullen and angry, before a judge in juvenile court.

Darcy Phillips, a policewoman who saw Jodie that day, could not forget her. Beneath the tough front, she sensed the girl's fear and confusion. She asked the judge to give Jodie into her care. Little by little she tried to reach out to Jodie and was often rejected. Gradually, however, the two established a wary relationship. In time it grew stronger and stronger. There were long talks, trips to the mall and the movies, and meals with Darcy's family. Now, a year after the court appearance, they are friends. Jodie is off the streets—even better, she is now a member of the Phillips family.

"I have a brand new start," Jodie says, "a brand new life."

Have you ever had to "start over"? What was it like in the beginning? How did you get the courage to keep on trying to overcome a bad situation? Who helped you?

Sharing Life

Talk about these ideas together. Listen carefully to one another.

Do you think that people always deserve a second chance? Why?

Are there any exceptions to this? Why?

Do you think God wants people always to have "another chance"? Why or why not?

Fin del exilio

En el año 538 a.C. se le dio al pueblo judío otra oportunidad de empezar de nuevo. Ciro, el rey del imperio persa, conquistó a Babilonia. Decretó que los judíos podían retornar a su tierra y reconstruir el Templo de Jerusalén. El pueblo estaba feliz porque había terminado su largo exilio. Ellos podían empezar de nuevo.

Una vez llegaron a Judá, se dieron cuenta de que la ciudad de Jerusalén, sus murallas y el Templo tenían que ser reconstruidas. Los samaritanos ofrecieron ayuda para la reconstrucción del Templo porque se consideraban parte del país. Pero los judíos rechazaron la oferta; no consideraban a los samaritanos como israelitas. Dijeron a los samaritanos: "No podemos unirnos a ustedes para construir la Casa de nuestro Dios sino que nosotros solos la edificaremos".

(Basado en Esdras 4:3).

El progreso fue lento, pero el nuevo Templo finalmente se terminó de construir en el 515 a.C. A los judíos no les preocupaba el tiempo que les tomara. Sabían que Jerusalén era el hogar del Templo, el signo de la presencia de Dios entre ellos. Al participar en la reconstrucción de la ciudad, sabían que estaban sirviendo a Dios y al pueblo.

Sabían que Dios le había dado una segunda oportunidad para mantener la alianza. Ellos se habían dispuesto a mostrar a Dios, por medio de la belleza de Jerusalén, lo mucho que él significaba en sus vidas. La reconstrucción terminó en 444 a. C. cuando se completó la muralla de la ciudad.

Dos heroínas

Durante el exilio, vivieron dos valientes mujeres, Ester y Judith. Ester era una judía esposa del rey de Persia. Ella arriesgó su vida y provocó el enojo del rey para salvar a su pueblo. Judith salvó a su ciudad de la destrucción por parte del general asirio Holofernes. Ambas mujeres rezaron a Dios para que ayudara a libertar y protegiera a su pueblo.

End of the Exile

The Jewish people were given the opportunity for a new beginning in 538 B.C. Cyrus, the ruler of the Persian empire, conquered Babylon. He decreed that the Jews could return to their homeland and rebuild the Temple of Jerusalem. The people were overjoyed, for their long exile was over. They could make a fresh start.

Once the returning exiles arrived in Judah, they found that the city of Jerusalem, its walls, and the Temple had to be completely rebuilt. The Samaritans offered to help them rebuild the Temple, because they had come to consider Judah as part of their own country. But the Jews rejected their offer; they did not consider the Samaritans to be true Israelites. They told the Samaritans, "It is not your responsibility to build with us a house for our God, but we alone must build it…" (Based on Ezra 4:3).

Progress was slow, but the new Temple was finally completed in 515 B.C. The Jews did not worry about the length of time it was taking them. They knew that Jerusalem was the home of the Temple, the sign of God's presence among them. By taking part in the restoration of the city, they knew that they were serving God and God's people.

They knew that God had given them a second chance to keep the covenant. They were determined to show God, through the beauty of Jerusalem, how much he meant in their lives. The last part of the restoration did not come about until 444 B.C. when the walls of the city were finally completed.

Two Women Heroes

During the period after the Exile, there lived two very courageous women, Esther and Judith. Esther was the Jewish wife of the king of Persia. She risked death and the king's anger to save her people. Judith saved her city from destruction by the Assyrian general Holofernes. Both brave women prayed for God's help and relied on God to protect them.

Samaritanos eran descendientes de una población mestiza que se había asentado en la parte norte de Israel.

ESTHER

Fin de los tiempos del Antiguo Testamento

Después que el pueblo judío regresó del exilio a su tierra natal, la vida fue muy difícil para ellos. Durante los 350 años antes del nacimiento de Jesús, los judíos estuvieron sujetos a leyes de cuatro gobiernos extranjeros. Grecia, Egipto, Siria y Roma.

La fortaleza del judaísmo había sido probada. Una segunda oportunidad requería duro trabajo.

En el 168 a. C. Antíoco, el rey de Siria, decretó que todos en Judá debían seguir las costumbres de Siria. Templos paganos fueron construidos por toda Judá y los judíos eran obligados a ofrecer sacrificios a los dioses paganos. La muerte era la pena por desobedecer el decreto del rey.

Un sacerdote judío llamado Matatías y sus cinco hijos se enojaron con lo que estaba pasando y dirigieron una revuelta. Ellos fueron conocidos como los macabeos, nombre que significa "peleadores". Los macabeos ganaron la independencia de Judá y salvaron al pueblo de Dios de la idolatría y de la persecución religiosa.

Su familia gobernó Judá hasta el año 63 a. C. cuando fue tomada por los romanos bajo el mando de Pompeyo.

En el año 37 a. C. Herodes, el hijo de un oficial del gobierno romano, fue designado rey de Judá. Gobernó hasta su muerte en el año 4 d. C. Los judíos odiaron a Herodes porque representaba el poder extranjero. Recordaron que los profetas habían dicho que Dios les enviaría a un gran Mesías, a un Salvador. Los judíos seguían creyendo que Dios siempre cumple sus promesas. No perdieron la esperanza y pacientemente esperaron el Mesías.

Nuestra fe nos enseña a ser pueblo de esperanza y valor. Al igual que los grandes hombres y mujeres de la Biblia, debemos valientemente vivir nuestra alianza con Dios. Encontramos esta esperanza y valor cuando vivimos constantemente en la presencia de Dios.

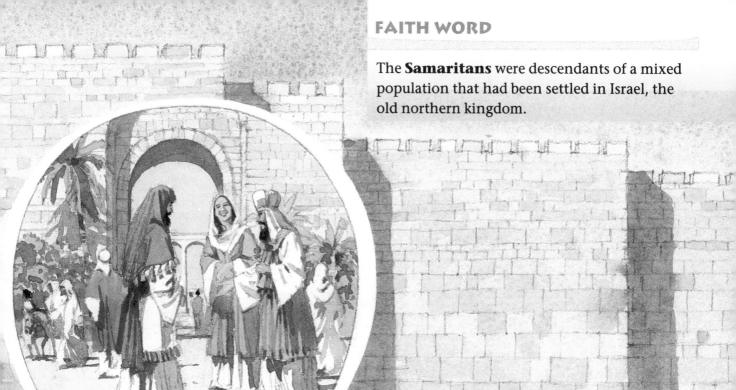

JUDITH

FAITH WORD

The **Samaritans** were descendants of a mixed population that had been settled in Israel, the old northern kingdom.

End of Old Testament Times

After the Jewish people returned from exile to their homeland, life was very difficult for them. For about 350 years before the birth of Jesus, the Jews were subjected to the rule of four foreign governments—Greece, Egypt, Syria, and Rome.

The strength of Judaism was being tested again. Getting a second chance required hard work.

In 168 B.C. Antiochus, the king of Syria, decreed that everyone in Judaea, as Judah was now called, would follow the customs of Syria. Pagan temples were built throughout Judaea, and Jews were required to offer sacrifices to pagan gods. The penalty for disobeying the king's decree was death.

A Jewish priest named Mattathias and his five sons were angered at what they saw happening and led a revolt. They became known as the Maccabees, a name that means "great fighters."

The Maccabees won back the independence of Judaea and saved God's people from idolatry and religious persecution.

Their family ruled Judaea until 63 B.C. when it was taken by the Romans under Pompey.

In 37 B.C. Herod, the son of an official in the Roman government, was appointed king of Judaea. He ruled until his death in 4 B.C. The Jews hated Herod because he represented a foreign power. They remembered that the prophets had said that God would send them a great Messiah, a Savior. The Jews continued to believe that God always fulfills his promises. They did not lose hope and patiently waited for the Messiah.

Our faith teaches us to be people of hope and courage. Like the great men and women of the Bible, we must bravely live our covenant with God. We find this hope and courage when we experience his constant presence with us.

Acercandote a la Fe

¿Qué te han enseñado los grandes hombres y mujeres del Antiguo Testamento acerca de vivir la alianza con Dios? Explica.

¿Qué valor exige el empezar de nuevo a vivir tu alianza con Dios?

¿Qué tipo de libertador piensas que los judíos ansiaban bajo el gobierno de Herodes? ¿Por qué?

Viviendo la Fe

Reúnanse en un círculo para orar

Guía: Mientras el líder judío Nehemías construía las murallas de Jerusalén sus enemigos trataron de hacerle bajar para matarlo. Nehemías se negó diciendo: "Estoy ocupado con un trabajo muy importante" (Nehemías 6:3).

Dios de amor, en todo lo que empecemos, ayúdanos a ser fuertes y recordar . . .

Todos: Estamos haciendo un trabajo importante y no podemos bajar.

Guía: Dios de amor, ayúdanos a vivir nuestra alianza contigo con esperanza y valor.

Todos: Estamos haciendo un trabajo importante y no podemos bajar.

Toma unos minutos para pensar en tus propios "nuevos inicios". ¿Necesitas empezar ahora? ¿Necesitas ayuda para mantener tu alianza? ¿Hay algo o alguien que te pide "bajar"? Habla con Jesús acerca de eso.

Terminen animándose a orar. Juntos recen: Dios de amor, ayúdanos a hacer el trabajo importante y no bajar.

Coming To Faith

What have the great women and men of the Old Testament taught you about living God's covenant? Explain.

What courage does it take to start over or begin again to live your covenant with God?

What kind of liberator do you think the Jews were longing for under Herod's rule? Why was that?

Practicing Faith

Gather in a prayer circle.

Leader: As the Jewish leader Nehemiah was rebuilding the walls of Jerusalem, enemies tried to get him to come down so they could kill him. Nehemiah refused, saying, "I am engaged in a great enterprise and am unable to come down" (Nehemiah 6:3).

Dear God, in all our new starts, help us to be strong and to remember. . . .

All: We are doing a great work and we cannot come down!

Leader: Dear God, help us to live our covenant with you with hope and courage.

All: We are doing a great work and we cannot come down!

 Take a few minutes to think about your own "new starts." Do you need to make one now? Do you need help in keeping your covenant? Is someone or something trying to get you to "come down"? Talk to Jesus about it.

Close by supporting one another in prayer. Pray together: Loving God, help us to do a great work and not to come down!

REPASO

Contesta las siguientes preguntas.

1. ¿Por qué los judíos creyeron que Ciro era un buen gobernante?

_____

2. ¿Qué trabajo consideró Nehemías, gobernador de Judá, que era muy importante?

_____

3. ¿Quiénes eran los samaritanos?

_____

4. ¿Quiénes fueron los macabeos?

_____

5. Escoge una de las historias de Ester, Judit o los Macabeos. ¿Qué mensaje te ofrece la historia?

_____

_____

FE VIVA EN EL HOGAR Y EN LA PARROQUIA

Los niños han completado el estudio del Antiguo Testamento correspondiente a este año.

Sirviendo a otros

Tome los periódicos de esta semana y busque noticias, historias o fotografías de personas quienes se están arriesgando para servir a otros. Hablen en familia sobre las noticias.

Resumen de la fe

- Ciro, el gobernador de Persia, liberó a los judíos y los envió de regreso a Jerusalén a construir el Templo.

- Los macabeos fueron héroes de fe quienes salvaron al pueblo de Dios de la persecución religiosa y de la idolatría.

- Bajo el poder de Herodes los judíos ansiaban la llegada del Mesías.

REVIEW • TEST

Write answers for the following questions.

1. Why did the Jewish people consider Cyrus to be a good ruler?

_____

2. What work did Nehemiah, the governor of Judah, consider to be very important?

_____

3. Who were the Samaritans?

_____

4. Who were the Maccabees?

_____

5. Choose the story of Esther or Judith or the Maccabees. What message does the story have for you?

_____

_____

 **AT HOME AND IN THE PARISH**

Your sixth grader has now completed the study of the Old Testament for this year.

Service of Others

Scan the newspapers this week to find items, stories, or pictures of people who are taking some kind of risk in serving others. Have a family discussion of what has been found.

Faith Summary

• Cyrus, the ruler of Persia, freed the Jews and sent them home from Babylon to rebuild the Temple of Jerusalem.

• The Maccabees were heroes of faith who saved God's people from religious persecution and idolatry.

• Under Herod the Jewish people longed for the coming of the Messiah.

Jesús, ayúdanos a tomar nuestra cruz y seguirte.

NUESTRA VIDA

En marzo de 1972 un joven marino se encontraba en la jungla de Vietnan en medio de una violenta guerra. Su pelotón estaba siendo barrido por el fuego mortal. Vio una ráfaga de fuego, sintió que caía y luego la nada. Cuando recobró el conocimiento se encontraba muy adolorido, sus piernas estaban rotas. "Cerré mis ojos para esperar la muerte", dijo. Entonces ocurrió un milagro. En medio de la batalla, un helicóptero bajó hasta un claro y un joven médico saltó. Corrió hasta el marino herido, lo tomó en sus brazos y lo llevó al helicóptero.

Un año más tarde, el marino salvado, caminando con un bastón, visitó el muro que conmemora la guerra de Vietnan en Washington. El buscó el nombre del hombre que le salvó la vida y más tarde se enteró que había muerto tratando de salvarlo.

¿Qué aprendiste de esa historia?

¿Cuál crees es el mayor sacrificio que una persona puede hacer por otra?

COMPARTIENDO LA VIDA

Conversen acerca del valor y el sacrificio. ¿Qué crees estimula a una persona a arriesgar o dar su vida por otra persona? ¿Por qué honramos a las personas que dan su vida por otros?

¿Qué sacrificios nos anima nuestra fe a hacer por otros diariamente?

Jesus, help us to take up our cross and follow you.

Our Life

It was March 1972 and an 18-year-old marine found himself in a jungle in Vietnam in the middle of a fire fight. His platoon was being wiped out by mortar fire. Then he saw a blast of light; he felt himself falling, then nothing at all. When he came to, he was in great pain, his leg shattered. "I closed my eyes and waited to die," he said. Then a miracle happened.

In the midst of the ongoing battle, a helicopter set down in a clearing and a young medic jumped out. He raced to the wounded marine, picked him up in his arms, and carried him to the copter.

It is years later now. The marine who was saved that day walks with a cane along the wall of the Vietnam Memorial in Washington. He searches for the name of the man who saved his life, and, as he discovered later, died doing it.

What do you learn from this story?

What do you think is the greatest sacrifice one person can make for another?

Sharing Life

Have a conversation about bravery and sacrifice. What do you think moves a person to risk or give up his or her life for someone? Why do we honor people who give their lives for others?

What daily sacrifices does our faith encourage us to make for others?

De la muerte a una nueva vida

Por su vida, muerte y resurrección Jesús nos permite compartir la vida misma de Dios. Pero si queremos compartir esa vida debemos estar dispuestos a seguir el camino de Jesucristo. Jesús dijo a sus discípulos que: "El que quiera seguirme, que renuncie a sí mismo, que cargue con su cruz y que me siga" (Mateo 16:24).

La Iglesia recuerda el paso de Jesús de la muerte a una nueva vida durante el tiempo de Cuaresma. La Cuaresma es un período de cuarenta días de preparación para la Pascua de Resurrección. Al principio los primeros cristianos lo recordaban rezando y ayunando durante cuarenta horas, tiempo que Jesús duró en el sepulcro. Gradualmente la práctica se fue extendiendo a los cuarenta días antes de la Pascua de Resurrección.

Oración y penitencia

En los inicios de la Iglesia, los que se iban a hacer cristianos se preparaban para su bautismo durante el tiempo de Cuaresma. Durante este período rezaban, aprendían sobre la fe cristiana y hacían penitencia para prepararse para la nueva vida del Bautismo. Los miembros de la comunidad cristiana se preparaban para la Pascua de Resurrección recordando su propio bautismo y haciendo penitencia y recordaban la vida y muerte de Jesús.

La práctica de ponerse ceniza en la frente se desarrolló como recuerdo de nuestra muerte al pecado por medio del Bautismo. El Miércoles de Ceniza, el sacerdote bendice las cenizas de las palmas que quedaron el Domingo de Ramos del año anterior. El sacerdote pone la ceniza en la frente de cada persona y reza: "Aléjate del pecado y sé fiel al evangelio" o "Recuerda que polvo eres y en polvo te has de convertir".

OUR CATHOLIC FAITH

From Death to New Life

By his life, death, and resurrection, Jesus makes us sharers of God's own life. But if we want to share in this life, we must be willing to follow Jesus Christ in all ways. Jesus told his disciples that "whoever wishes to come after me must deny himself, take up his cross, and follow me" (Matthew 16:24).

The Church remembers Jesus' passing from death to new life during the season of Lent. Lent is a period of forty days of preparation for Easter. At first the early Christians remembered by prayer and fasting the forty hours that the body of Jesus was in the tomb. Gradually the practice was extended to forty days before Easter.

Prayer and Penance

In the early Church, people who were going to become Christians prepared for their Baptism during the season of Lent. During this period they prayed, learned about the Christian faith, and did penance in preparation for the new life of Baptism. The members of the Christian community prepared themselves for Easter by remembering their own Baptism, by doing penance, and by remembering the life and death of Jesus.

The practice of having ashes placed on our foreheads developed as a reminder of our death to sin in Baptism. On Ash Wednesday, the priest blesses ashes that come from the palm branches left over from the Passion Sunday of the previous year. The priest places ashes on the forehead of each person and prays, "Turn away from sin and be faithful to the gospel" or "Remember, you are dust and to dust you will return."

Durante el tiempo de Cuaresma renovamos nuestras promesas bautismales esforzándonos a vivir como hijos de Dios. La Cuaresma es también un tiempo especial para rezar y hacer obras de penitencia. Recordamos la vida de Jesús y pensamos sobre su crucifixión y muerte. Tratamos de alejar de nuestra vida todo lo que nos ha mantenido alejados de Dios.

Ayuno y abstinencia

Durante la Cuaresma examinamos nuestras vidas para ver si estamos viviendo como Jesús nos mostró. Nos preguntamos si nos estamos amando unos a otros como debemos. La Cuaresma es un buen tiempo para comer comidas simples. La Iglesia requiere que los adultos ayunen el Miércoles de Ceniza y el Viernes Santo. Ayunar significa limitar la comida que se come.

Los católicos mayores de catorce años deben abstenerse de comer carne el Miércoles de Ceniza y todos los viernes de Cuaresma. A los niños no se les exige ayunar, pero pueden dejar de comer cosas que les gustan tales como caramelos. El dinero ahorrado por no comer caramelos puede ser donado a organizaciones que dan comida a los pobres. La Cuaresma es un tiempo especial para orar y hacer buenas obras.

Durante la Cuaresma recordamos que Jesús nos enseñó a recordar a otros especialmente a los pobres. Jesús quiso decir que debemos pensar en los otros y no ser egoístas. La Cuaresma es un buen tiempo para pensar en como podemos compartir nuestro tiempo y pertenencias con otros. Dar limosna significa compartir con los más necesitados. La Cuaresma es también tiempo para rezar por los que se están preparando para recibir el Bautismo y por los bautizados que se preparan para ingresar a la Iglesia Católica.

Recordamos las enseñanzas de Jesús de "Tome su cruz". No tenemos cruces de madera, pero cada uno puede tener una cruz de algún sufrimiento que hace la vida difícil. Durante la Cuaresma renovamos nuestra decisión de seguir siempre a Jesús, aun en tiempos difíciles.

ACERCANDOTE A LA FE

¿Cómo se preparaban los cristianos, al principio de la Iglesia, para recibir el Bautismo durante la Cuaresma?

During the season of Lent, we renew our baptismal promises by making a special effort to live as children of God. Lent is also a special time for prayer and doing acts of penance. We remember the life of Jesus and think about his crucifixion and death. If there is anything in our lives that has been keeping us from God, we try to put it out of our lives.

Fast and Abstinence

During Lent, we examine our lives to see whether we are living as Jesus showed us to live. We ask ourselves whether we are loving others as we should. Lent is a good time to eat simpler foods. The Church requires adults to fast on Ash Wednesday and Good Friday. Fasting means limiting the amount of food we eat.

Catholics who are fourteen-years-old or older are to abstain from eating meat on Ash Wednesday and the Fridays of Lent. Children are not required to fast, but they can give up things like candy and snacks during Lent. The money saved can be given to organizations that provide food for the hungry. Lent is a special time for prayer and good works.

During Lent, we recall Jesus' teaching to remember others, especially the poor. Jesus meant that we should think of others and not be selfish. Lent is a good time to think of ways we can share our time and possessions with others. Almsgiving means to share with those who are in need. Lent is also a time to pray for those preparing for Baptism and for those already baptized who are preparing to join the Catholic Church.

We remember Jesus' teaching to "take up our cross." We do not have crosses made of wood, but each of us may have a cross of some suffering that makes life difficult. During Lent we renew our decision to follow Jesus always, even when it is hard to do so.

COMING TO FAITH

How did Christians in the early Church prepare for Baptism during Lent?

What does the Church ask us to do during Lent?

201

Viviendo la Fe

Hablen de las formas en que pueden llevar sus cruces y seguir a Jesús durante la Cuaresma. Usen el cuadro como guía.

Compartan sus ideas y decisiones. Luego recen: Jesús, cargaste con tu cruz por amor a nosotros. Ayúdanos a cargar nuestra cruz y seguirte durante esta Cuaresma aun cuando sea difícil. Amén.

COSAS QUE PUEDO HACER DURANTE LA CUARESMA

¿Qué puedo hacer durante la Cuaresma?	¿Cómo lo haré?
Pasar diez minutos rezando.	
Ayudar a alguien con sus tareas.	
Ahorrar el dinero que gasto en caramelos. Enviarlo a una organización que da de comer a los necesitados.	
Hacer amistad con alguien que está solo.	
Rezar por la paz en el mundo.	
Ir a misa durante la semana.	
Rezar el vía crucis.	
Leer la crucifixión de Jesús en el Evangelio de Marcos, capítulo 15.	
Tratar a todo el mundo con justicia.	
Ver las noticias en la televisión y rezar por todo el que necesite oración.	

PRACTICING FAITH

Talk together about ways you can carry your cross and follow Jesus during Lent. Use this chart as a guide.

Share your ideas and decisions. Then pray together: Jesus, you carried your cross out of love for us. Help us to carry our cross and follow you this Lent even when it is difficult. Amen.

THINGS I CAN DO DURING LENT

What I Can Do During Lent	How I Will Do It
Spend ten minutes praying.	
Help someone with school work.	
Put money usually spent on candy and snacks aside. Send it to a group that feeds the hungry.	
Be a friend to someone who is lonely.	
Pray for peace in our world.	
Go to Mass during the week.	
Pray the stations of the cross.	
Read about the crucifixion of Jesus in the Gospel of Mark, Chapter 15.	
Treat everyone fairly and with justice.	
Watch the TV news and pray for everyone who needs prayers.	

REPASO

Encierra en un círculo **V** cuando sea verdadero y **F** cuando sea falso.

1. La Cuaresma es un buen tiempo para pensar en las formas en que
podemos compartir nuestro tiempo con otros y rezar con más frecuencia.　**V**　　**F**

_____

2. La Iglesia recuerda el paso de Jesús de la muerte a
una nueva vida durante el tiempo de Adviento.　**V**　　**F**

_____

3. La práctica de ponerse cenizas en la frente se desarrolló como recuerdo
de nuestra muerte al pecado en la Unción de los Enfermos.　**V**　　**F**

_____

4. Todos los católicos deben ayunar el Miércoles de Ceniza y
los viernes de Cuaresma.　**V**　　**F**

_____

5. ¿Qué sacrificio puedes hacer esta semana?

_____

EN EL HOGAR Y EN LA PARROQUIA

Los niños aprendieron que una práctica tradicional de Cuaresma consiste en sacrificar pequeños placeres. Hoy no negamos el valor de esa práctica. Sin embargo, la Iglesia nos pide mirar más hondamente en el significado de la Cuaresma.

La Cuaresma es primero un tiempo de preocupación con nuestro llamado bautismal al apostolado. San Pablo nos recuerda que por medio del Bautismo en la muerte de Cristo, resucitamos con él a una nueva vida (Romanos 6:3–4). Ahora vivimos cada día esta nueva vida como discípulos de Jesús.

Nuestras prácticas penitenciales y continua conversión de parecernos más a Cristo se intensifican durante este maravilloso tiempo de nuestro año litúrgico. El objetivo de nuestra forma de vivir la Cuaresma es ayudarnos a identificarnos más con el misterio pascual—la pasión, muerte y resurrección de Jesús. Este es el centro de nuestra oración y buenas obras, no sólo por nosotros sino especialmente por aquellos en nuestra parroquia que se preparan para celebrar los sacramentos de iniciación: los que se preparan a ser recibidos en comunión total con la Iglesia Católica.

Resumen de la fe

- Durante la Cuaresma recordamos el paso de Jesús de la muerte a una nueva vida.

- Durante la Cuaresma rezamos, hacemos penitencia y buenas obras para participar más de lleno en la muerte y resurrección de Jesús.

- Ayuno y abstinencia son formas de penitencia que practicamos durante la Cuaresma para ayudarnos a preparar para la Pascua de Resurrección.

REVIEW • TEST

Circle **T** for true or **F** for false. Rewrite any false statements to make them true.

1. Lent is a good time to think of ways we can share our time
with others and to pray more often.   T   F

_____

2. The Church remembers Jesus' passing from death
to new life during the season of Advent.   T   F

_____

3. The practice of having ashes placed on our foreheads developed
as a reminder of our death to sin in Anointing of the Sick.   T   F

_____

4. All Catholics are required to fast on Ash Wednesday
and the Fridays of Lent.   T   F

_____

5. What sacrifices can you make this week?

_____

FAITH ALIVE AT HOME AND IN THE PARISH

One traditional Lenten practice consists of giving up some small pleasure in life. Today we do not deny the value of such a practice. However, the Church urges us to look more deeply into the meaning of Lent, as your sixth grader learned in this chapter.

Lent is first and foremost a season concerned with our baptismal call to discipleship. Saint Paul reminds us that through Baptism into Christ's death, we rise with him to new life (Romans 6:3–4). Now we are to live every day this new life as Jesus' disciples.

Our penitential practices and continuing conversion to be more Christlike are intensified during this wonderful time of the liturgical year. Our Lenten way of living is aimed at helping us to identify even more with the paschal mystery—the passion, death, and resurrection of Jesus. This is the focus of our prayer and good works, not only for ourselves but especially for those in our parish preparing to celebrate the sacraments of initiation: those preparing for Baptism and those preparing to be received into full communion with the Catholic Church.

Faith Summary

- During Lent we remember Jesus' passing from death to new life.

- During Lent we pray, do penance and good deeds in order to participate more fully in Jesus' death and resurrection.

- Fasting and abstinence are forms of penance we practice during Lent to help us prepare for Easter.

21 Celebrando la Pascua de Resurrección

Señor Jesús, ayúdanos a difundir la energía y el fuego de tu amor en el mundo.

NUESTRA VIDA

El padre Teilhard de Chardin, sacerdote y científico jesuita, escribió una vez,: "Un día cuando dominemos los vientos, las olas, las mareas, la gravedad, entonces debemos pedir a Dios las energías del amor, y entonces, por segunda vez en la historia del mundo, el hombre descubrirá el fuego".

¿Qué crees que Chardin quería decir con las "energías del amor"?

COMPARTIENDO LA VIDA

He aquí algunas preguntas para discutir:

¿Cómo puede el amor darnos energía?

¿Cómo crees que sería el mundo si las energías del amor fueran "almacenadas"?

¿Cómo quiere Jesús que el mundo recargue las energías del amor? ¿Y tú?

21 Celebrating Easter

Lord Jesus,
help us spread
the energy
and fire of
your love to
our world.

Our Life

Father Teilhard de Chardin, a Jesuit priest and a scientist, once wrote, "Some day, after mastering the winds, the waves, the tides, and gravity, we shall harness for God the energies of love, and then, for the second time in the history of the world, man will discover fire." What do you think Chardin meant by "the energies of love"?

Sharing Life

Here are some questions for discussion:

How can love give us energy?

What do you think the world would be like if the energies of love were "harnessed"?

How does Jesus want the world to be changed by the energies of love? How about you?

La nueva pascua

La noche antes de morir, Jesús celebró la
última Cena con sus amigos. El estaba a punto
de empezar su pascua: su paso de la muerte a la
vida, que es eterna. Como cristianos
compartimos esta nueva vida de Jesús por el
Bautismo. Por medio del agua del Bautismo y
el poder del Espíritu Santo, participamos de la
muerte y resurrección de Jesús.

Triduo Pascual

Todos los años la Iglesia recuerda y entra en la
muerte y resurrección de Jesús durante tres
días muy especiales. Llamamos a esos días el
Triduo Pascual. El Triduo se inicia el Jueves
Santo con la misa de la cena del Señor. Ese día
recordamos que Jesús se ofreció a sí mismo en
la Eucaristía. Recordamos que Jesús escogió a
los apóstoles para servir a la Iglesia. También
recordamos el inicio de la ordenación
sacerdotal. El Jueves Santo, el sacerdote lava los
pies a algunos miembros de la comunidad.
Recordamos que Jesús hizo lo mismo en la
última Cena y nos dijo: "Les he dado ejemplo,
para que hagan lo mismo que yo hice con
ustedes" (Juan 13:15).

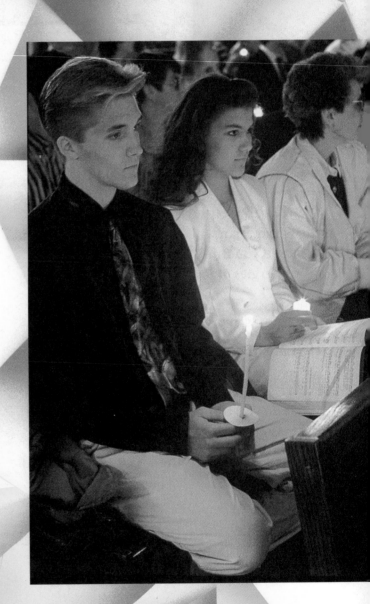

The New Passover

On the night before he died, Jesus celebrated the Last Supper with his friends. He was about to begin the new Passover: his passing over from death to life, which lasts forever. As Christians we share in this new life of Jesus by our Baptism. By the waters of Baptism and the power of the Holy Spirit, we share in the death and resurrection of Jesus.

The Easter Triduum

Each year the Church remembers and enters into the death and resurrection of Jesus during three very special days. We call these days the Easter Triduum. The Triduum begins on Holy Thursday with the Mass of the Lord's Supper. On this day we remember that Jesus gave us the gift of himself in the Eucharist. We remember that Jesus chose his apostles to be servants of the Church. We also remember the beginning of the ordained priesthood. On Holy Thursday, the priest washes the feet of members of our community. We remember that Jesus did this at the Last Supper and told us, "I have given you a model to follow, so that as I have done for you, you should also do" (John 13:15).

La misa de la tarde del Jueves Santo es una ocasión de júbilo. Al final de la misa, el sacerdote toma el Santísimo Sacramento, que generalmente se mantiene en el tabernáculo, y lo pone en un altar especial. El altar mayor queda limpio.

El Viernes Santo recordamos la muerte de Jesús. En la tarde nos reunimos a escuchar, del evangelio, la historia de su pasión y muerte. Mostramos especial honor y respeto a la cruz, el signo de nuestra salvación. Recibimos la comunión, que ha sido mantenida en el altar especial. Recordamos que por amor por nosotros Jesús murió en la cruz y fue sepultado.

En Sábado Santo nos reunimos para la Vigilia Pascual. Esta vigilia consta de cuatro partes: bendición del fuego, Liturgia de la Palabra, liturgia bautismal y Liturgia Eucarística.

Durante la bendición del fuego, se bendice el fuego y el cirio pascual se lleva en procesión por la Iglesia obscura. Cristo es la Luz del Mundo, quien ha vencido las tinieblas del pecado y la muerte.

Durante la Liturgia de la Palabra escuchamos las lecturas del Antiguo y el Nuevo Testamento que nos dicen acerca del eterno amor de Dios.

En la liturgia del bautismo se da la bienvenida a los que han sido preparados para ser bautizados, son bautizados y acogidos por la asamblea para pertenecer a la Iglesia, el cuerpo de Cristo. Ahora comparten la nueva vida que Jesús nos dio por medio de su resurrección. Todos los presentes renuevan sus promesas bautismales.

La conclusión de la Vigilia Pascual es la celebración de la Eucaristía. La fiesta más solemne que la Iglesia celebra es la fiesta de Pascua de Resurrección. En esta fiesta celebramos la resurrección de Jesús. Proclamamos de nuevo: "¡Es verdad! El Señor resucitó" (Lucas 24:34). El Triduo Pascual concluye con las oraciones de la tarde, el Domingo de Resurrección.

ACERCANDOTE A LA FE

Explica lo que pasa durante el Triduo Pascual.

¿Cómo participarás este año?

Explica a un compañero lo que la Pascua de Resurrección significa para ti.

The evening Mass of Holy Thursday is a joyful celebration. At the end of Mass, the priest takes the Blessed Sacrament, which is usually kept in the tabernacle, and puts it on a special altar of repose. The main altar is stripped bare.

On Good Friday, we remember the death of Jesus. In the afternoon, we come together to listen to the gospel story of his passion and death. We show special honor and respect to the cross, the sign of our salvation. We receive Communion, which has been kept on the altar of repose. We remember that out of love for us Jesus died on the cross and was buried in the tomb.

On Holy Saturday night, we come together for the Easter Vigil. There are four parts to the Easter Vigil: the service of light; the Liturgy of the Word; the liturgy of baptism; and the Liturgy of the Eucharist.

During the service of light, fire is blessed and the paschal candle is carried into the dark church. Christ is the Light of the World, who has overcome the darkness of sin and death.

During the Liturgy of the Word, we listen to readings from the Old and New Testaments that tell us about God's everlasting love.

In the liturgy of baptism, people who have been preparing to be baptized are called forward. They are baptized and are welcomed by the assembly into the Church, the body of Christ. They now share in the new life Jesus gives us through his resurrection. All present renew the promises made at Baptism.

The conclusion of the Easter vigil is the celebration of the Eucharist. The holiest feast that the Church celebrates is the feast of Easter. On Easter we celebrate Jesus' resurrection from the dead. We proclaim again, "The Lord has truly been raised" (Luke 24:34). The Easter Triduum concludes with evening prayer on Easter Sunday.

COMING TO FAITH

Tell what happens during the Easter Triduum.

How will you take part this year?

With a partner explain in your own words what Easter means to you.

Viviendo la Fe

Servicio de oración para la Pascua de Resurrección

Coloque una vela donde todos puedan verla.

Guía: Cristo nuestra luz.

Todos: Gracias a Dios.

Guía: Rogocíjense, poderes celestiales, canten coros de ángeles, exalte toda la creación alrededor del trono de Dios. Jesucristo, nuestro Rey, ha resucitado, toquen las trompetas de salvación.

(El guía toma una taza con agua bendita y rocía el aula).

Guía: Apreciados amigos, por el misterio pascual hemos sido enterrados con Cristo en el Bautismo, para que podamos resucitar con él a una nueva vida. Ahora que hemos completado nuestras observaciones de cuaresma, vamos a renovar nuestras promesas bautismales.

Guía: ¿Renuncian a Satanás para vivir la libertad de los hijos de Dios?

Todos: Renunciamos.

Guía: Renuncian a las pompas del demonio y rechazan el dominio del pecado?

Todos: Renunciamos.

Guía: ¿Renuncian a Satanás, padre del pecado y príncipe de las tinieblas?

Todos: Renunciamos.

Guía: ¿Creen en Dios, el Padre todopoderoso, creador del cielo y de la tierra?

Todos: Creemos.

Guía: ¿Creen en Jesucristo, Hijo único de Dios, nuestro Señor, que nació de Santa María la Virgen, fue crucificado, muerto y sepultado, resucitó de la muerte y está sentado a la derecha del Padre?

Todos: Creemos.

Guía: ¿Creen en el Espíritu Santo, la santa Iglesia católica, la comunión de los santos, el perdón de los pecados, la resurrección de los muertos y la vida eterna?

Todos: Creemos.

(El guía rocía a todos con agua bendita)

Canten un aleluya.

PRACTICING FAITH

An Easter Prayer Service

Place a Christ candle where it can be seen by all.

Leader: Christ our Light.

All: Thanks be to God.

Leader: Rejoice, heavenly powers! Sing, choirs of angels! Exult, all creation around God's throne! Jesus Christ, Our King, is risen! Sound the trumpet of salvation!

(The leader takes a bowl of holy water and a water sprinkler to the front of the room).

Leader: Dear friends, through the paschal mystery we have been buried with Christ in Baptism, so that we may rise with him to a new life. Now that we have completed our lenten observance, let us renew the promises we made in Baptism.

Leader: Do you reject sin, so as to live in the freedom of God's children?

All: I do.

Leader: Do you reject the glamour of evil, and refuse to be mastered by sin?

All: I do.

Leader: Do you reject Satan, father of sin and prince of darkness?

All: I do.

Leader: Do you believe in God, the Father almighty, creator of heaven and earth?

All: I do.

Leader: Do you believe in Jesus Christ, God's only Son, our Lord, who was born of the Virgin Mary, was crucified, died, and was buried, rose from the dead, and is now seated at the right hand of the Father?

All: I do.

Leader: Do you believe in the Holy Spirit, the holy catholic Church, the communion of saints, the forgiveness of sins, the resurrection of the body, and life everlasting?

All: I do.

(The leader sprinkles everyone with blessed water).

Sing an Easter alleluia.

REPASO

Completa.

1. El _____ recordamos que Jesús nos dio el regalo de sí

   mismo en la Eucaristía.

2. Durante el _____ nos reunimos para la bendición del fuego.

3. El _____ recordamos el sufrimiento y muerte de Jesús.

4. El _____ celebramos la resurrección de Jesús.

5. ¿Por qué la Iglesia considera el Domingo de Resurrección como la fiesta

   más importante del año?

   _____

   _____

   _____

FE VIVA EN EL HOGAR Y EN LA PARROQUIA

En este capítulo los niños fueron introducidos más profundamente al tiempo más importante del año litúrgico: el Triduo Pascual. Este tiempo empieza con la misa de la Cena del Señor el Jueves Santo y concluye con las oraciones de la tarde del Domingo de Resurrección. La Iglesia celebra con gran gozo la resurrección del Señor. El Sábado Santo en la noche durante la Vigilia Pascual, cantamos el gran aleluya. Cristo ha resucitado. Nuestra esperanza está segura.

La experiencia y el gozo de la Pascua es tan importante para la fe cristiana que la Iglesia continúa celebrando durante todo el tiempo de Pascua. El tiempo dura cincuenta días y termina el Domingo de Pentecostés. Durante este tiempo, los que fueron bautizados el día de Pascua intensifican sus esfuerzos de vivir el significado del Bautismo. Podemos unirnos a ellos en oración y pedir a Dios que nos ayude a profundizar nuestro compromiso de vivir como discípulos de Jesús. Que maravilloso será cuando podamos decir de cada comunidad parroquial: "Ellos son personas de pascua".

Resumen de la fe

- La Iglesia celebra el sufrimiento, muerte y resurrección de Jesús durante el Triduo Pascual.

- Por el agua del Bautismo y el poder del Espíritu Santo, participamos de la muerte y resurrección de Jesucristo.

- La fiesta de Pascua de Resurrección es la más solemne de las fiestas del año de la Iglesia.

REVIEW · TEST

Complete each statement below.

1. On _____ we remember that Jesus gave us

the gift of himself in the Eucharist.

2. During the _____ we come together for the Service of Light.

3. On _____ we remember the suffering and death of Jesus.

4. On _____ we celebrate Jesus' resurrection from the dead.

5. Why does the Church consider Easter to be the holiest feast of the year?

_____

_____

_____

FAITH ALIVE AT HOME AND IN THE PARISH

In this chapter your sixth grader was given a deeper understanding of the most important time of the liturgical year: the Easter Triduum. This season begins with the Evening Mass of the Lord's Supper on Holy Thursday and concludes with Evening Prayer on Easter Sunday. The Church celebrates with great joy the resurrection of the Lord. On Holy Saturday night during the Easter Vigil, we sing again the great alleluia. Christ is risen! Our hope is secure.

The experience and joy of Easter is so central to our Christian faith that the Church continues to celebrate during the entire season of Easter. This season lasts for fifty days, concluding on Pentecost Sunday. During this time, those who were baptized at Easter intensify their efforts to live out the meaning of their Baptism. We can join with them in prayer and ask God to deepen our commitment to living as disciples of Jesus. How wonderful it will be when we can say of every parish community, "They are an Easter people."

Faith Summary

- The Church celebrates the suffering, death, and resurrection of Jesus during the Easter Triduum.

- By the waters of Baptism and the power of the Holy Spirit, we share in the death and resurrection of Jesus Christ.

- The feast of Easter is the holiest feast of the Church year.

22 ✞ Los tiempos del Nuevo Testamento

Jesús, te seguiremos sin preguntar.

NUESTRA VIDA

Estaba atardeciendo y algunos de los pescadores empezaban su trabajo de la noche. Simón y su hermano Andrés tiraban sus redes en las orillas del Mar de Galilea. Esperaban tener una rica pesca.

Zebedeo y sus hijos Santiago y Juan estaban en su bote preparando sus pesadas redes barrederas y asegurándose de tener suficientes teas para atraer los peces.

Un extraño que caminaba por la orilla llamó a los pescadores: "Síganme y les haré pescadores de hombres".

Era Jesús. Y ellos fueron con él.

Basado en Mateo 4:18–22

¿Por qué crees que los pescadores siguieron a Jesús? ¿Qué crees que ellos buscaban o esperaban?

¿Qué buscas o esperas cuando sigues a Jesús?

COMPARTIENDO LA VIDA

Imagina que eres un fiel judío que vive en Palestina en el año 30 d. C. Tu tierra está ocupada por invasores. Estás oprimido. No eres libre. Cumples las leyes de Dios, pero significan algo diferente. Hay preguntas religiosas, inquietud política y descontento social.

Dios había prometido muchos siglos atrás enviarles a un Salvador, un Mesías. ¿Era este el tiempo? ¿Qué haría el Mesías? ¿Cómo sería? ¿De qué nos salvaría? Compartan sus ideas.

Jesus, we will follow you— no questions asked.

Our Life

It was evening and some of the fishermen had already started their night's work. Simon and his brother Andrew cast their nets out from the shore of Lake Galilee. They were hoping for a rich haul of fish.

Zebedee and his sons James and John were in their boat getting their heavy dragnets ready and making sure that they had enough torches to lure the fish.

A stranger walking along the shore called out to the fishermen, "Come after me, and I will make you fishers of men."

His name was Jesus. And they went with him.

Based on Matthew 4:18–22

Why do you think these fishermen left all to follow Jesus? What do you think they were looking for? hoping for?

What are you looking and hoping for when you follow Jesus?

Sharing Life

Imagine that you are faithful Jews living in Palestine in A.D. 30. Your land is occupied by invaders. You are oppressed. You are not free. You keep God's law, but there are differences in what this means. There are religious questions, political unrest, and social discontent.

Centuries ago God promised to send you a Savior, a Messiah. Is this the time? What will the Messiah do? What will the Messiah be like? From what will the Messiah save us? Share your ideas.

Jesús y su tiempo

Para entender a Jesús es importante saber acerca del tiempo y la sociedad en la que nació y vivió.

Jesús nació de una familia judía en Palestina. Palestina estaba dividida en pequeñas áreas llamadas provincias. Las provincias de las que escuchamos hablar más a menudo son Galilea, Samaria y Judá.

Muchos grupos de personas se habían asentado en Palestina porque ahí se cruzaban las grandes civilizaciones. Romanos, sirios, egipcios, persas, babilonios, griegos y muchos otros se habían establecido ahí. Por esta razón, los judíos tenían que compartir su tierra con muchas personas diferentes.

La comunidad judía

Saber cómo era el pueblo judío en tiempos de Jesús nos ayuda. Era el pueblo escogido de Dios. Creían en un solo Dios y cumplían la ley que Dios les había dado. En el tiempo de Jesús los judíos estaban divididos en relación a la forma en que debían practicar la religión. Los grupos principales eran los fariseos, los saduceos y los esenianos.

Los fariseos eran laicos educados que estudiaban la Ley de Moisés y trataban de vivirla exactamente. La palabra *fariseo* significa "separados". Los fariseos evitaban tener contacto con los judíos que no observaban la ley como ellos. Los fariseos no cooperaban con los romanos ni con ningún otro extranjero.

Al tratar de vivir la alianza, los fariseos trataban de cumplir pequeños detalles de la ley. Al hacer eso algunos olvidaron el verdadero espíritu de la ley que Dios había dado a Moisés. Esta estricta actitud de los fariseos era lo que Jesús criticaba.

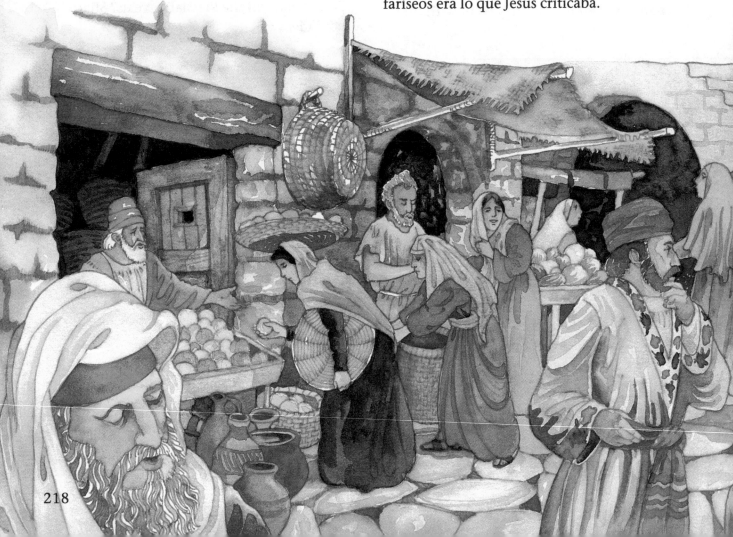

Jesus and His Times

To understand Jesus, it is important for us to know about the times and the society in which he was born and lived.

Jesus was born into a Jewish family in Palestine. Palestine was divided into smaller areas called provinces. The provinces that we read about most often in the life of Jesus are Galilee, Samaria, and Judaea.

Many groups of people had settled in Palestine because it was at the crossroads of great civilizations. Romans, Syrians, Egyptians, Persians, Babylonians, Greeks, and many others had settled there. Because of this, the Jews had to share their homeland with many different people.

The Jewish Community

It is helpful for us to know about the Jewish people at the time of Jesus. They were God's chosen people. They were to believe in the one God and live the law that God had given them. But by the time of Jesus, the Jews were divided over the way to practice their religion. The main groups were the Pharisees, the Sadducees, and the Essenes.

The Pharisees were scholarly lay people who studied the Law of Moses and sincerely tried to live it exactly. The word *pharisee* means "separated one." Pharisees avoided having contact with Jews who did not observe the law as they did. The Pharisees would not cooperate with their Roman rulers or any other foreigners.

In trying to live the covenant, the Pharisees tried to keep the smallest details of the law, or the "letter" of the law. In doing so, some forgot the true spirit of the law as God had given it to Moses. It was this overly strict attitude of the Pharisees that Jesus criticized.

Los saduceos eran los principales críticos de los fariseos. La mayoría de los saduceos eran sacerdotes o miembros de la realeza de Jerusalén. Ellos cooperaban con los romanos y con otros extranjeros. Al practicar la religión reforzaban la importancia del culto y los ritos en el Templo. Jesús también rechazó las enseñanzas de los saduceos.

Los escribas eran maestros. Ellos podían ser fariseos o saduceos. Jesús aprendió de los escribas y ellos con frecuencia lo retaban cuando él daba un significado nuevo a la Escritura. Cuando Jesús tenía sólo doce años, María y José lo encontraron en el Templo: "Sentado en medio de los maestros de la Ley, escuchándoles y haciéndoles preguntas" (Lucas 2:46).

Los esenianos tenían muchas creencias en común con los fariseos. Se parecían a las primeras comunidades cristianas. Vivían juntos y compartían todas las pertenencias.

Jesús era judío. El trató de mostrar a todos los grupos como Dios quería que ellos realmente vivieran la alianza que él había hecho con

VOCABULARIO

Los **escribas** eran maestros expertos en la Ley de Moisés y las tradiciones de la religión judía.

Moisés y los israelitas. Muchos de los judíos no querían creer en él. Todavía hoy existen diferencias entre los cristianos y los judíos, la Iglesia nos recuerda respetar y amar a los hermanos judíos. Ellos siguen siendo el pueblo escogido de Dios.

Desde el tiempo de Jesús, ha habido personas que tienen sus propias ideas acerca de la forma en que Jesús quiere que vivamos la buena nueva que predicó. Pero a través de los siglos los papas, obispos, maestros y sabios de nuestra Iglesia—así como la fe de personas ordinarias como nosotros—nos ha guiado en la búsqueda del verdadero significado de las enseñanzas de Jesús. Si queremos ser verdaderos discípulos de Jesús, debemos estudiar el evangelio y las enseñanzas de la Iglesia. Rezar diariamente pidiendo a Dios y al Espíritu Santo que nos ayuden a creer y a vivir lo que Jesús nos enseñó.

The Sadducees were the chief critics of the Pharisees. Most of the Sadducees were either priests or members of the Jerusalem royalty. They cooperated with the Romans and other foreigners. In the practice of their religion they stressed the importance of Temple worship and rituals. Jesus also challenged the teachings of the Sadducees.

Scribes were teachers. They could be either Pharisees or Sadducees. Jesus learned from the scribes, and they often challenged him when he brought new meaning to the Scriptures. When Jesus was only twelve years old, Mary and Joseph found him in the Temple "sitting in the midst of the teachers, listening to them and asking them questions" (Luke 2:46).

The Essenes held many beliefs in common with the Pharisees. They were like later Christian religious communities. They lived together and owned everything in common.

The **scribes** were Jewish teachers who were experts in the Law of Moses and the traditions of the Jewish religion.

Jesus himself was a Jew. He tried to show all of these groups how God really meant for them to live the covenant that God had made with Moses and the Israelites. But many of Jesus' fellow Jews were unwilling to believe him. Today, even though there continue to be differences between Christians and Jews, the Church reminds us to respect and love our Jewish brothers and sisters. They are still God's chosen people.

Since Jesus' time, there have always been people who have their own ideas about the way Jesus wants us to live the good news he preached. But over the centuries the popes, bishops, teachers, and scholars of our Church—as well as the faith of common people like ourselves—have guided us in the search for the true meaning of Jesus' teachings. If we are to be true disciples of Jesus, we must study the gospels and the teachings of the Church well. We pray daily that God the Holy Spirit will help us to believe and live what Jesus taught us.

221

ACERCANDOTE A LA FE

Nombra tres grupos diferentes de la comunidad judía durante los tiempos de Jesús. ¿En qué se diferenciaban? Explica por qué Jesús criticó a los fariseos.

¿Qué quiso decir Jesús con vivir el espíritu de la ley no sólo la "letra"?

¿Cómo el saber como se vivía en los tiempos de Jesús nos ayuda a entenderle mejor?

VIVIENDO LA FE

† Párense alrededor de la Biblia. Con reverencia alguien la abre al principio del Nuevo Testamento, el Evangelio de Mateo. Coloquen la Biblia en un lugar de honor.

Lector 1: (Leer Mateo 4:18–22 en la página 216).

Todos: Tu nombre es Jesús y te seguiremos.

Compartan lo que significa para ustedes ser un verdadero discípulo de Jesús. Escojan algo que harán hoy que muestre que son sus discípulos.

Habla con Jesús acerca de tu vida actual. ¿Qué es bueno? ¿Qué es difícil? ¿Qué ayuda necesitas?

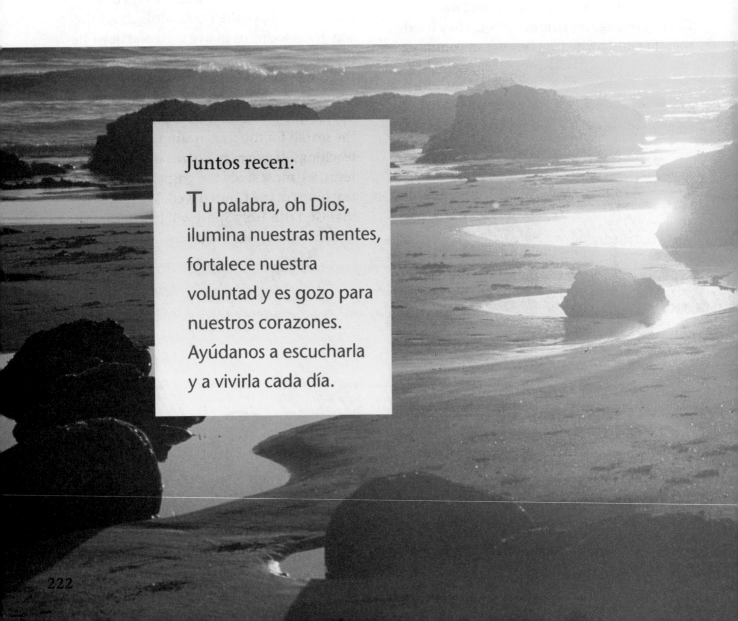

Juntos recen:

Tu palabra, oh Dios, ilumina nuestras mentes, fortalece nuestra voluntad y es gozo para nuestros corazones. Ayúdanos a escucharla y a vivirla cada día.

Coming To Faith

Name three different groups in the Jewish community during the time of Jesus. How were these groups different? Tell why Jesus criticized some Pharisees.

What did Jesus mean about living the spirit of the law instead of just the "letter" of the law?

How can knowing about the world of Jesus' time help us to understand him better?

Practicing Faith

† Stand together around the Bible. Have someone reverently open it to the beginning of the New Testament, the Gospel of Matthew. Place the open Bible in a place of honor.

Reader 1: (Read Matthew 4:18–22 from page 217.)

All: Your name is Jesus. And we will follow you.

Share together what it means to you to be a true disciple of Jesus. Choose something to do today that will show you are his disciples.

Tell Jesus about your life right now. What is good? What is difficult? What help do you need?

Now pray together:

Your word, O God,
gives light to our minds,
strength to our wills,
joy to our hearts.
Help us to hear it and
live it every day.

REPASO

Llena los espacios en blanco con la palabra correcta.

fariseos   sociedad   maestros   saduceos   Ley de Moisés   escribas

1. Tres grupos de la comunidad judía en tiempos de Jesús fueron los esenianos,

_____ y los _____.

2. Los fariseos eran laicos educados que estudiaron la _____ y sinceramente trataban de vivirla exactamente.

3. Los escribas eran _____.

4. Para entender a Jesús es importante que aprendamos sobre los tiempos y la _____ en que él vivió.

5. Explica algo que aprendiste en esta lección y cómo afecta tu forma de pensar acerca de Jesús. ¿Por qué?

_____

_____

FE VIVA

EN EL HOGAR Y EN LA PARROQUIA

En esta lección los niños aprendieron acerca del mundo en los tiempos de Jesús. Para el pueblo Judío de ese tiempo—igual que hoy—el sabbat era uno de los días más importantes de la semana. Desde el atardecer del viernes hasta el atardecer del sábado, todo trabajo era suspendido en los pueblos judíos en toda Palestina. Este era el día especial en que ellos recordaban que Dios estaba primero en sus vidas y que dependían de Dios para todo. Muchos fieles judíos hoy siguen observando las tradiciones del sabbat.

Como cristianos hemos heredado, de nuestros hermanos judíos, la rica tradición de observar el sabbat. Al igual que ellos también tenemos tiempo especial para recordar la presencia de Dios y lo que Dios ha hecho por nosotros.

Celebramos el domingo como nuestro sabbat, porque Jesús resucitó de la muerte un domingo y también el Espíritu Santo vino a los primeros cristianos un domingo. Adviento, Navidad, Cuaresma, Triduo Pascual, Pascua, el Tiempo Ordinario y las muchas fiestas para celebrar a María y a los santos son tiempos especiales para celebrar nuestra fe.

Resumen de la fe

- Los fariseos, saduceos, y los esenianos eran grupos de la comunidad judía en los tiempos de Jesús.

- Los verdaderos discípulos de Jesús rezan y estudian el evangelio y las enseñanzas de la Iglesia.

- Saber sobre los tiempos de Jesús nos ayuda a ser mejores discípulos.

REVIEW ■ TEST

Choose the correct term from the list below.

Pharisees   society   teachers   Sadducees   Law of Moses   scribes

1. Three groups of the Jewish community during Jesus' time were Essenes,

_____, and _____.

2. The Pharisees were scholarly lay people who studied the _____ and sincerely tried to live it exactly.

3. The scribes were _____.

4. To understand Jesus, it is important for us to know about his times and _____.

5. Tell one thing you learned in this lesson that will affect the way you think about Jesus. Why?

_____

_____

_____

_____

FAITH ALIVE AT HOME AND IN THE PARISH

In this lesson your sixth grader was introduced to the world of Jesus' time. For the Jewish people of the time—as is still true today — the Sabbath was the most important day of the week. From sunset every Friday until sunset on Saturday, all work was put aside in Jewish towns throughout Palestine. This was their special day for remembering that God must come first in their lives and that they depended on God for everything. Many faithful Jews today still observe the traditions of the Sabbath.

We Christians have inherited the rich tradition of the Sabbath observance from our Jewish brothers and sisters. Like them we also have special times to remember God's presence and what God has done for us. We celebrate Sunday as our Sabbath, because on Sunday Jesus rose from the dead, and the Holy Spirit came to the first Christians on that day. Advent, Christmas, Lent, Easter Triduum, Easter, Ordinary Time, and the many feast days of Mary and the saints are special times for celebrating our faith.

How can you and your family renew your practice of keeping the Sabbath holy through prayer and rest?

Faith Summary

- The Pharisees, Sadducees, and Essenes were groups in the Jewish community of Jesus' time.

- True disciples of Jesus pray and study well the gospels and the teachings of the Church.

- Knowing about the time of Jesus helps us to be better disciples.

Dios, tu espíritu está sobre nosotros. Tú nos llamas para llevar la buena nueva a los pobres.

Nuestra Vida

Los jóvenes de un barrio pobre de la parroquia estaban enojados. "Cada vez que un muchacho está en problemas lo ponen en el periódico", dijo Daniel. "Nunca hablan de las cosas buenas que estamos haciendo", agregó Pedro.

El director estaba de acuerdo. Invitó a Daniel, a Pedro y a otros niños a formar un grupo "Publiquemos las buenas noticias". Su trabajo es llevar a los editores de los periódicos locales una lista de ideas para historias.

Durante la primera reunión, el grupo llevó diez ejemplos de personas de su edad organizadas en contra de la violencia, del racismo, que dicen no a las drogas, que apoyan cocinas populares y que ayudan a niños con impedimentos físicos a hacer sus tareas.

¿Estás de acuerdo en que se reportan pocas buenas noticias acerca de los jóvenes? ¿Qué buenas noticias quieres compartir?

¿Cómo estás participando en hacer o comunicar buenas noticias?

Compartiendo la Vida

Hablen acerca de algunos de los problemas que enfrentan en su mundo. Escríbanlos donde puedan verlos. ¿Cuáles son los más importantes?

Luego discutan: ¿cómo creen que Jesús quiere que ataquen esos problemas?

¿Cómo pueden tú y tus amigos tener el valor de hacer lo que se necesita para resolver esos problemas?

God, your Spirit is upon us. You call us to bring good news to the poor.

Our Life

Young people at one inner-city parish were angry. "Every time kids get in trouble, they put it in the newspaper," said Danny. "But they never tell about the good things we're doing," added Kim.

The director agreed. She invited Danny, Kim, and several others to form a "Get Out the Good News" group. Their job was to contact a local newspaper editor with a list of story ideas.

At their first meeting, the group came up with ten examples of people their age organizing against violence and racism, saying no to drugs, supporting a local soup kitchen, and tutoring children with special needs.

Do you agree that too little good news about young people is reported? What good news would you share?

How are you involved in making or communicating good news?

Sharing Life

Talk together about some of the problems that face you in your world. List them where all can see. Which are more important?

Then discuss: How do you imagine Jesus would want you to tackle these problems?

How can you and your friends have the courage to do what needs to be done about these problems?

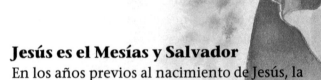

Jesús es el Mesías y Salvador

En los años previos al nacimiento de Jesús, la esperanza más sentida del pueblo de Dios era la venida del Mesías. Muchos pensaron que él liberaría a los judíos de los romanos y nuevamente les daría su libertad.

Pero Jesús fue un Mesías diferente. El vino a proclamar el reino de Dios. Un día, al principio de su ministerio, Jesús fue a la sinagoga en Nazaret, su pueblo, y explicó que tipo de Mesías era. El desenrolló el rollo del profeta Isaías, y leyó este texto:

"El Espíritu del Señor está sobre mí. El me ha ungido para traer buena nueva a los pobres, para anunciar a los cautivos su libertad y a los ciegos que pronto van a ver. A despedir libres a los oprimidos y aproclamar el año de la gracia del señor".

Luego Jesús enrolló el rollo y dijo: "Hoy se cumplen estas profecías que acaban de escuchar".

Basado en Lucas 4:18–21

La Ley del Amor

El reino de Dios es la vida y el amor de Dios hechos visibles en Jesús, la Iglesia y en todo el que hace la voluntad de Dios. La misión de Jesús fue traer a cumplimiento el reino de Dios y enseñarnos cómo aceptar la voluntad de Dios en nuestras vidas. Jesús nos dijo que debemos participar del reino de Dios viviendo la Ley del Amor, la mayor de las leyes del reino de Dios: "Amarás al Señor, tu Dios, con todo tu corazón, con toda tu alma, con toda tu fuerza y con todo tu espíritu; y a tu prójimo como a ti mismo" (Lucas 10:27). Jesús escogió estas dos leyes entre todas las leyes de los judíos y las señaló como las más importantes.

Jesus the Messiah and Savior

In the years before the birth of Jesus, the deepest hope of God's people was for the coming of the Messiah. Many thought that he would free the Jews from their Roman rulers and set them free once again.

But Jesus would be a different kind of Messiah. He came to proclaim the reign of God. One Sabbath, at the beginning of his ministry, Jesus went to the synagogue at Nazareth, his hometown and explained what kind of Messiah he was. He unrolled the scroll of the prophet Isaiah, found this text, and read it:

The Spirit of the Lord is upon me,
    because he has anointed me
        to bring glad tidings to the poor.

He has sent me to proclaim liberty to captives
    and recovery of sight to the blind,
        to let the oppressed go free,
and to proclaim a year acceptable to the Lord.

Then Jesus quietly rolled up the scroll and said, "Today this scripture passage is fufilled in your hearing."

Based on Luke 4:18–21

The Law of Love

The reign of God is God's life and love made visible in Jesus, the Church, and everyone who does God's will. Jesus' mission was to bring to fulfillment the reign of God and to teach us how to do God's loving will in our lives. Jesus told us that we can be a part of the reign of God by living the Law of Love, the greatest law of God's reign: "You shall love the Lord, your God, with all your heart, with all your being, with all your strength, and with all your mind, and your neighbor as yourself" (Luke 10:27). Jesus chose these two laws from all the laws of the Jewish people and named them as the most important.

Jesús contó la parábola del buen samaritano para explicar lo que significa vivir la Ley del Amor.

Un hombre se dirigía de Jerusalén a Jericó cuando unos ladrones le atacaron, lo dejaron medio muerto. Un sacerdote y un levita le pasaron por el lado, pero un samaritano se acercó al hombre y cuando lo vio se compadeció. Puso al hombre sobre su burro y lo llevó hasta una posada, donde cuidó de él.

Después de contar la historia Jesús preguntó: "¿Cuál de estos tres se portó como prójimo del hombre que cayó en manos de los salteadores?" El contestó: "El que se mostró compasivo en él". Y Jesús le dijo: "Vete y haz tú lo mismo".

Basado en Lucas 10:29–37

Aprendemos de esta parábola que el amor es el signo de los discípulos de Jesús. El dijo a sus discípulos: "Así reconocerán todos que ustedes son mis discípulos: si se tienen amor unos a otros" (Juan 13:35). Jesús espera que mostremos nuestro amor por otros, como lo hizo el buen samaritano.

El poder del amor de Dios

Una forma de Jesús mostrar el poder del amor de Dios en nuestro mundo fue por medio de los milagros que hizo. Los milagros fueron signos del poder de Dios trabajando en Jesús. El usó esos signos para mostrar que él podía llevar gran esperanza al pueblo. Jesús curó a los enfermos, a los cojos, a los ciegos. La gente empezó a reconocer que él era verdaderamente divino al igual que humano.

Un día Jesús hizo el milagro de dar de comer a una gran cantidad de personas que no había comido en todo el día. El tomó cinco panes y dos peces. Después de dar gracias a Dios, lo dio a sus discípulos y ellos lo dieron a la multitud. Cuando todos hubieron comido cuanto quisieron, sobraron doce canastas.

Basado en Marcos 6:34–44

VOCABULARIO

Parábolas son historias que contaba Jesús para ayudar al pueblo a entender las verdades espirituales.

Jesús quería enseñar a sus discípulos que debían preocuparse especialmente de los que tenían hambre. Este milagro también puede ayudarte a pensar sobre el poder del amor de Dios. Este poder puede cambiar algo pequeño que haces por Jesús en una acción que pueda alimentar las mentes y los corazones de muchas otras personas que te ven y escuchan.

Jesús sana la suegra de Pedro

Jesus told the parable of the Good Samaritan to explain what it means to live the Law of Love.

There was once a man who was going from Jerusalem to Jericho, when robbers attacked him, leaving him half dead. A priest and a Levite walked by him. But a Samaritan came upon the man, and when he saw him, his heart was filled with pity. He put the man on his own animal and took him to an inn, where he took care of him.

After Jesus told the story, he asked, "Which of these three, in your opinion, was neighbor to the robbers' victim?" The answer came, "The one who treated him with mercy." Then Jesus said, "Go and do likewise."

Based on Luke 10:29–37

Jesus cures Peter's mother-in-law

FAITH WORD

Parables are stories Jesus used to help people understand spiritual truths.

From the parable we learn that love is the sign of Jesus' disciples. Jesus told his disciples, "This is how all will know that you are my disciples, if you have love for one another" (John 13:35). Jesus expects us to go out of our way to show our love for others, as the Good Samaritan did.

God's Loving Power

One way that Jesus showed God's loving power over our world was through the miracles he performed. Miracles were signs of divine power working in Jesus. He used these signs to show that he could bring about people's greatest hopes. Jesus cured the sick, the lame, and the blind. People began to recognize that he was truly divine as well as human.

One day Jesus worked a miracle to feed a huge crowd of people who had not eaten all day. He took five loaves of bread and two fish. After thanking God, he handed the food to his disciples and told them to feed all the people. When everyone had eaten all they could, there were still twelve baskets of food left over.

Based on Mark 6:34–44

Jesus wanted to teach his disciples to have a special care for the hungry. This miracle also should help you to think about God's loving power. It can change something small that you do for Jesus into an action that can feed the minds and hearts of many other people who see and hear you.

ACERCANDOTE A LA FE

Imaginas que escuchas a Jesús predicar acerca del reino de Dios en una ciudad cercana. Escribe una carta corta a Jesús contando las grandes esperanzas que tienes para tu familia, tu vecindario y el mundo.

Querido Jesús:

_____

_____

_____

_____

En ti espero,

_____

Ahora escribe lo que crees que Jesús te contestará.

Querido _____,

_____

_____

_____

_____

Con cariños,

Jesús

VIVIENDO LA FE

Túrnense para compartir sus cartas a Jesús y la respuesta. Juntos planifiquen lo que harán esta semana para proclamar el reino de Dios.

En tu familia (esto puede mantenerse en secreto)

_____

_____

En la parroquia

_____

_____

En el vecindario

_____

_____

 Toma unos minutos para pedir a Jesús que te ayude a ser un mensajero de su buena nueva esta semana. Escribe en tu diario tus ideas.

Terminen rezando el Padre Nuestro.

COMING TO FAITH

Imagine you hear that Jesus is preaching the reign of God in a city nearby. Write Jesus a short letter telling him your greatest hopes for your family, neighborhood, and world.

Dear Jesus,

_____

_____

_____

_____

        Hopefully,

        _____

Now write what Jesus might answer you.

Dear _____,

_____

_____

_____

_____

        Lovingly,

        Jesus

PRACTICING FAITH

Take turns sharing your letters to Jesus and his answers. Plan together what you might do this week to help bring about God's reign.

In your family (this might be kept private)

_____

_____

In your parish

_____

_____

In your neighborhood

_____

_____

Take a few minutes to ask Jesus to help you be a bearer of his good news this week. Write your thoughts in your journal.

Close by praying the Our Father together.

REPASO

Encierra en un círculo la letra al lado de la respuesta correcta.

1. Son signos del poder de Dios obrando en Jesús.

   a. milagros.

   b. fábulas.

   c. formas literarias.

   d. historias cortas.

2. Las parábolas de Jesús nos retan a vivir

   a. los mandamientos.

   b. la voluntad de Dios.

   c. la Ley del Amor.

   d. todas las anteriores.

3. La misión de Jesús era

   a. anunciar el reino de Dios.

   b. mostrarnos cómo vivir el reino de Dios.

   c. escribir el evangelio.

   d. a y b son correctas.

4. Jesús enseñó que el mayor de los mandamientos del reino de Dios es

   a. el primer mandamiento.

   b. la ley acerca del sabbat.

   c. la Ley del Amor.

   d. la ley del ayuno.

5. ¿Que harás esta semana para seguir el ejemplo del buen samaritano?

_____

_____

FE VIVA

EN EL HOGAR Y EN LA PARROQUIA

En esta lección los niños aprendieron que el punto central de la misión de Jesús era llevar el reino de Dios. Jesús usó el símbolo del reino de Dios para resumir todo el evangelio y lo que significa para nosotros vivir la vida cristiana. Pida a su hijo leer a Lucas 4:18–21 y explicar lo que significa para nuestras vidas.

Hablen acerca de lo siguiente:
■ Cuando escuchamos las lecturas del evangelio en la misa, ¿tratamos de reflexionar en ellas para ver el mensaje que Jesús nos está enviando?

■ ¿Qué pequeña palabra o acción puede nuestra familia decir o hacer esta semana que pueda alimentar los corazones y mentes de otros?

■ ¿Pedimos a Jesús que nos ayude a vivir la Ley del Amor?

Resumen de la fe

- La misión de Jesús fue anunciar el reino de Dios y mostrarnos como vivirlo.

- Jesús usó parábolas para explicar el reino de Dios y obró milagros para mostrar que había empezado con él.

- Los milagros fueron signos del poder de Dios trabajando en Jesús.

REVIEW • TEST

Circle the letter beside the correct answer.

1. Signs of God's power working in Jesus are called

   a. miracles.

   b. fables.

   c. literary forms.

   d. short stories.

2. The parables of Jesus challenge us to live

   a. the commandments.

   b. God's will.

   c. the Law of Love.

   d. all of the above

3. Jesus' mission was to

   a. announce the reign of God.

   b. show us how to live for God's reign.

   c. both a and b

   d. write the gospel.

4. Jesus taught that the greatest law of God's reign is

   a. the first commandment.

   b. the law about the Sabbath.

   c. the Law of Love.

   d. the law of fasting.

5. What will you do this week to follow the example of the Good Samaritan?

_____

_____

FAITH ALIVE AT HOME AND IN THE PARISH

In this lesson your sixth grader learned that the primary focus of Jesus' mission was to bring about the reign of God. Jesus used the symbol of God's reign to summarize the whole gospel and what it means for us to live the Christian life. Ask your daughter or son to read Luke 4:18–21 to you and to explain what it means for our lives today.

Discuss the following:

■ *When we hear the gospels read at Mass, do we try to reflect on them to see what message Jesus is giving us?*

■ *What small word or action will our family say or do this week that will feed the hearts and minds of others?*

■ *Do we call upon Jesus to help us to live the Law of Love?*

Faith Summary

• Jesus' mission was to announce the reign of God and to show us how to live for it.

• Jesus used parables to explain the reign of God and worked miracles to show that it had begun in him.

• Miracles were signs of divine power working in Jesus.

Dios de amor, que podamos hacer tu voluntad en la tierra como en el cielo. Amén.

NUESTRA VIDA

Imagina, que todas las noches, durante una semana, aparece Jesús en un vídeo musical para jóvenes en la televisión. Cada noche él lleva un simple mensaje acerca de las formas en que los jóvenes pueden desafiar el mundo, vivir y trabajar por el reino de Dios.

Jesús cuenta historias cortas y ofrece ejemplos de nuestra vida diaria para llevar su mensaje. Cada noche inicia el programa diciendo: "Haz esto y serás feliz".

¿Qué mensaje escuchas a Jesús enviar a los jóvenes en tu vecindario?

¿Qué mensaje personal tiene para ti?

COMPARTIENDO LA VIDA

Formen dos grupos. Hablen acerca del mensaje que consideran más importante. Describan cómo, si ustedes fueran Jesús, podrían usar lo siguiente para comunicar su mensaje.

- música popular
- programas de televisión o vídeo
- computadoras

¿Cuál es hoy el mayor desafío para los jóvenes escuchar y seguir a Jesús?

Loving God, may we do your will on earth as in heaven. Amen.

Our Life

Imagine it. Each night for a week Jesus appears on a TV music video show for young people. Each night He delivers one simple message about the ways youth can change the world by living and working for the reign of God.

Jesus uses short stories and examples from everyday life in our time to get his message across. He signs off each night by saying, "Do this and you will be happy."

What message might you hear Jesus deliver to the young people of the United States?

What personal message would He have for you?

Sharing Life

Form two groups. Talk together about the message you consider most important. Describe how you, if you were Jesus, might use any of the following to communicate your chosen message.

- popular music
- TV shows or videos
- computers

What is the greatest challenge for young people today to hear and follow Jesus?

Las Bienaventuranzas

Aun cuando muchas personas no se sintieron atraídas por las enseñanzas de Jesús, algunos se hicieron sus discípulos. La gente encontró muy difícil seguirle. Ellos no querían vivir para otros todos los días. Jesús sabía que era difícil.

Así que dio ocho guías a sus discípulos para vivir como él pedía. Estas guías son llamadas las "Bienaventuranzas", o actitudes para la verdadera felicidad. Ellas nos enseñan el espíritu con el cual debemos vivir el reino de Dios. Las Bienaventuranzas son la primera parte del "Sermón de la Montaña" y se encuentran en Mateo 5:3–10.

—Bienaventurados los pobres de espíritu, porque de ellos es el reino de los cielos.

Ser pobre de espíritu es recordar que no debemos depender de las posesiones sino de Dios y su amor incondicional.

—Bienaventurados los mansos, porque ellos poseerán en herencia la tierra.

Ser humilde es darse cuenta de que nuestras habilidades vienen de Dios. Necesitamos usarlas para hacer bien a otros.

—Bienaventurados los que lloran, porque ellos serán consolados.

Llorar por los que están enfermos, muertos, en la pobreza, en la guerra o tratados injustamente.

—Bienaventurados los que tienen hambre y sed de justicia, porque ellos serán saciados.

Desear hacer lo que Dios quiere es velar por la justicia. Es trabajar por las buenas relaciones entre la gente y por la paz del mundo.

—Bienaventurados los misericordiosos, porque ellos alcanzarán misericordia.

Ser misericordioso es tener compasión por los necesitados y perdonar a los que nos han hecho daño.

—Bienaventurados los limpios de corazón, porque ellos verán a Dios.

Ser puro de corazón es poner a Dios primero en nuestras vidas y hacer lo que sabemos es correcto.

—Bienaventurados los que buscan la paz, porque ellos serán llamados hijos de Dios.

Buscar la paz es tratar siempre de reconciliarse o estar en paz con los demás, aun sean nuestros enemigos.

—Bienaventurados los perseguidos por causa de la justicia, porque de ellos es el reino de los cielos.

Ser perseguido por hacer lo que Dios pide es tener el valor de seguir el camino de Jesús, sin importar que nos castiguen o ridiculicen por vivir como Jesús vivió.

Ser perseguido por hacer lo que Dios pide es tener el valor de seguir el camino de Jesús, sin importar que nos castiguen o ridiculicen por vivir como Jesús vivió.

The Beatitudes

Although many people were attracted to Jesus' teaching, few became his true disciples. People found it hard to follow him. They did not want to live each day for others. Jesus knew how hard it was.

So he gave his disciples eight guidelines to live his way. These guidelines are called "Beatitudes," or attitudes for true happiness. They teach us the spirit in which we are to live for God's reign. The Beatitudes are the first part of the "Sermon on the Mount" and are found in Matthew 5:3–10.

— "Blessed are the poor in spirit,
  for theirs is the kingdom of heaven."

To be poor in spirit is to remember that we cannot depend on possessions, but only on God and his unfailing love.

— "Blessed are they who mourn,
  for they will be comforted."

To mourn is to be sad when we see people who are in pain because of sin, sickness, death, poverty, war, or injustice.

— "Blessed are the meek,
  for they will inherit the land."

To be humble is to realize that our abilities come from God. We need to use them to do good for others.

— "Blessed are they who hunger and thirst
    for righteousness,
  for they will be satisfied."

To desire to do what God requires is to see that justice is carried out. It is to work for good relationships between people and peace among nations.

— "Blessed are the merciful,
  for they will be shown mercy."

To be merciful is to have compassion on people in need and to forgive those who have injured us.

— "Blessed are the clean of heart,
  for they will see God."

To be pure in heart is to put God first in our lives and to do what we know is right.

— "Blessed are the peacemakers,
  for they will be called children of God."

To be a peacemaker is to try always to be reconciled or at peace with others, even if they are our enemies.

—"Blessed are they who are persecuted...
  for theirs is the kingdom of heaven."

To be persecuted because we do what God requires is to have the courage to follow the way of Jesus, no matter who ridicules or punishes us for living as Jesus lived.

We should always remember that the Beatitudes are helps, or guidelines. Jesus does not expect us to live them perfectly every day. He knows that many times we may fail. Jesus wants us only to be sorry for our failures and each day to keep on trying our best to live the spirit of the Beatitudes.

Discípulo es quien sigue la forma de vida de Jesús.

Jesús, con nosotros siempre

Jesús sabía que las Bienaventuranzas y sus otras enseñanzas no serían suficientes para ayudar a sus discípulos. Así que decidió dar a sus discípulos y a nosotros una ayuda muy especial. En la última Cena, la noche antes de morir, Jesús se dio a sí mismo en la Eucaristía como nuestro Pan de Vida, para estar siempre presente en nosotros.

Al día siguiente Jesús fue crucificado. Después que su cuerpo fue bajado de la cruz, fue puesto en un sepulcro que pertenecía a José de Arimatea, un discípulo de Jesús. Una gran piedra fue puesta en la entrada de la tumba. Era viernes en la tarde, el día antes de la pascua.

Temprano el domingo en la mañana, algunas de las mujeres discípulos de Jesús fueron a la tumba. Cuando llegaron vieron que la piedra no estaba a la entrada de la tumba y esta estaba vacía. María Magdalena se paró frente a la tumba a llorar. Después de un rato vio dos ángeles vestidos de blanco sentados donde había estado el cuerpo de Jesús. "Mujer, ¿por qué lloras?", le preguntaron.

Ella contestó: "Se llevaron el cuerpo de mi Señor y no sé donde lo han dejado". Luego se viró y vio a Jesús. El había resucitado. Jesús envió a María Magdalena a anunciar a los apóstoles y a los demás discípulos que había visto a Jesús resucitado de la muerte.

Basado en Juan 20:1–18

Jesús se apareció a muchos de sus discípulos después de su resurrección. Luego, cuando llegó el momento, subió con sus discípulos al monte de Galilea. Ahí, Jesús fue elevado al cielo. A esto le llamamos la ascensión.

A **disciple** is one who follows Jesus' way of life.

Jesus, With Us Always

Jesus knew that the Beatitudes and his other preaching would not be enough help for his disciples. So he decided to give his disciples and all of us some very special help. At the Last Supper, the night before he died, Jesus gave us himself in the Eucharist as our Bread of Life, so that he could be present with us always.

The following day Jesus was crucified. After his body was taken down from the cross, it was placed in the tomb of Joseph of Arimathea, a disciple of Jesus. A heavy stone was rolled across the entrance of the tomb. It was Friday, the day before the Sabbath.

Early on Sunday morning, some of Jesus' women disciples went to the tomb. When they got there, they saw that the stone was rolled back and the tomb was empty. Mary Magdalene stood crying outside the tomb.

After a while, she looked in the tomb and saw two angels dressed in white, sitting where the body of Jesus had been. "Woman, why are you weeping?" they asked her.

She answered, "They have taken my Lord away, and I don't know where they laid him!" Then she turned around and saw Jesus. He had risen from the dead. Jesus sent Mary Magdalene to announce to the apostles and the other disciples that she had seen Jesus risen from the dead

Based on John 20:1–18

Jesus appeared to many of his disciples after the resurrection. Then at a time he had appointed, he went with the disciples to a hill in Galilee. There, Jesus was lifted from their sight and was taken up into heaven. We call this Jesus' ascension.

ACERCÁNDOTE A LA FE

¿Qué preparación has recibido para ser discípulo de Jesús? ¿Qué más necesitas para ser un mejor discípulo?

Habla con un amigo acerca de ¿Cómo el vivir las Bienaventuranzas hace una diferencia en tu vida?

¿Cómo el recibir a Jesús con frecuencia en la Eucaristía te ayuda a vivir el reino de amor, justicia y paz de Dios?

VIVIENDO LA FE

Tomen un momento para reflexionar en las Bienaventuranzas y lo que nos dicen acerca de ser discípulo de Jesús. Luego compartan sus ideas.

¿Cuál de estas enseñanzas es especialmente importante en tu vida en estos momentos?

¿Cómo puedes practicarlas esta semana?

† Reúnanse con el libro de texto abierto en la página 238. Escojan ocho jóvenes para proclamar cada bienaventuranza. Después de cada una todos responden:

Jesús, somos tus discípulos. Queremos seguirte.

¿Qué estás haciendo en estos momentos para ser un discípulo de Jesús más activo? Escribe tus ideas en tu diario.

Ayuda a los pobres únete a la brigada

Coming To Faith

What preparation have you received to be a disciple of Jesus? What further preparation might you need to be a better disciple?

Discuss with a friend: How can living the Beatitudes make a difference in your life?

How can frequently receiving Jesus in the Eucharist help you live for God's reign of love, justice, and peace?

Practicing Faith

Spend some quiet time reflecting on the Beatitudes and what they tell us about being a disciple of Jesus. Then share your ideas:

Which of these teachings should be especially important in your life right now?

How can you practice it this week?

† Gather for prayer with your book open to page 239. Have eight different people each proclaim a Beatitude. After each Beatitude all respond:

Jesus, we are Your disciples. We want to follow You.

What are you doing right now to be a more active disciple of Jesus? Write your thoughts in your journal.

REPASO

Encierra en un círculo **F** cuando sea falso y **V** cuando sea verdadero. Convierte la oración falsa en verdadera.

1. En el Sermón de la Montaña, Jesús dio a los discípulos las Bienaventuranzas como guía para vivir como sus discípulos.　　　**V**　　**F**

_____

2. En el Sermón de la Montaña, Jesús se dio a sí mismo en la Eucaristía como nuestro Pan de Vida.　　　**V**　　**F**

_____

3. Un discípulo es aquel que rechaza la forma de vida de Jesús.　　　**V**　　**F**

_____

4. Jesús fue crucificado en Viernes Santo y resucitó de la muerte el Domingo de Resurrección.　　　**V**　　**F**

_____

5. ¿Espera Jesús que vivamos las Bienaventuranzas diaria y perfectamente? Explica.

_____

_____

FE VIVA EN EL HOGAR Y EN LA PARROQUIA

Algunas personas piensan que para ser verdaderos seguidores de Jesús sólo necesitan cumplir los Diez Mandamientos y las leyes de la Iglesia. Se olvidan que para proclamar el reino de Dios, también necesitamos vivir el espíritu de las Bienaventuranzas. Estas son el centro de nuestra fe y especialmente de nuestra llamada a la santidad de la vida como católicos cristianos.

Lea las Bienaventuranzas con su hijo (Mateo 5:3–10). Hablen sobre cómo aceptar el reto de vivirlas puede traer verdadera felicidad a la familia.

Resumen de la fe

- En el Sermón de la Montaña, Jesús dio las Bienaventuranzas como guía para ser discípulo.

- En la última Cena, Jesús se dio a sí mismo en la Eucaristía para poder estar con nosotros como nuestro Pan de Vida.

- Jesús fue crucificado en Viernes Santo, resucitó de la muerte el Domingo de Resurrección y cuando se cumplió el tiempo subió al cielo.

REVIEW ▪ TEST

Circle true or false. Make a false statement true.

1. In the Sermon on the Mount, Jesus gave the Beatitudes as guidelines for living as his disciples.

_____ T   F

2. At the Sermon on the Mount, Jesus gave himself in the Eucharist as our Bread of Life.

_____ T   F

3. A disciple is one who rejects Jesus' way of life.

_____ T   F

4. Jesus was crucified on Good Friday and rose from the dead on Easter Sunday.

_____ T   F

5. Does Jesus expect us to live the Beatitudes perfectly every day? Explain.

_____

_____

FAITH ALIVE AT HOME AND IN THE PARISH

Some people think that to be true followers of Jesus, they need only observe the Ten Commandments and the Laws of the Church. They forget that to bring about the reign of God, we also need to live the spirit of the Beatitudes. The Beatitudes are at the core of our faith and especially of our call to holiness of life as Catholic Christians.

Read the Beatitudes (Matthew 5:3–10) with your son or daughter. Discuss how accepting the challenge to live the Beatitudes can bring true happiness to your family.

Faith Summary

- In the Sermon on the Mount, Jesus gave the Beatitudes as guidelines for discipleship.

- At the Last Supper, Jesus gave us himself in the Eucharist so that he could be with us as our Bread of Life.

- Jesus was crucified on Good Friday, rose from the dead on Easter Sunday, and after a time ascended into heaven.

Jesús, creemos en ti, confiamos en ti y te amamos. Amén.

Nuestra Vida

"No teman", dijo Lorenzo con voz calmada. "Cristo está con nosotros". Elevó la antorcha para dar valor al confuso grupo detrás de él. Está frío y húmedo en el subterráneo. Lorenzo tembló de excitación al acercarse a las tumbas que venían a visitar.

Estos jóvenes cristianos del primer siglo habían venido durante la noche a las catacumbas en las afueras de la ciudad. Roma era un lugar peligroso para los que abiertamente practicaban la fe en Jesucristo. Muchos habían sido torturados y asesinados por negarse a renunciar a su fe. Conocidos como mártires o testigos, eran grandes héroes para Lorenzo y sus amigos.

"Aquí están. Vean como están marcados por un pez o una cruz anclada. Por eso pueden distinguir sus tumbas de las de los paganos". Lorenzo y los otros jóvenes cristianos se arrodillaron y rezaron.

Dramaticen una escena de las catacumbas en la que estén visitando la tumba de un amigo que fue un mártir. ¿Cómo lo honrarían?

Expliquen algunas formas en que hoy pueden ser testigos de la fe católica.

Compartiendo la Vida

¿Crees qué los primeros cristianos arriesgaron sus vidas por su fe en Jesús?

Comparte alguna experiencia en que arriesgaste la vida como enseñó Jesús.

Hablen de por qué es un desafío para los jóvenes vivir hoy como discípulos de Jesús.

25 The Early Church and Us

Our Life

"Don't be afraid," Lawrence said in a hushed voice. "Christ is with us." He held his torch higher to encourage the huddled group behind him. It was cold and damp in the underground tunnel. Lawrence trembled with excitement as they neared the graves they had come to honor.

These young first-century Christians had come by night to the catacombs outside the city gates. Rome was a dangerous place for those who openly practiced their faith in Jesus Christ. Many had been tortured and killed for refusing to give up their faith. Known as martyrs or witnesses, they were great heroes to Lawrence and his friends.

"Here they are! See how they are marked by a fish or an anchor-cross? That's how you can tell their graves from those of the pagans." Lawrence and the other young Christians knelt and prayed.

Act out a catacombs scene in which you are visiting the grave of a friend who was a martyr. How will you honor her or him?

Tell some ways that you give witness to your Catholic faith today.

Sharing Life

Why do you think the early Christians risked their lives for their faith in Jesus?

Share times when you have taken risks to live as Jesus taught.

Discuss together why it is such a challenge for young people to live as disciples of Jesus today.

Los primeros cristianos

En el primer Pentecostés, Dios el Espíritu Santo, bajó a la primera comunidad de la Iglesia. Inmediatamente después los apóstoles y discípulos salieron a predicar el evangelio por todo el mundo. Ellos empezaron a establecer iglesias locales al ir de lugar en lugar. Maestros y profetas enseñaron la buena nueva de Jesús. Los apóstoles, con la ayuda de la comunidad, escogieron *presbíteros* (palabra derivada del griego que significa "ancianos") y celadores para *supervisar* a las iglesias locales después que los apóstoles se fueran a otros lugares. Con el tiempo los presbíteros fueron llamados sacerdotes y los celadores obispos. Los apóstoles también designaban diáconos para cuidar de los pobres, los enfermos y los oprimidos.

Presbíteros, obispos y diáconos eran designados por la imposición de las manos y oraciones. Nos referimos hoy a esta ceremonia como ordenación. Esta tradición continúa hoy en el sacramento de las Ordenes Sagradas.

Desde el principio, las iglesias locales eran conocidas como comunidades de personas que se preocupaban unas por otras y por todo el mundo. Se reunían frecuentemente, muchas en secreto debido a las persecuciones, a celebrar la Cena del Señor y darse valor unos a otros en la fe. Compartían su dinero, comida y pertenencias para que nadie fuera más pobre que otro o tuviera más hambre que otro. No es de extrañarse que la gente de su tiempo se sorprendiera del amor y la preocupación que los cristianos mostraban por los demás.

Donde quiera que los primeros discípulos fueron encontraron dificultades. Las autoridades del Templo de Jerusalén, por ejemplo, mandaron a arrestar a Pedro y a los otros apóstoles y les ordenaron no hablar o enseñar en nombre de Jesús. Se organizó una persecución para parar a los cristianos. Los apóstoles y los primeros

cristianos continuaron aceptando el riesgo de predicar en nombre de Jesús.

San Pablo

Uno de los líderes de las persecuciones fue un joven fariseo llamado Saulo, mejor conocido por nosotros por su nombre romano, Pablo. Saulo dirigía una persecución contra los cristianos en la ciudad de Damasco. Al acercarse a la ciudad una brillante luz relampagueó frente a él. Cayó al suelo y escuchó una voz que le decía: "Saulo, Saulo, ¿por qué me persigues?

"¿Quién eres, señor?", preguntó.

"Yo soy Jesús, a quien tú persigues; levántate y entra en la ciudad, allí se te dirá lo que debes hacer".

Cuando Saulo se levantó estaba ciego. Recobró la vista tres días después y pidió ser bautizado en el nombre del Señor Jesús a quien él perseguía en sus seguidores.

Basado en Hechos 9:1–10

OUR CATHOLIC FAITH

The Early Christians

On the first Pentecost, God the Holy Spirit came to the early Church community. Right afterwards, the apostles and disciples went forth to preach the gospel to the whole world. They began to establish local Churches as they traveled from place to place. Teachers and prophets taught the good news of Jesus. The apostles, with the help of the community, chose *presbyters* (from a Greek word meaning "elders") and *overseers* to take care of the local Churches after the apostles moved on to other places. In time, the presbyters were called priests and the overseers were called bishops. The apostles also appointed deacons to take care of the poor, the sick, and the oppressed.

The presbyters, bishops, and deacons were appointed by the laying on of hands and prayer. We refer to this ceremony today as ordination. This tradition continues today in the sacrament of Holy Orders.

From the beginning, the local Churches were known as communities of people who cared for one another and for all people. They met frequently, and many times secretly because of persecution, to celebrate the Lord's Supper and strengthen one another in their faith. They even pooled their money, food, and goods so that no one would be poorer or hungrier than another. No wonder the people of the time were amazed at the love and concern Christians showed for others.

Wherever the first disciples went, they and their followers met difficulties. The Temple authorities in Jerusalem, for example, had Peter and the other apostles arrested and ordered them not to speak or to teach in the name of Jesus. A persecution was organized to stop the Christians. But the apostles and early Christians continued to accept the risks of preaching in Jesus' name.

Saint Paul

One of the leaders of these persecutions was a young Pharisee named Saul. He is better known to us by his Roman name, Paul. Saul was leading a persecution against the Christians in the city of Damascus. As Saul approached the city, a blinding light flashed around him. He fell to the ground and heard a voice saying, "Saul, Saul! Why are you persecuting me?"

"Who are you, sir?" he asked.

"I am Jesus, whom you are persecuting. Now get up and go into the city, and you will be told what you must do."

Saulo era un orador privilegiado y se convirtió en un celoso discípulo de Jesús. En poco tiempo Saulo, conocido como Pablo, había hecho tres viajes misioneros importantes en las grandes ciudades del imperio romano para predicar la buena nueva de Jesús y establecer iglesias locales.

Con frecuencia Pablo escribía cartas a las comunidades cristianas, o Iglesias, que fundaba. En esas cartas, o epístolas, Pablo da ánimo a los cristianos para seguir fuertes en su fe. Estas cartas, que ahora se encuentran en el Nuevo Testamento, revisaron lo que él enseñó a los cristianos cuando estaba con ellos. Pablo les recuerda que Jesucristo, el Hijo de Dios, murió para salvarnos de nuestros pecados. En el Bautismo, la gente es unida por el Espíritu Santo a Jesús y participa de su muerte y resurrección a la nueva vida en Dios.

La primera Iglesia y nosotros

Muchos de los primeros cristianos fueron perseguidos y martirizados, algunos cristianos hoy siguen siendo perseguidos. Hay países donde no se permite a los cristianos practicar su fe abiertamente. Hay lugares donde todavía se matan cristianos por su fe. El 24 de marzo de 1980, el Arzobispo Oscar Romero, de San Salvador, fue asesinado mientras celebraba la misa para su pueblo. En diciembre de ese año, cuatro misioneras, tres religiosas y una voluntaria laica fueron asesinadas en El Salvador.

El prejuicio y la discriminación contra las personas por su raza, color o sexo son también formas de persecución. También mofarse de los que tratan de ayudar a otros.

Probablemente no estés llamado a morir por tu fe, como el Arzobispo Romero, pero puede que tengas que hacer el ridículo, ser despreciado en tu vecindario, o acusado de "super religioso", cuando trates de vivir el espíritu de los primeros cristianos:

VOCABULARIO

Mártires son aquellos que han muerto por dar testimonio de su fe en Cristo.

- empezando cada día con una oración
- viviendo tus promesas de bautismo para seguir a Jesús
- trabajando por la justicia y la paz llevando el reino de Dios.

When Saul got up from the ground, he was blind. He recovered his eyesight three days later and asked to be baptized in the name of the Lord Jesus whom he had been persecuting in his followers.

Based on Acts 9:1–10

Saul was a gifted speaker and became a zealous disciple of Jesus. In no time at all Saul, now known as Paul, had made three major mission journeys to the great cities of the Roman Empire to preach the good news of Jesus and establish local Churches.

FAITH WORD

Martyrs are those who suffer and die to witness to their faith in Jesus.

Paul often wrote letters back to the Christian communities, or Churches, he had founded. In these letters, or epistles, Paul kept encouraging Christians not to become lax in their faith. These letters, now found in the New Testament, reviewed what he had taught the Christians when he was with them. Paul reminded them that Jesus Christ, the Son of God, died to save us from our sins. In Baptism, people are united through the Holy Spirit with Jesus and share in his death and resurrection to new life in God.

The Early Church and Us

Many early Christians were persecuted and martyred, but Christians today are still being persecuted for their faith. There are countries where Christians are not allowed to practice their faith openly. There are places where Christians are still being killed for their faith. In March of 1980, Archbishop Romero of San Salvador was murdered while celebrating Mass for his people. The following December, four missionaries, three sisters, and a lay volunteer were also murdered in El Salvador.

Prejudice and discrimination against people because of their race or color or because of their sex are also forms of persecution. So is making fun of those who try to help others.

You probably will not be called upon to die for your faith, as Archbishop Romero did. But you may be asked to face ridicule, to be snubbed by those your age in your neighborhood, or even to be accused of being "overly religious" when you try to live the spirit of the early Christians by:

● beginning each day with a prayer.

● living your baptismal promise to follow Jesus.

● working for justice and peace to bring about the reign of God.

251

ACERCÁNDOTE A LA FE

En pareja hablen de estas preguntas:

¿Cuál es el mayor de los retos que ves para vivir tu fe católica hoy?

¿Qué valor necesita un católico en la sociedad de hoy? ¿Cómo puedes vivir tu fe católica entre tus amigos y entre los que no creen como tú?

_____

_____

_____

¿Cómo te acercarás a Jesús en oración cuando el vivir como católico te exija que debes tener valor? Escribe tus ideas en tu diario.

VIVIENDO LA FE

Dibuja un mapa de tu parroquia. Traza un viaje, como el de Pablo, que puedan seguir tú y tus amigos para, en compañía de un adulto, compartir el evangelio en tu parroquia. "Compartir" puede ser visitar un enfermo, hacer la compra a una persona mayor, atender a un pequeño, defender a alguien que ha sido tratado injustamente, hacer las paces entre personas que se han enemistado. Asegúrate de hacer algo también en tu casa.

Marca en el mapa los lugares donde se encuentran las personas que ayudarás.

Mapa de mi parroquia

Coming To Faith

Discuss these questions with a partner:

What do you see as the greatest challenge to living your Catholic faith today?

What courage does a Catholic need in today's society? How can you live your Catholic faith among your friends as well as among those who do not believe as you do?

_____

_____

_____

How will you approach Jesus in prayer whenever living as a Catholic demands that you be courageous? Write your thoughts in your journal.

Practicing Faith

Draw a map of your parish. Trace a Paul-like journey that you and your friends can take with an adult through the parish to share the gospel. Your "sharing" could be visiting the sick, shopping for an elderly person, minding younger children, standing up for someone who is being treated unfairly, making peace among people who have been fighting. Make sure you do something in your own home as well.

Mark the places on your map to show the people you will help.

MY PARISH MAP

REPASO

Llena los espacios en blanco con la palabra correcta.

Arzobispo Romero   discípulos   bautismal   presbíteros   celadores

1. _____ (ahora obispos), _____

   (ahora sacerdotes) y los diáconos eran los líderes de las iglesias locales.

2. Los primeros _____ nos enseñaron como los cristianos deben

   amarse unos a otros compartiendo todo y preocupándose por los necesitados.

3. _____ es un ejemplo de mártir moderno.

4. Para seguir a Cristo somos llamados todos los días a vivir

   nuestra promesa _____ .

5. ¿Qué vas a hacer para ser un cristiano más valiente?

   _____

   _____

   _____

EN EL HOGAR Y EN LA PARROQUIA

¿Ha pensado alguna vez que la época del martirio pasó? La palabra *mártir* significa "testigo". Los primeros cristianos estaban convencidos que por el Bautismo todos somos llamados a ser mártires por la fe. Esto significa que debemos vivir nuestra fe en todo lo que vemos y, si es necesario, morir por esta.

Pida a su niño que le diga lo que aprendió acerca de cómo los primeros cristianos vivían su fe y los retos que en la actualidad enfrentamos. Decidan lo que harán en familia para crecer y vivir como testigos de su fe esta semana.

Resumen de la fe

- Los miembros de la primera communidad cristiana compartían sus pertenencias y se preocupaban por los necesitados.

- Pablo se convirtió en un gran líder de la Iglesia y fue misionero en todo el Imperio Romano.

- Mucho mártires, ayer y hoy, dan sus vidas por su fe.

REVIEW·TEST

Choose the correct term from the list below.

Archbishop Romero   disciples   baptismal   presbyters   overseers

1. _____ (now called bishops), _____ (now called priests), and deacons were leaders of the local churches.

2. The early _____ teach us how Christians would love one another by sharing with each other and caring for those in need.

3. _____ is an example of a modern martyr.

4. We are called each day to live our _____ promise to follow Jesus.

5. What will you do to become a more courageous Christian?

_____

_____

_____

 **FAITH ALIVE AT HOME AND IN THE PARISH**

Have you ever thought that the age of martyrdom is over? The word *martyr* means "witness." The first Christians were convinced that by Baptism all are called to be martyrs for their faith. This means we are to live our faith for all to see and, if necessary, even to die for it.

Ask your sixth grader to tell your family what he or she learned about the early Christians living their faith and about the challenges we face now in our time. Decide what you will do as a family to grow in living and witnessing to your faith this week.

Faith Summary

- Members of the early Christian community shared their belongings with one another and cared for those in need.

- Paul became a great leader of the Church and a missionary throughout the Roman Empire.

- Many martyrs, yesterday and today, give their lives for their faith.

NUESTRA VIDA

Jesús, queremos seguirte. Tienes palabras de vida eterna.

Si preguntas a un campeón olímpico el secreto de su éxito, probablemente su respuesta sea "práctica, práctica, práctica".

Si preguntas a un grupo musical laureado con el Premio Grammy el secreto de su éxito te dirá: "práctica, práctica, práctica". Y si preguntas a un cristiano comprometido el secreto de la santidad, puede que te conteste: "práctica, práctica, práctica".

¿Practicas ser un cristiano? ¿Cómo?

COMPARTIENDO LA VIDA

En grupo describan a alguien que es santo. Luego completen el cuadro que se encuentra abajo.

PLAN DE SANTIDAD

Cómo rezaré

Cómo aceptaré la palabra de Dios para mí

Cómo serviré como discípulo

26 Prayer and Practice

Our Life

If you asked an Olympic champion for the secret of success, the probable answer would be "practice, practice, practice!"

If you asked a Grammy Award-winning group the secret of musical success, they would say, "practice, practice, practice!" And if you asked an outstanding Christian the secret of holiness, the answer might well be "practice, practice, practice!"

Do you "practice" being a Christian? How?

Sharing Life

Come up with a group description of someone who is holy. Then complete the chart below.

PLAN FOR HOLINESS

How I Will Pray

How I Will Accept God's Word to Me

How I Will Serve As a Disciple

Ser santo

NUESTRA FE CATÓLICA

Ser santo significa vivir cada día tratando de hacer, aun las cosas más ordinarias, de la forma como las haría Jesús. También significa vivir con la sensación de que Dios está siempre con nosotros, especialmente en nuestra vida diaria y en nuestro vecindario. Jesús sabe que es fácil para una persona seguirle si hay otros a su alrededor que están tratando de ser santos. Es por eso que nos reunimos como comunidad de discípulos para apoyarnos unos a otros.

Si verdaderamente queremos ser santos, necesitamos estar con amigos que también quieran ser santos. Ahí nos reunimos y nos asociamos con personas que creen en Dios y en Jesucristo al igual que nosotros. Con ellos escuchamos y aprendemos de la vida y las enseñanzas de Jesús como están escritas en el Nuevo Testamento y son enseñadas por la Iglesia.

En el Nuevo Testamento encontramos cuatro evangelios. Los evangelios de Mateo, Marcos, Lucas y Juan escritos entre los años 70 y 90 d. C. Ellos enseñan el significado de los eventos de la vida de Jesús. No fueron escritos como biografías de Jesús sino para retarnos a vivir como pueblo santo y como sus discípulos. Con los evangelios tenemos las epístolas, cartas escritas por Pablo y otros líderes de la Iglesia a las primeras comunidades cristianas que fundaron.

Lucas también escribió los Hechos de los Apóstoles. Este libro describe los inicios de la Iglesia y cómo los primeros cristianos enfrentaron hasta la muerte para llevar la buena nueva a todo el mundo.

El Apocalipsis es el último libro del Nuevo Testamento. Es un libro de esperanza acerca de la vida que nos espera con Dios en el cielo.

Being Holy

Being holy means living each day trying to do even the most ordinary things as Jesus would. It also means living with a sense that God is always with us, especially in our everyday life and in our neighbor. Jesus knows that it is easier for a person to follow him if there are others around who are also trying very hard to be holy. This is why he gathered a community of disciples to support one another.

If we truly want to be holy, we need to be with friends who want to be holy, too. This is why we belong to a parish. Here we meet and mingle with people who believe in God and Jesus Christ as we do. With them we listen to and learn from the life and teachings of Jesus as they are written in the New Testament and taught by the Church.

In the New Testament we find the four gospels. The Gospels of Matthew, Mark, Luke, and John were written between A.D. 70 and 90. They teach the meaning of the events of Jesus' life. They were not written as biographies of Jesus but to challenge us to live as holy people and as his disciples. Along with the gospels we have the epistles, letters written by Paul and other Church leaders to the Christian communities they had founded.

In the New Testament we find the four gospels. The Gospels of Matthew, Mark, Luke, and John were written between A.D. 70 and 90. They teach the meaning of the events of Jesus' life. They were not written as biographies of Jesus but to challenge us to live as holy people and as his disciples. Along with the gospels we have the epistles, letters written by Paul and other Church leaders to the Christian communities they had founded.

Luke also wrote the Acts of the Apostles. This book describes the early Church and how the early Christians faced even death to bring the good news to all people.

The book of Revelation is the last book of the New Testament. It is a book of hope about the life that awaits us with God in heaven.

Jesús y la oración

Por los evangelios sabemos que Jesús observó el sabbat y los días de fiestas judíos. Con frecuencia rezaba con sus discípulos y les enseñaba cómo rezar. La oración más importante que nos dejó fue el Padre Nuestro.

En sus oraciones Jesús se dirigía al Padre de manera especial; él le llamaba "Abba". Esta palabra significa *papá*. Así mostraba Jesús su confianza en Dios como padre amoroso y preocupado.

La vida de Jesús fue una vida de oración y acción. Jesús dijo a sus seguidores que todo lo que hicieran por otros por él mismo lo harían. No podemos olvidar nuestras obligaciones para con los otros y alegar que estamos sirviendo a Dios. No podemos "rezar" e ignorar a los demás y alegar que estamos sirviendo a Dios. Como discípulos de Jesús luchando por ser santos, amamos a Dios y a nuestro prójimo como a nosotros mismos.

La Iglesia ha resumido las enseñanzas y acciones de Jesús en un "Plan de Acción Cristiana" para que lo sigamos. Llamamos a este plan obras de misericordia. Este plan está dividido en dos partes. Las *obras corporales de misericordia* que nos ayudan a mostrar preocupación por las necesidades físicas de los demás. Las *obras espirituales de misericordia* nos

Oración es dirigir nuestro corazón y mente a Dios.

ayudan a mostrar preocupación para las necesidades espirituales de los demás.

Las obras de misericordia nos retan a convertir nuestras palabras en obras. Los desamparados, los hambrientos, los que están solos, los oprimidos, los prisioneros, lo que no pueden leer o escribir y los enfermos son personas que debemos socorrer, como lo hizo Jesús.

OBRAS DE MISERCORDIA

Corporales	Espirituales
● Dar de comer al hambriento.	● Compartir el conocimiento.
● Dar de beber al sediento.	● Aconsejar al que lo necesite.
● Vestir al desnudo.	● Consolar al que sufre.
● Visitar a los prisioneros.	● Ser paciente.
● Dar albergue al que lo necesite.	● Perdonar a los que nos ofenden.
● Cuidar de los enfermos.	● Corregir al pecador.
● Enterrar a los muertos.	● Rezar por vivos y muertos.

Jesus and Prayer

From the gospels we know that Jesus observed the weekly Sabbath and the Jewish holy days. He often prayed with his disciples and taught them how to pray. The greatest prayer he left us was the Our Father.

In his prayers, Jesus addressed God with a special title; he called God "Abba". This word was similar to our word *daddy*. It showed Jesus' trust in God as a caring, loving parent.

The life of Jesus was a life of prayer and action. Jesus told his followers that whatever they did for others, they did for him. We can never forget our duties to other people and claim that we are serving God. We can never "say" our prayers and ignore the needs of others. As disciples of Jesus working for holiness, we love God by loving our neighbor as we love ourselves.

Prayer is directing our heart and mind to God.

The Church has summarized the teachings and actions of Jesus into a "Christian Action Plan" for us to follow. We call this plan the Works of Mercy. This plan is divided into two parts. The *Corporal Works of Mercy* help us to show our concerns for the physical needs of others. The *Spiritual Works of Mercy* help us to show our concerns for the spiritual needs of others.

The Works of Mercy challenge us to turn our words into deeds. The homeless, the hungry, the lonely, the oppressed, the imprisoned, those who cannot read or write, and the sick are the people we reach out to, as Jesus did. By living the Works of Mercy, we put our prayers into action and live as Jesus' disciples.

WORKS OF MERCY

Corporal
- Feed the hungry.
- Give drink to the thirsty.
- Clothe the naked.
- Help those imprisoned.
- Shelter the homeless.
- Care for the sick.
- Bury the dead.

Spiritual
- Share our knowledge with others.
- Give advice to those who need it.
- Comfort those who suffer.
- Be patient with others.
- Forgive those who hurt us.
- Give correction to those who need it.
- Pray for the living and the dead.

ACERCÁNDOTE A LA FE

¿Qué significa decir que la vida de Jesús fue una oración en acción?

¿Qué piensas del Plan de Acción de Navidad?

Junto a otro estudiante escojan tres obras de misericordia. Después piensen en formas en que podemos vivirlas hoy.

VIVIENDO LA FE

Imagínate como uno de los discípulos de Jesús después de su ascensión al cielo. Al igual que los demás discípulos has sido enviado.

Piensa en lo que has aprendido sobre tu fe durante este año. Toma unos minutos para reflexionar en lo que es más importante para ti. Escríbelo en tu diario y explica por qué es tan significativo para ti.

En pequeños grupos, decidan cómo, al igual que los discípulos, van a poner en práctica estos retos:

- Ser creativos combinando las obras espirituales y corporales de misericordia.

- Planificando un proyecto que combine la oración y la acción, mientras ayudan a otros (ancianos, enfermos).

- Planificar un servicio de oración en el que puedan escenificar las obras de misericordia para niños más pequeños.

Terminen rezando la oración de San Francisco.

Coming To Faith

What does it mean when we say that Jesus' life was one of prayer and action?

What do you think about the Christian Action Plan?

With a friend, choose three of the Works of Mercy. Then think of ways in which we can live them today.

Practicing Faith

Imagine yourself as one of Jesus' disciples just after his ascension into heaven. Like the other disciples, you, too, are being sent forth.

Look back at what you have learned about your faith this year. Spend a few minutes reflecting on what meant the most to you. Write about it in your journal, explaining why it was so significant.

In small groups, decide how you will put these challenges into practice, just as the disciples did. For example:

● Be creative in combining a Spiritual Work of Mercy with a Corporal Work of Mercy.

● Plan a project that combines prayer and action, while helping other people, such as the elderly, shut-ins, or sick people.

● Plan a prayer service in which you roleplay or pantomime the Works of Mercy for younger children.

Close by praying the Prayer of Saint Francis.

REPASO

Encierra en un círculo la letra al lado de la respuesta correcta.

1. Los evangelios fueron escritos

    a. para enseñar el significado de la vida de Jesús.

    b. como biografías de Jesús.

    c. para contarnos sobre los israelitas.

2. Jesús nos enseñó que

    a. orar es suficiente.

    b. la acción es mejor que la oración.

    c. la oración y la acción van juntas.

3. La oración que Jesús nos enseñó es llamada

    a. la oración de la paz.

    b. el Padre Nuestro.

    c. un acto de amor.

4. Al vivir las obras de misericordia

    a. mostramos que somos mejores que otros.

    b. mostramos preocupación por las necesidades de los demás.

    c. rezamos e ignoramos a los otros.

5. ¿Qué harás esta semana para rezar y actuar como discípulo de Jesús?

_____

_____

_____

FE VIVA

EN EL HOGAR Y EN LA PARROQUIA

Los niños de sexto curso han llegado al final de su estudio de *Acercándote a la Palabra de Dios*. En esta última lección han sido invitados y desafiados a ser santos viviendo una vida de oración y acción plena y sana—ser un verdadero discípulo de Jesucristo y un miembro activo de la Iglesia Católica. Todos somos llamados a vivir una vida santa.

Resumen de la fe

- El Nuevo Testamento nos enseña acerca de Jesús y cómo los primeros cristianos trataron de seguirle.

- Jesús nos enseña lo que significa ser pueblo de oración.

- Cuando dedicamos tiempo cada día a la oración y a las obras de misericordia estamos viviendo como fieles discípulos de Jesús y como miembros activos de la Iglesia Católica.

REVIEW ▪ TEST

Circle the letter beside the correct answer.

1. The gospels were written

    a. to teach the meaning of Jesus' life.

    b. as biographies of Jesus.

    c. to tell us about the Israelites.

2. Jesus taught us that

    a. prayer is enough.

    b. action is better than prayer.

    c. prayer and action go together.

3. The prayer that Jesus taught is called

    a. the prayer of peace.

    b. the Our Father.

    c. an act of love.

4. By living the Works of Mercy, we

    a. show we are better than others.

    b. show active concern for the needs of others.

    c. say our prayers and ignore others.

5. What will you do to pray and to act as a disciple of Jesus this week?

_____

_____

_____

FAITH ALIVE AT HOME AND IN THE PARISH

Your sixth grader has come to the end of his or her study of *Coming to God's Word*. In this last lesson he or she is invited and challenged to be holy, by living a full and wholesome life of prayer and action—to be a true disciple of Jesus Christ and an active member of the Catholic Church. All of us are called to such holiness of life.

Faith Summary

- The New Testament teaches us about Jesus and how the early Christians tried to follow him.

- Jesus teaches us what it means to be people of prayer.

- When we give time each day to prayer and the Works of Mercy, we are living as faithful disciples of Jesus and active members of the Catholic Church.

REVISION DE LA PRIMERA UNIDAD

Conociendo la Biblia

La historia de la revelación especial de Dios a nosotros está escrita en la Biblia. Revelación significa que Dios nos habla de él, de nosotros, del mundo y de lo que significa nuestra vida y vivir como su pueblo.

La Biblia es una colección de setenta y tres libros divida en el Antiguo y el Nuevo Testamento. En el Antiguo Testamento, la primera parte de la Biblia, hay cuarenta y seis libros que nos cuentan la historia del pueblo escogido de Dios, el pueblo de Israel. La segunda parte de la Biblia, el Nuevo Testamento, escrito por miembros de la Iglesia primitiva, contiene veinte y siete libros. El Nuevo Testamento nos cuenta la historia de Jesús y los primeros cristianos. El Espíritu Santo inspiró, o guió, a los autores de la Biblia.

Entendiendo la Biblia

La Biblia es la palabra de Dios escrita bajo la inspiracion del Espíritu Santo. Algunas historias son precisas. En otras ocasiones las historias son creadas para enseñar un mensaje verdadero. Las diferentes formas de escrituras usadas por los autores de la Biblia para expresar nuestra fe en Dios son llamadas formas literarias. Si leemos la palabra de Dios conociendo las formas literarias, podemos entender lo que Dios nos dice hoy a nosotros. El Antiguo y el Nuevo Testamento fueron desarrollados dentro de una comunidad de fe. Necesitamos nuestra comunidad de fe, la Iglesia, para ayudarnos a entender la Biblia.

Creados a semejanza de Dios

Inspirados por el Espíritu Santo, los escritores de la Biblia escribieron dos historias de la creación. Usaron la forma literaria de poesía. Estas historias nos ayudan a entender que Dios, el Padre, creó buenas a todas las cosas. En la primera historia de la creación aprendemos que los humanos fueron creados a imagen y semejanza de Dios. Tenemos la habilidad de pensar, escoger y amar al igual que Dios. Con estas habilidades podemos hacer de nuestro mundo un mejor lugar para todos.

Creados por Dios

La segunda historia de la creación nos enseña que los humanos fueron invitados a ser administradores con Dios y uno con otros. Los israelitas contaron esta historia, al igual que la primera, en forma literaria poética. De esta historia aprendemos que dependemos de Dios para existir, que compartimos su vida y su gracia y que el género humano fue creado para ser responsable de la creación. Al usar nuestros diferentes talentos y habilidades podemos trabajar juntos para continuar el trabajo de Dios en nuestro mundo.

Encontrando la misericordia de Dios

A través de la historia de Adán y Eva vemos como el pecado y el mal son el resultado del libre albedrío. Los primeros humanos no usaron su libertad responsablemente. Este fue el origen del pecado; al que llamamos pecado original. Los efectos del pecado original son heredados por toda la familia humana. Los efectos son ignorancia, sufrimiento, inclinación al mal y muerte. Pero no fuimos dejados sin esperanza. Todo el pueblo está llamado a la amistad con Dios y puede experimentar esperanza en la misericordia de Dios. La historia de Noé nos enseña que todo el mundo tiene una alianza eterna con Dios.

UNIT 1 ▪ REVIEW

Knowing the Bible

The story of God's special revelation to us is told in the Bible. Revelation means that God tells us about God, ourselves, the world, and the meaning of our lives, and living as his people.

The Bible is a collection of seventy-three books divided into the Old Testament and the New Testament. In the first part of the Bible, the Old Testament, there are forty-six books that tell the story of God's chosen people, the people of Israel. The second part of the Bible, the New Testament, was written by members of the early Christian community and contains twenty-seven books. The New Testament tells the story of Jesus and the first Christians. The Holy Spirit inspired, or guided, the writers of the Bible.

Understanding the Bible

The Bible is the word of God written under the inspiration of the Holy Spirit. Sometimes the stories are factual. At other times the stories are created to teach a true message. The different types of writing used by the authors of the Bible to express their faith in God are called literary forms. If we read God's word knowing the literary forms, we can accurately understand what God is saying to us today. The Old and New Testaments were developed within a community of faith. We need our community of faith, the Church, to help us understand the Bible.

Created to Be Like God

Inspired by the Holy Spirit, the writers of the Bible wrote two stories of creation. They used the literary form of poetry. These stories help us to understand that God the Father created everyone and everything good. In the first creation story we learn that human beings are created in the image and likeness of God. We have the ability to think, to choose, and to love like God. With these abilities we can make our world a better place for all people.

Created for God

The second creation story teaches that human beings are invited to be partners with God and with one another. The Israelites told this story, as they told the first, in the literary form of poetry. From the story we learn that we depend on God for our existence, that we share his life of grace, and that humankind has been made responsible for creation. By using our different gifts and abilities, we can work together to carry out God's work in our world.

Finding God's Mercy

As the story of Adam and Eve continues, we see how sin and evil are the result of free choice. The first humans did not use their freedom of choice responsibly. This was the origin of sin; we call it original sin. The effects of original sin are experienced by the entire human family. The effects are ignorance, suffering, inclination to evil, and death. But we are not left without hope. All people are called into friendship with God and can experience hope and God's mercy. The story of Noah teaches us that all people everywhere have an everlasting covenant with God.

PRUEBA PARA LA PRIMERA UNIDAD

Encierra en un círculo la letra al lado de la respuesta correcta.

1. La Biblia es

   a. el Antiguo Testamento.

   b. la revelación de Dios.

   c. inspirada por los humanos.

2. Las formas literarias en la Biblia son

   a. lecciones científicas acerca de la creación.

   b. formas de enseñar un mensaje real.

   c. escritos de Jesús.

3. La primera historia de la creación nos dice

   a. lo bueno de la creación de Dios.

   b. que no somos creados a imagen de Dios.

   c. que algunas cosas son creadas malas.

4. La historia del pecado original nos enseña que

   a. el pecado afectó sólo a Adán y a Eva.

   b. todos experimentamos los efectos del pecado.

   c. los primeros seres humanos fueron creados malos.

5. La historia de Noé nos enseña que

   a. Dios nos dio esperanza.

   b. Dios hizo una alianza con todo el pueblo.

   c. a la gente no se le debe dar una segunda oportunidad.

He aquí algunos símbolos usados en el libro de Génesis. Describe lo que cada uno significaba para los israelitas.

6. La creación del hombre del barro es una forma de enseñarnos que

   _____

   _____

7. El soplo de vida de Dios sobre la forma del primer hombre es una forma de enseñarnos

   _____

   _____

8. El jardín es un símbolo de

   _____

9. El árbol de la ciencia es un símbolo que enseña

   _____

   _____

10. Dar nombre a los animales y a las aves es una forma de enseñar

    _____

    _____

Piensa y decide: elige uno de los símbolos mencionados arriba. Di que significado tiene en tu vida.

Símbolo _____

Significado _____

_____

Nombre _____

Su hijo ha completado la primera unidad. Tome un momento para evaluar como ha crecido, entendido y vivido la fe. Revise y devuelva esta página al catequista.

_____ Mi hijo necesita ayuda para entender la parte que he señalado.

_____ Me gustaría hablar con usted. Mi número de teléfono es _____.

Firma _____

UNIT 1 · TEST

Circle the letter beside the correct answer.

1. The Bible is
   a. the Old Testament.
   b. God's revelation.
   c. inspired by humans.

2. The literary forms in the Bible are
   a. scientific lessons about creation.
   b. ways of teaching a true message.
   c. written by Jesus.

3. The first creation story tells us
   a. the goodness of God's creation.
   b. that we are not made in God's image.
   c. that some things were created evil.

4. The story of original sin teaches that
   a. sin affected only Adam and Eve.
   b. we all experience the effects of sin.
   c. the first human beings were created evil.

5. The story of Noah teaches us that
   a. God gave up hope for people.
   b. God made an everlasting covenant with all people.
   c. people should not be given a second chance.

Here are symbols used in the Book of Genesis. Describe what each symbol meant to the Israelites.

6. The creation of humankind from the soil of the earth is a way of teaching that

_____

_____

7. The breathing of God's life-giving breath into the shape of the first human being is a way of teaching

_____

_____

8. The garden is a symbol of

_____

9. The tree that gives knowledge is a symbol that teaches

_____

_____

10. Naming the animals and birds is a way of teaching

_____

_____

Think and decide: Choose one of the above symbols. Tell what meaning it might have in your life today.

Symbol _____

Meaning _____

_____

Name _____

Your sixth grader has just completed Unit 1. Take time now to evaluate how he or she is growing in understanding and living the faith. Check and return this page to your son's or daughter's teacher.

_____ My son/daughter needs help understanding the part of the Review I have underlined.

_____ I would like to speak with you. My phone number is _____.

Signature: _____

REVISION DE LA SEGUNDA UNIDAD

En búsqueda de la tierra prometida

Dios invitó a Abram y a su mujer, Saray, a dejar su tierra natal y caminar hacia la tierra prometida. Después Dios hizo una alianza con ellos. Dios cambió el nombre de Abram por Abraham para mostrarle que debía empezar una nueva vida como padre del pueblo escogido de Dios. También Dios cambió el nombre de Saray por Sara, porque también ella tendría un nuevo papel en el plan de Dios. Abraham amó tanto a Dios que estuvo dispuesto a sacrificarle a su único hijo, Isaac.

Pioneros de la tierra prometida

Abraham envió a su sirviente a Ur, el lugar donde Abraham había nacido, a buscar una esposa para su hijo Issac. Dios actuó por medio del sirviente para unir a Isaac y a Rebeca. Por medio de su matrimonio, la actividad de Dios en el pueblo escogido continuó de manera especial. Rebeca ayudó a su hijo Jacob a suceder a su padre. Ella sirvió de canal para el plan de Dios. Luego, José, el hijo de Jacob, usó los talentos que Dios le había dado para gobernar a Egipto. Como gobernador pudo salvar a su familia de morir de hambre.

Anhelo por la tierra prometida

En Egipto los israelitas crecieron tanto en número y fuerza que los egipcios se alarmaron. Los israelitas fueron esclavizados y los recién nacidos asesinados. Moisés se salvó porque su madre lo escondió en las gramas del Nilo dentro de una canasta. La hija del faraón lo encontró y lo adoptó como suyo. Después de ser educado como un príncipe egipcio, Dios escogió a Moisés para dirigir a los israelitas hacia la libertad. Junto con su hermano Aron, Moisés dio el mensaje de Dios al faraón. Finalmente el faraón dejó ir a los israelitas. Los judíos recuerdan este paso a la libertad, todos los años, durante la fiesta de pascua. Los cristianos celebramos nuestra pascua en la resurrección, cuando recordamos la nueva vida y libertad que nos dio Jesucristo.

Llegada a la tierra prometida

Cuando los israelitas salieron de Egipto, empezaron su viaje a Canaán, la tierra que Dios había prometido a sus antepasados. Dios los protegió y cuidó todos los días. En el monte Sinaí Dios les ofreció la alianza, prometiendo a los israelitas que serían el pueblo escogido de Dios si le obedecían.

Los israelitas aceptan la alianza con Dios y prometieron ser responsables de obedecer la alianza. Estas responsabilidades están resumidas en los Diez Mandamientos. Los israelitas celebraron la presencia de Dios entre ellos construyendo una tienda sagrada en la que mantenían las tablas de los Diez Mandamientos. Las tablas eran mantenidas en una caja especial llamada arca de la alianza.

Establecimiento en la tierra prometida

Cuando Moisés murió, Josué dirigió a los israelitas a la ciudad de Jericó en Canaán, la tierra que Dios les había prometido. La historia de la invasión de Jericó nos enseña que Dios es la fuente de nuestra fortaleza. Los israelitas capturaron a Jericó sin usar armas; Dios les dio el poder de vencer a sus enemigos.

Los israelitas vivieron en la tierra que Dios les había prometido. Ellos fueron guiados por hombres y mujeres llamados jueces. Durante el tiempo de los jueces, historias de gente como Sansón continuaron ayudando a los israelitas a entender que Dios da poder y fuerza a todo el que confía en él. Hoy, Dios también nos da el poder y la fuerza de vencer las fuerzas del mal en nuestra vida y nuestro mundo.

UNIT 2 · REVIEW

Seeking the Promised Land

God invited Abram and his wife, Sarai, to leave their homeland and journey to the Promised Land. Then God entered into a covenant with them. God changed Abram's name to Abraham to show that he was to begin a new life as the father of God's chosen people. God changed Sarai's name to Sarah, because she also was entering into a new role in God's plan. Abraham loved God so much that he was even willing to sacrifice his only son, Isaac, to God.

Pioneering the Promised Land

Abraham sent his servant to Haran, in the country where Abraham had been born, to find a wife for Isaac. God acted through the person of Abraham's servant to bring Isaac and Rebecca together. Through their marriage, the activity of God among the chosen people would continue in a special way. Rebecca helped her son Jacob to become Isaac's successor. She served as a channel of God's plan. Later, Joseph, the son of Jacob, used his God-given talents and became the governor of Egypt. As governor he was able to save his family from starvation.

Longing for the Promised Land

As the Israelites grew in number and strength in Egypt, the Egyptians became alarmed. All Israelites were made slaves, and newborn male babies were killed. Moses' life was spared because his mother hid him in a basket of reeds in the tall grass of the Nile River. When the pharaoh's daughter found him, she adopted him as her own. After Moses was educated as an Egyptian prince, God chose him to lead the Israelites to freedom. With his brother Aaron, Moses delivered God's message to the pharaoh. The pharaoh, at last, let the Israelites go. People of the Jewish faith remember this passage to freedom each year at the feast of Passover. We Christians celebrate our passover at Easter, when we remember the new life and freedom given to us by Jesus Christ.

Returning to the Promised Land

When the Israelites left Egypt, they began their journey to Canaan, the land God had promised their ancestors. Each day God protected them and cared for them. At Mount Sinai, God offered them a covenant, promising that the Israelites would be God's chosen people if they would obey God.

The Israelites accepted God's covenant and promised to be responsible for observing the covenant. These responsibilities are summarized in the Ten Commandments. The Israelites celebrated God's presence among them by building a sacred tent in which they kept the tablets of the Ten Commandments. The tablets were kept in a special box called the ark of the covenant.

Settling the Promised Land

When Moses died, Joshua led the Israelites into the city of Jericho in Canaan, the land that God had promised them. The story of the invasion of Jericho teaches us that God is the source of our strength. The Israelites captured Jericho without using any weapons; God gave them the power to overcome their enemies.

The Israelites once again lived in the land that God had promised to them. They were guided by men and women called judges. During the time of the judges, the stories of people like Samson continued to help the Israelites understand that God gives power and strength to all who trust in him. Today, God also gives us the power and strength to overcome evil forces in our lives and in our world.

PRUEBA PARA LA SEGUNDA UNIDAD

Llena el espacio en blanco.

1. ¿Quién se dirigió al faraón para pedirle la libertad del pueblo de Dios?

_____

2. ¿Quién gobernó a Israel como juez y nos mostró que Dios da valor a los que confían en él?

_____

3. ¿Quién fue vendido como esclavo a Egipto, luego fue gobernador y salvó a su pueblo de morir de hambre?

_____

4. ¿Quién dirigió a los israelitas a vencer la ciudad de Jericó sin armas?

_____

5. ¿Quiénes fueron los padres de Esaú y Jacob?

_____

6. ¿Quién, por su fidelidad a su suegra y al Dios de los israelitas, se convirtió en antepasado de Jesús?

_____

7. ¿Cuál es el nombre del hijo que Abraham estaba dispuesto a sacrificar a Dios?

_____

8. ¿Quién fue la hermana de Moisés?

_____

9. ¿A quién se le cambió el nombre por otro que significa padre del pueblo escogido de Dios?

_____

_____

10. Numera los siguientes eventos en el orden en que sucedieron.

_____ Dios llamó a Moisés para libertar a los israelitas.

_____ Los israelitas aceptaron los Diez Mandamientos para mantener la alianza con Dios.

_____ Dios hizo una alianza con Abraham y Sara para bendecir a sus descendientes.

_____ José dirigió a los israelitas a la ciudad de Jericó.

_____ Los israelitas fueron sometidos como esclavos de Egipto.

Piensa y decide: ¿De qué manera Rebeca sirvió de canal para el plan de Dios?

_____

_____

_____

Escoge uno de los Diez Mandamientos. Explica como el cumplirlo te ayuda a ser fiel a la alianza con Dios.

_____

_____

_____

UNIT 2 • TEST

Fill in the blanks below with the correct biblical name.

1. Who went to the Egyptian pharaoh and told him to free God's people?

_____

2. Who ruled Israel as a judge and showed us that God gives strength to those who trust in God?

_____

3. Who was sold as a slave in Egypt, later became governor, and saved his people from starvation?

_____

4. Who led the Israelites into the city of Jericho without using any weapons?

_____

5. Who were the parents of Esau and Jacob?

_____

6. Who was so loyal to her mother-in-law and to the God of the Israelites, she became an ancestor of Jesus?

_____

7. Who was Abraham's son whom he was willing to offer as a sacrifice to God?

_____

8. Who was the sister of Moses?

_____

9. Whose name was changed to signify that he was to be the father of God's chosen people?

_____

_____

10. Number the following events in the order in which they took place.

_____ God called Moses to free the Israelites.

_____ The Israelites accepted the Ten Commandments as a way of keeping God's covenant.

_____ God made a covenant with Abraham and Sarah to bless their descendants.

_____ Joshua led the Israelites into the city of Jericho.

_____ The Israelites were made slaves in Egypt.

Think and Decide: In what ways did Rebecca serve as a channel of God's plan?

_____

_____

_____

Choose one of the Ten Commandments. Tell how obeying it helps you to be faithful to God's covenant.

_____

_____

_____

Name _____

Your sixth grader has just completed Unit 2. Take time now to evaluate how he or she is growing in understanding and living the faith. Check and return this page to your son's or daughter's teacher.

_____ My son/daughter needs help understanding the part of the Review I have underlined.

_____ I would like to speak with you. My phone number is _____.

Signature: _____

REVISION DE LA TERCERA UNIDAD

La edad de oro de Israel

Cuando los israelitas pidieron un rey, Dios dio a Samuel, el más respetado de los jueces de Israel, una señal para ungir a Saúl . Al principio el rey Saúl gobernó a los israelitas con justicia. Pero se enorgulleció y no vivió de acuerdo a la alianza. Cuando Saúl se olvidó de confiar en Dios, perdió las bendiciones de Dios. Dios pidió a Samuel que ungiera a David, un joven pastor, para que fuera el próximo rey de Israel. David fue traído a la corte del rey Saúl. Se convirtió en un héroe cuando peleó y venció al gigante Goliat. Cuando Saúl murió, David se convirtió en el rey de Israel. El gobierno de David fue conocido como la edad de oro de la justicia, la paz y la unidad.

Fin de la edad de oro de Israel

Cuando murió David, su hijo Salomón se convirtió en el rey de Israel. Al principio Dios estaba muy contento con Salomón. Cuando Salomón le pidió a Dios que le diera el don de la sabiduría, Dios le prometió sabiduría, riqueza y honor durante toda su vida. Salomón gobernó a los israelitas sabiamente durante muchos años. Su logro más grande fue la construcción del Templo de Jerusalén. Pero Salomón empezó a cifrar su confianza en poderes terrestres y a olvidar que sus bendiciones venían de Dios. Cuando Salomón murió, el reino de Israel se dividió.

Aprendiendo de los profetas

Después de la división del reino, Dios envió a los profetas para llamar al pueblo a regresar a la vida de fidelidad a Dios. Muchos israelitas empezaron a adorar falsos dioses. Dios envió al profeta Elías para llamar al pueblo a regresar a la fidelidad a Yavé. El profeta Oseas también llamó al pueblo a regresar a Dios y a hacer obras de justicia. El enseñó que Dios, al igual que un esposo fiel, constantemente ama y perdona.

Predicadores de la fe

Dios envió a Isaías a Judá, el reino del sur, que se había convertido en idólatra y había descuidado a los pobres. Isaías llamó al pueblo a tratar a los demás justamente y predicó acerca del perdón de Dios.

Después del tiempo de Isaías, Dios envió a Jeremías a avisar al pueblo que un enemigo del norte podría vencerlo si no cambiaban su forma de vivir. Nadie creyó en el profeta. Babilonia invadió a Judá, destruyó el Templo y mataron a mucha gente.

En 587 a. C. los sobrevivientes, los jóvenes y los que tenían dinero fueron deportados a Babilonia. El reino de Judá había sido destruido. Los exilados en Babilonia se conocieron como judíos. El gran profeta del exilio fue un joven sacerdote llamado Ezequiel. El alentó a los exilados, recordándoles que un día su nación y el Templo serían devueltos.

Sirvientes del pueblo de Dios

Cuando Ciro, el rey del imperio persa, conquistó a Babilonia en el 538 a. C., declaró que el pueblo judío podía regresar a su tierra. Cuando los exilados regresaron, encontraron la ciudad y el templo en ruinas. El Templo de Jerusalén no sería reparado sino hasta 444 a. C. Durante el período después del exilio, dos mujeres fueron héroes y modelo de la esperanza del pueblo de Dios. Esther salvó a su pueblo de la muerte y de las manos del primer ministro persa. Judith salvó a su pueblo de una invasión asiria. Después del exilio, la vida era muy difícil para el pueblo judío en su propia tierra. Fueron sometidos por cuatro gobiernos extranjeros: Grecia, Egipto, Siria y Roma.

UNIT 3 · REVIEW

A Golden Age for Israel

When the Israelites asked for a king, God gave Samuel, the most respected judge of Israel, a sign to anoint Saul. At first King Saul ruled the Israelites with justice. But he became proud and did not live according to God's covenant. When Saul forgot to trust in God, he lost God's blessings. God told Samuel to anoint David, a shepherd boy, to be Israel's next king. David was brought to King Saul's court. He became a hero when he fought and killed the giant Goliath. When Saul died, David became the new king of Israel. David's rule in Israel was known as a golden age of justice, peace, and unity.

End of Israel's Golden Age

When David died, his son Solomon became king of Israel. At first God was very pleased with Solomon. When Solomon asked God for the gift of wisdom, God promised him wisdom, wealth, and honor all his life. Solomon governed the Israelites wisely for many years. His greatest accomplishment was building the Temple of Jerusalem. But Solomon began to place his trust in earthly powers and forgot that his blessings came from God. When Solomon died, the kingdom of Israel became divided.

Learning from the Prophets

After the division of the kingdom, God sent prophets to call the people back to a life of faithfulness to God. Many Israelites began to worship false gods. God sent the prophet Elijah to call the Israelites back to faithfulness to Yahweh. The prophet Hosea also called the people to return to God and to do the works of justice. He taught that God, like a faithful spouse, is constantly loving and forgiving.

Preachers of the Faith

In the southern kingdom of Judah, God sent Isaiah to the people, who had turned to idolatry and were neglecting the poor. Isaiah called the people to treat others with justice and preached about God's forgiveness.

After the time of Isaiah, God sent Jeremiah to warn the people of Judah that an enemy from the north would defeat them if they did not change their ways. No one seemed to take the prophets seriously, however. Babylonians invaded Judah, destroying the Temple and slaughtering many people.

In 587 B.C. those who had not been killed and who were not old or poor were deported to Babylon. The kingdom of Judah had been destroyed. Those in exile in Babylon became known as Jews. The great prophet of the Exile was a young priest named Ezekiel. He comforted the exiles, reminding them that one day their nation and their Temple would be restored.

Servants of God's People

When Cyrus, the ruler of the Persian empire, conquered Babylon in 538 B.C., he decreed that the Jewish people could return to their homeland. When the exiles returned, they found the city and the Temple in ruins. The Temple of Jerusalem was not finally restored until about 444 B.C. During the period after the Exile, two women were heroes and models of hope for God's people. Esther saved her people from death at the hands of the Persian prime minister. Judith saved her people from an invasion of the Assyrians. After the exile, life was very difficult for the Jewish people in their homeland. They were subjected to the rule of four foreign governments: Greece, Egypt, Syria, and Rome.

PRUEBA PARA LA TERCERA UNIDAD

Encierra en un círculo la letra al lado de la respuesta correcta.

1. Los Israelitas querían ser gobernados por un rey porque
- **a.** creían que iban a ser más ricos.
- **b.** otras naciones tenían reyes que los protegían.
- **c.** Dios se lo comunicó en una visión.

2. El primer rey de Israel fue
- **a.** Samuel.
- **b.** David.
- **c.** Saúl.

3. Fue el pastor que venció al gigante Goliat
- **a.** Samuel.
- **b.** David.
- **c.** Saúl.

4. El gran logro del rey Salomón fue
- **a.** construir un palacio en Jerusalén.
- **b.** escribir la historia de Israel.
- **c.** construir el Templo de Jerusalén.

5. Los siguientes fueron profetas del reino del norte:
- **a.** Isaías y Jeremías.
- **b.** Ahab y Jeremías.
- **c.** Elías, Eliseo y Oseas.

6. Los siguientes fueron profetas del reino del sur:
- **a.** Isaías, Oseas y Elías.
- **b.** Isaías y Jeremías.
- **c.** Eliseo y Elías.

Contesta con tus propias palabras.

7. ¿Qué pasó durante el reinado de David que le hace conocer como la época de oro?

_____

_____

8. Da un ejemplo de la sabiduría de Salomón y otro de cuando no actuó sabiamente.

_____

_____

9. Escoge un profeta. Discute lo que dijo al pueblo y cómo respondió el pueblo.

_____

_____

10. ¿Qué nos enseñan, la caída de los reinos y el exilio, acerca de la alianza con Dios?

_____

_____

Piensa y decide: Di cómo alguien en esta época puede ser un profeta.

_____

_____

_____

Nombre _____

Su hijo ha completado la tercera unidad. Tome un momento para evaluar como ha crecido, entendido y vivido la fe. Revise y devuelva esta página al catequista.

_____ Mi hijo necesita ayuda para entender la parte que he señalado.

_____ Me gustaría hablar con usted. Mi número de teléfono es _____.

Firma _____

UNIT 3 · TEST

Circle the correct answers.

1. The Israelites wanted to be ruled by a king because
   a. they felt they would become more wealthy.
   b. other nations had kings who protected them from their enemies.
   c. God told them to do this in a vision.

2. The first king of Israel was
   a. Samuel.   b. David.   c. Saul.

3. The shepherd who defeated the giant Goliath was
   a. Samuel.   b. David.   c. Saul.

4. King Solomon's greatest accomplishment was
   a. building the palace in Jerusalem.
   b. writing the history of Israel.
   c. building the Temple of Jerusalem.

5. The following were prophets in the northern kingdom:
   a. Isaiah and Jeremiah.
   b. Ahab and Jeremiah.
   c. Elisha, Elijah, and Hosea.

6. The following were prophets in the southern kingdom:
   a. Isaiah, Hosea, and Elijah.
   b. Isaiah and Jeremiah.
   c. Elisha and Elijah.

Answer in your own words.

7. Tell what happened during the reign of King David to make it known as a "golden age."

_____

_____

8. Give an example of how King Solomon was wise. Also give an example of how he was unwise.

_____

_____

9. Choose one prophet. Discuss what he said to the people and how the people responded.

_____

_____

10. What does the story of the fall of the kingdoms and the Exile teach us about faithfulness to God's covenant?

_____

_____

Think and Decide: Tell how someone in our time can be a prophet.

_____

_____

_____

Name _____

Your sixth grader has just completed Unit 1. Take time now to evaluate how he or she is growing in understanding and living the faith. Check and return this page to your son's or daughter's teacher.

_____ My son/daughter needs help understanding the part of the Review I have underlined.

_____ I would like to speak with you. My phone number is _____.

Signature: _____

REVISION DE LA CUARTA UNIDAD

Los tiempos del Nuevo Testamento

Jesús nació en Palestina. Durante ese tiempo, Palestina era habitada por gente de diferentes lugares. Los romanos habían conquistado a Palestina en el 63 a. C. A pesar de que al pueblo judío se le permitía practicar su religión, anhelaban su libertad.

En tiempos de Jesús había muchas prácticas sociales y religiosas prejuiciosas y discriminatorias. Jesús las rechazó y trató a todo el mundo justamente. Dentro del judaísmo, los fariseos, los saduceos y los escribas estaban divididos acerca de la forma en que se debía practicar la religión judía. Jesús celebraba el sabbat y otras celebraciones religiosas, tales como la Pascua, Succoth, Rosh Hashanah, Yom Kippur, Hanukkah, y Purim.

Jesús de Nazaret

Cuando nació Jesús, el pueblo judío estaba esperando al Mesías desde hacía mucho tiempo. Ellos estaban descontentos bajo el gobierno del rey Herodes el Grande. Cuando Jesús empezó a predicar, dijo que él había venido a predicar el reino de Dios. Jesús nos mostró, con lo que hizo y dijo, como pertenecer al reino de Dios. Jesús enseñó que vivir la Ley del Amor era la forma de pertenecer al reino de Dios.

Jesús y sus discípulos

Jesús se preparó para anunciar el reino de Dios dejando que su primo Juan el Bautista lo bautizara. Jesús rezó por su misión y llamó a los primeros discípulos para que le siguieran. Les dio unas guías conocidas como las Bienaventuranzas para ayudarles a vivir para el reino de Dios. En la última Cena, Jesús les dio el regalo de sí mismo en la Eucaristía.

Jesús fue arrestado y sentenciado a muerte; murió en la cruz y fue sepultado. El domingo siguiente, día de pascua, en la mañana, resucitó de la muerte. Después de su resurrección, se apareció a muchos de sus discípulos. Luego fue llevado al cielo.

La primera Iglesia y nosotros.

En el primer Pentecostés, el Espíritu Santo bajó a los apóstoles y discípulos de Jesús. Empezaron a predicar el evangelio y a establecer iglesias locales. En Antioquía y Siria los discípulos de Jesús empezaron a conocerse como cristianos. Las iglesias locales estaban formadas por comunidades de personas quienes se preocupaban unos por otros. Durante el primer siglo de la Iglesia muchos cristianos fueron perseguidos y fueron martirizados. Hoy, muchos cristianos siguen siendo perseguidos y también martirizados. Hoy seguimos el ejemplo de los primeros cristianos y seguimos a Jesús.

Oraciones y devociones

Aprendemos cómo seguir a Jesús aprendiendo acerca de su vida y sus tiempos. Los evangelios nos enseñan el significado de la vida de Jesús. Al leer los Hechos de los Apóstoles y las epístolas, cartas escritas por los primeros líderes cristianos a las comunidades cristianas, aprendemos cómo los primeros cristianos siguieron a Jesús. El último libro de la Biblia, el Apocalipsis, nos da esperanza al hablarnos de la vida que nos espera con Dios en el cielo. Aprendemos cómo seguir a Jesús orando, especialmente la oración que Jesús nos enseñó, el Padre Nuestro. Debemos poner nuestra oración en acción practicando las obras de misericordia.

UNIT 4 • REVIEW

New Testament Times

Jesus was born in Palestine. During his lifetime, Palestine was inhabited by people from many lands. The Romans had conquered Palestine in 63 B.C. Although the Jewish people were allowed to practice their religion, they longed for a liberator to free them from Roman rule.

There were many practices of social and religious prejudice and discrimination in the time of Jesus. Jesus rejected them and treated all people fairly. Within Judaism, the Pharisees, Sadducees, and scribes were divided over the way to practice the Jewish religion. Jesus took part in the Sabbath and other religious celebrations such as Passover, Succoth, Rosh Hashanah, Yom Kippur, Hanukkah, and Purim.

Jesus of Nazareth

When Jesus was born, the Jewish people had been hoping for a Messiah for a long time. They were very unhappy under the rule of King Herod the Great. When Jesus began to preach, he told everyone that he was sent to proclaim the kingdom, or reign, of God. Jesus showed us how to be part of the reign of God by all he said and did. Jesus taught that living the Law of Love was the way to become part of the reign of God.

Jesus and His Disciples

Jesus prepared to preach the reign of God by having his cousin John the Baptist baptize him. Jesus prayed about his mission and called his first disciples to follow him. He gave them guidelines, known as the Beatitudes, to help them live for God's reign. At the Last Supper, Jesus gave the gift of himself in the Eucharist. Jesus was arrested and sentenced to death; he died on a cross and was buried. On Easter, the following Sunday morning, he rose from the dead. After his resurrection, he appeared to many of his disciples. Then at the time he had appointed, he was taken up into heaven.

The Early Church and Us

On the first Pentecost, the Holy Spirit came to the apostles and disciples of Jesus. They began to preach the gospel and establish local Churches. At Antioch, in Syria, the disciples of Jesus became known as Christians. The local Churches were made up of communities of people who cared for one another. During the first centuries of our Church, many Christians suffered persecution and were martyred. Today, Christians still experience persecution and many are martyred. We follow the example of the first Christians and follow Jesus today.

Prayer and Practice

We learn how to follow Jesus by learning about his life and times. The gospels teach us the meaning of Jesus' life. By reading the Acts of the Apostles and the epistles, letters written by Church leaders to the early Christian communities, we learn how the early Christians followed Jesus. The last book of the Bible, the Book of Revelation, gives us hope by speaking of the life that awaits us with God in heaven. We learn how to follow Jesus by praying, especially the prayer Jesus taught us, the Our Father. We put our prayer into action by practicing the Works of Mercy.

PRUEBA PARA LA CUARTA UNIDAD

1. ¿Quién gobernó a Palestina y al pueblo judío durante los tiempos de Jesús?

_____

_____

2. ¿Con qué propósito Jesús llamó a sus discípulos?

_____

_____

3. ¿Cómo se llama a las personas que ofrecen su vida por su fe?

_____

_____

4. Nombra una forma en que podemos seguir a Jesús

_____

_____

5. ¿Quiénes eran los fariseos?

_____

_____

6. ¿Qué son las parábolas?

_____

_____

Contesta con tus palabras

7. ¿Por qué estudiar sobre las costumbres y el tiempo en que vivió Jesús nos ayuda a conocerle?

_____

_____

8. Escoge una parábola o un milagro de Jesús. Di cómo te ayuda a entender el reino de Dios.

_____

_____

9. Escoge una de las Bienaventuranzas. Di como puedes vivirla hoy.

_____

_____

_____

10. Escribe lo que sabes acerca de alguien que haya sido perseguido por su fe.

_____

_____

_____

Piensa y decide: Aprendimos a seguir a Jesús conociendo su vida, rezando y poniendo la oración en acción. Completa las siguientes oraciones:

Aprenderé sobre Jesús

_____

_____

_____

Rezaré cuando

_____

_____

_____

Pondré mi oración en acción y

_____

_____

_____

UNIT 4 • TEST

Complete the following sentences.

1. Who ruled Palestine and the Jewish people during the time of Jesus?

_____

_____

2. For what purpose did Jesus call his disciples?

_____

_____

3. What are people called who give up their lives for their faith?

_____

_____

_____

4. Name one way we can discover how to follow Jesus.

_____

_____

5. Who were the pharisees?

_____

_____

6. What are parables?

_____

_____

Answer in your own words.

7. How does studying about the customs and the time in which Jesus grew up help you to know him?

_____

_____

8. Choose a parable or a miracle of Jesus. Tell how it helps you to understand the reign of God.

_____

_____

9. Choose one of the Beatitudes. Tell how you can live that beatitude today.

_____

_____

_____

10. Write about someone you know who has experienced persecution because of his or her Christian faith.

_____

_____

_____

Think and Decide: We learn how to follow Jesus by learning about his life, by praying, and by putting our prayer into action. Complete the following sentences.

I will learn about Jesus by

_____

_____

I will pray when

_____

_____

I will put my prayer into action by

_____

_____

El rosario

El rosario tiene una cruz, seguida de una cuenta grande y tres pequeñas. Después hay cinco "decenas". Cada decena tiene una cuenta grande seguida de diez pequeñas. Se empieza el rosario con la señal de la cruz. Se reza el Credo Apostólico. Después se reza un Padre Nuestro, tres Ave Marías y un Gloria al Padre.

Para recitar cada decena se reza un Padre Nuestro en la cuenta grande y diez Ave Marías en las diez pequeñas. Después de cada decena se reza un Gloria al Padre. Mientras reza cada decena se medita acerca de los misterios gozosos, dolorosos o gloriosos, un evento especial acerca de la vida de Jesús o María. El rosario concluye con una Salve.

Misterios gozosos

1. La anunciación
2. La visitación
3. El nacimiento de Jesús
4. La presentación de Jesús en el Templo
5. El niño Jesús es encontrado en el Templo

Misterios dolorosos

1. La agonía de Jesús en el huerto
2. Jesús es azotado en una columna
3. Jesús es coronado de espinas
4. Jesús carga con la cruz
5. La crucifixión y muerte de Jesús.

Misterios gloriosos

1. La resurrección
2. La ascensión
3. La venida del Espíritu Santo
4. La asunción de María a los cielos
5. La coronación de María en el cielo

Los católicos tenemos la costumbre de rezar los misterios del rosario de la forma siguiente: jueves, sábados y los domingos de Adviento, los misterios gozosos; martes, viernes y los domingos de Cuaresma, los misterios dolorosos; miércoles, sábado y el resto de los domingos del año, los misterios gloriosos.

El vía crucis

1. Jesús es condenado a muerte.
2. Jesús carga con la cruz.
3. Jesús cae por primera vez.
4. Jesús encuentra a su madre.
5. Simón ayuda a Jesús a cargar con la cruz.
6. La Véronica enjuga el rostro de Jesús.
7. Jesús cae por segunda vez.
8. Jesús encuentra a las mujeres de Jerusalén.
9. Jesús cae por tercera vez.
10. Jesús es despojado de sus vestiduras.
11. Jesús es clavado en la cruz.
12. Jesús muere en la cruz.
13. Jesús es bajado de la cruz.
14. Jesús es dejado en la tumba.

Días de obligación en los Estados Unidos

Estos son los días en que la Iglesia Católica celebra la Eucaristía al igual que los domingos.

1. María, Madre de Dios (primero de enero)
2. La Ascensión (durante el tiempo de Pascua)
3. La Asunción de María (15 de agosto)
4. Día de Todos los Santos (primero de noviembre)
5. Inmaculada Concepción (8 de diciembre)
6. Navidad (25 de diciembre)

Reza en estas palabras

Jesús, cuando la tormenta llegue a mi vida
    calma mi miedo.
Cuando tema hacer lo que sé es lo correcto,
    dame valor.
Cuando tenga miedo de tratar algo nuevo por temor a fracasar,
    dame esperanza.
Cuando tenga un problema tan grande que no pueda resolver por mí mismo,
    dame la confianza en ti y en los que me pueden ayudar.

The Rosary

A rosary has a cross, followed by one large bead and three small ones. Then there is a circle with five "decades." Each decade consists of one large bead followed by ten smaller beads. Begin the rosary with the sign of the cross. Recite the Apostles' Creed. Then pray one Our Father, three Hail Marys, and one Glory to the Father.

To recite each decade, say one Our Father on the large bead and ten Hail Marys on the ten smaller beads. After each decade, pray the Glory to the Father. As you pray each decade, think of the appropriate Joyful, Sorrowful, or Glorious Mystery, or a special event in the life of Jesus and Mary. Pray the Hail, Holy Queen as the last prayer of the rosary.

The Five Joyful Mysteries

(remembered on Mondays, Thursdays, and the Sundays of Advent)

1. The annunciation
2. The visitation
3. The birth of Jesus
4. The presentation of Jesus in the Temple
5. The finding of Jesus in the Temple

The Five Sorrowful Mysteries

(remembered on Tuesdays, Fridays, and the Sundays of Lent)

1. The agony in the garden
2. The scourging at the pillar
3. The crowning with thorns
4. The carrying of the cross
5. The crucifixion and death of Jesus

The Five Glorious Mysteries

(remembered on Wednesdays, Saturdays, and all other Sundays of the year)

1. The resurrection
2. The ascension
3. The Holy Spirit comes upon the apostles
4. The assumption of Mary into heaven
5. The coronation of Mary in heaven

The Stations of the Cross

1. Jesus is condemned to die.
2. Jesus takes up his cross.
3. Jesus falls the first time.
4. Jesus meets his Mother.
5. Simon helps Jesus carry his cross.
6. Veronica wipes the face of Jesus.
7. Jesus falls the second time.
8. Jesus meets the women of Jerusalem.
9. Jesus falls the third time.
10. Jesus is stripped of his garments.
11. Jesus is nailed to the cross.
12. Jesus dies on the cross.
13. Jesus is taken down from the cross.
14. Jesus is laid in the tomb.

Holy Days of Obligation

On these days Catholics must celebrate the Eucharist just as on Sunday.

1. Solemnity of Mary, Mother of God (January 1)
2. Ascension (During the Easter season)
3. Assumption of Mary (August 15)
4. All Saints Day (November 1)
5. Immaculate Conception (December 8)
6. Christmas (December 25)

Pray in these words or your own

Jesus, when a storm comes up in my life, calm my fears.

When I am afraid to do what I know is right, give me courage.

When I am afraid to try somthing new because I might fail, give me hope.

When I have a problem that is too big to handle alone, give me trust in you and in those who can help me.

ORACION FINAL

Nuestro camino de fe

Guía: Durante este año escolar hemos caminado juntos en este camino de fe. Antes de separarnos por el verano, vamos a tomar unos minutos para recordar y compartir como hemos crecido en la fe católica. (Los que deseen pueden compartir sus experiencias ahora.)

Lector 1: Dios, nuestro Padre, amado creador de la tierra en que vivimos, el sol que nos guía de día y la luna y las estrellas que nos guían de noche.

Todos: Te alabamos.

(Los que deseen pueden mencionar un regalo de la creación de Dios.)

Guía: Leer Mateo 28:16–20.

Lector 2: Señor Jesucristo, instruíste a tus discípulos a ir por el mundo y compartir la buena nueva del reino de Dios con otros.

Todos: Aceptamos el mandato de proclamar la buena nueva de Cristo nuestro Salvador

(Si alguien desea puede compartir algún mensaje del evangelio.)

CLOSING PRAYER

Our Journey of Faith

Leader: We have been traveling companions on the journey of faith during this school year. Before we go on our separate ways this summer, together let us take a few minutes to recall and share how we have grown in the Catholic faith. (Anyone who wishes may share at this time.)

Reader 1: God, our Father, loving creator of the earth that we walk upon, the sun that guides us by day, and the moon and the stars that guide us by night.

All: We praise you.

(Any one who wishes may name a gift of God's creation.)

Leader: Read Matthew 28:16–20.

Reader 2: Lord Jesus Christ, you commissioned your disciples to go out into the world to share the good news of God's reign with others.

All: We accept the commission to proclaim the good news of Christ our Savior.

(Any one who wishes may share a part of the gospel message.)

COMPARTIENDO NUESTRA FE COMO CATOLICOS

Dios está cerca de nosotros todo el tiempo y en todos los lugares, nos llama y nos ayuda a acercarnos a la fe. Cuando una persona es bautizada y bienvenida a la comunidad de fe de la Iglesia, todos los presentes se ponen de pie junto con los familiares. Escuchamos las palabras: "Esta es nuestra fe. Esta es la fe de la Iglesia. Estamos orgullosos de profesarla en Cristo Jesús, nuestro Señor". Jubilosamente contestamos: "Amén"— "Sí, creemos".

La Iglesia Católica es nuestro hogar en la comunidad cristiana. Estamos orgullosos de ser católicos, de vivir como discípulos de Jesucristo en nuestro mundo. Cada día somos llamados a compartir nuestra fe con todo aquel a quien encontremos, ayudando así a construir el reino de Dios.

¿Cuál es la fe que queremos vivir y compartir? ¿De dónde viene el don de esa fe? ¿Cómo celebramos y damos culto a Dios? ¿Cómo vivimos? ¿Cómo rezamos a Dios? En estas páginas, encontrarás una guía de fe especialmente escrita para ti. Te puede ayudar a crecer en tu fe católica y a compartirla con tu familia y con otros.

Siguiendo las enseñanzas de la Iglesia y lo que Dios nos ha dicho en la Biblia, podemos resumir algunas de nuestras creencias y prácticas más importantes en estas cuatro categorías.

EN QUE CREEMOS—CREDO

COMO CELEBRAMOS—SACRAMENTOS

COMO CREEMOS—MORAL

COMO REZAMOS—ORACION

CREDO

Los catolicos creen...

HAY UN SOLO DIOS EN TRES DIVINAS PERSONAS:
Padre, Hijo y Espíritu Santo. Un solo Dios en tres divinas Personas es llamada la Santísima Trinidad; esta es la enseñanza central de la religión católica.

DIOS PADRE es el creador de todas las cosas.

DIOS HIJO tomó la naturaleza humana y se hizo uno de nosotros. Este hecho es llamado encarnación. Nuestro Señor Jesucristo, quien es el Hijo de Dios, nació de la Virgen María y proclamó el reino de Dios. Jesús nos dio el nuevo mandamiento del amor y nos enseñó las Bienaventuranzas. Creemos que por su sacrificio en la cruz, murió para salvarnos del poder del pecado—pecado original y nuestros pecados personales. Fue enterrado y resucitó de la muerte el tercer día. Por su resurrección compartimos la vida divina, que llamamos gracia; Jesús el Cristo, es nuestro Mesías. El ascendió al cielo y vendrá de nuevo a juzgar a los vivos y a los muertos.

DIOS ESPIRITU SANTO es la tercera Persona de la Santísima Trinidad, la adoramos junto con el Padre y el hijo. La acción del Espíritu Santo en nuestras vidas nos ayuda a responder al llamado de Jesús de vivir como fieles discípulos.

Creemos que **LA IGLESIA ES UNA, SANTA, CATOLICA Y APOSTOLICA** fundada por Jesús en la "roca", que es Pedro y los otros apóstoles.

Como católicos **COMPARTIMOS UNA FE COMUN.**
Creemos y respetamos lo que la Iglesia enseña; todo lo contenido en la palabra de Dios, escrito y pasado oralmente.

LEEMOS LA PALABRA DE DIOS A NOSOTROS EN LA BIBLIA. Dios nos dice quien es él, lo que ha hecho, cómo es él, lo que espera de nosotros y cómo debemos vivir como pueblo de Dios. Llamamos "revelación" a lo que Dios nos ha dado a conocer.

Creemos que los setenta y tres libros de la Biblia es la palabra de Dios inspirada. Esto quiere decir que se escribieron con la ayuda y bajo la guía del Espíritu Santo.

Los catolicos creen...

Reverenciamos los cuarenta y seis libros del Antiguo Testamento en los cuales leemos acerca del pueblo de Israel, nuestros antepasados en la fe, quienes Dios escogió para ser su pueblo. Reverenciamos los veinte y siete libros del Nuevo Testamento en donde los primeros cristianos escribieron las memorias de Jesús y lo que creían debía ser la vida cristiana.

Creemos que **LA BIBLIA ES UN LIBRO SOBRE FE RELIGIOSA**. Los escritos de la Biblia no intentan enseñar detalles científicos acerca del mundo y de los eventos humanos. Como católicos, necesitamos y siempre tenemos la guía de la Iglesia para ayudarnos a entender el mensaje de la fe en la Biblia.

REVERENCIAMOS LA TRADICION DE LA IGLESIA: Las verdades y creencias de la Iglesia Católica que nos han sido transmitidas desde los tiempos de Jesús y los apóstoles, documentos oficiales y las enseñanzas de la Iglesia.

Creemos en **LA COMUNION DE LOS SANTOS** y que viviremos para siempre con Dios.

Este año también aprendí lo que
significa creer como católicos

_____

_____

_____

_____

_____

_____

LOS CATOLICOS CELEBRAN...

LOS SACRAMENTOS

La Iglesia, el cuerpo de Cristo, continúa la misión de Jesucristo a través de la historia de la humanidad. Por medio de los sacramentos y el poder del Espíritu Santo, la Iglesia entra en el misterio de la muerte y la resurrección del Salvador y en la vida de gracia.

Los siete sacramentos son: Bautismo, Confirmación, Eucaristía, Orden Sagrado, Matrimonio, Reconciliación y Unción de los Enfermos. Por medio de los sacramentos compartimos la gracia de Dios para poder vivir como discípulos de Jesús.

Al participar y celebrar los sacramentos los católicos crecen en santidad y en la vida como discípulos de Jesús. Libres del pecado por el Bautismo y fortalecidos por la Confirmación, somos alimentados por Cristo mismo en la Eucaristía. También en la misericordia y el amor de Dios en el sacramento de la Reconciliación.

LOS CATOLICOS CELEBRAN LA EUCARISTIA EN LA MISA junto con el sacerdote. El sacerdote ha recibido el sacramento del Orden Sagrado y actúa en la persona de Cristo, nuestro Sumo Sacerdote. La misa es una comida y un sacrificio. Es una comida porque en la misa Jesús mismo, el Pan de Vida, se da a nosotros para ser nuestro alimento. Jesús está realmente presente en la Eucaristía. La misa es también un sacrificio porque recordamos todo lo que Jesús hizo por nosotros para salvarnos del pecado y darnos nueva vida. En este gran sacrificio de alabanza nos ofrecemos con Jesús a Dios.

LA EUCARISTIA ES EL SACRAMENTO DEL CUERPO Y LA SANGRE DE JESUS. Es la mayor expresión de alabanza y acción de gracias de los católicos. Es un gran privilegio participar semanalmente en la celebración de la misa con nuestra comunidad parroquial.

También aprendí este año lo que
significa celebrar como católico

_____

_____

_____

_____

288

LOS CATOLICOS VIVEN...

Somos creados a imagen y semejanza de Dios y somos llamados a vivir como discípulos de Jesucristo. Jesús nos dijo: "Amense unos a otros como yo los he amado".

Cuando vivimos de la forma en que Jesús nos enseñó y seguimos sus enseñanzas, podemos ser verdaderamente felices y vivir realmente libres.

Para ayudarnos a vivir como discípulos de Jesús somos guiados por la **LEY DEL AMOR, LAS BIENAVENTURANZAS Y LOS DIEZ MANDAMIENTOS**. Las obras de misericordia y las Leyes de la Iglesia también nos muestran como crecer en vivir como discípulos de Jesús.

Como miembros de la Iglesia, el cuerpo de Cristo, somos guiados por las enseñanzas de la Iglesia que nos ayudan a formar nuestra conciencia. Estas enseñanzas nos han llegado desde los tiempos de Jesús y los apóstoles y han sido vividas por el pueblo de Dios a través de la historia. Compartimos estas creencias con millones de católicos en todo el mundo.

POR MEDIO DE LA ORACION Y LOS SACRAMENTOS, especialmente la Eucaristía y la Reconciliación, nos fortalecemos para vivir como Jesús nos pidió. En fe, esperanza y caridad, como cristianos católicos somos llamados no sólo a cumplir las leyes sino también a vivir una forma de vida nueva y total como discípulos de Jesús.

Para vivir como discípulos de Jesús, somos retados diariamente para escoger entre lo bueno y lo malo. Aún cuando seamos tentados a tomar malas decisiones, el Espíritu Santo siempre está presente para ayudarnos a tomar la decisión correcta. Al igual que Jesús debemos vivir para el reino de Dios. El hacer todo esto significa que vivimos una vida moral cristiana. Como cristianos siempre estamos llamados a seguir a Jesucristo.

También aprendí este año lo que
significa vivir como católico

_____

_____

_____

_____

MORAL

LOS CATOLICOS REZAN...

ORAR ES HABLAR Y ESCUCHAR A DIOS. Hacemos oraciones de acción de gracias y de arrepentimiento; alabamos a Dios y le pedimos satisfacer nuestras necesidades y las de los demás.

PODEMOS REZAR DE DIFERENTES MANERAS Y EN CUALQUIER MOMENTO. Podemos rezar con nuestras propias palabras o con palabras de la Biblia o sólo quedándonos tranquilos en la presencia de Dios. También podemos rezar cantando, bailando o moviéndonos.

También rezamos las oraciones de nuestra familia católica que nos han sido legadas a través de los siglos. Algunas de estas oraciones son el Padre Nuestro, el Ave María, el Gloria al Padre, el Credo Apostólico, el Angelus, la Salve, los actos de fe, esperanza y caridad y el Acto de Contrición. Los católicos también rezan el rosario mientras meditan eventos de la vida de Jesús y María.

Como miembros de la comunidad católica, participamos en la gran oración litúrgica de la iglesia, **LA MISA.** También rezamos con la Iglesia durante **LOS TIEMPOS DEL AÑO LITURGICO DE LA IGLESIA**—Adviento, Navidad, Cuaresma, Triduo Pascual, Pascua y el Tiempo Ordinario.

En la oración nos unimos a toda la comunidad de los santos para alabar y dar gloria a Dios.

También he aprendido este año
lo que significa rezar como católico

_____

_____

_____

_____

_____

_____

_____

SHARING OUR FAITH AS CATHOLICS

God is close to us at all times and in all places, calling us and helping us in coming to faith. When a person is baptized and welcomed into the faith community of the Church, everyone present stands with family and other members of the parish. We hear the words, "This is our faith. This is the faith of the Church. We are proud to profess it in Christ Jesus, our Lord." And we joyfully answer, "Amen"—"Yes, God, I believe."

The Catholic Church is our home in the Christian community. We are proud to be Catholics, living as disciples of Jesus Christ in our world. Each day we are called to share our faith with everyone we meet, helping to build up the reign of God.

What is the faith we want to live and to share? Where does the gift of faith come from? How do we celebrate it and worship God? How do we live it? How do we pray to God? In these pages, you will find a special faith guide written just for you. It can help you as a sixth grader to grow in your Catholic faith and to share it with your family and with others, too.

Following the Church's teachings and what God has told us in the Bible, we can outline some of our most important beliefs and practices in four ways:

WHAT WE BELIEVE—CREED

HOW WE CELEBRATE—SACRAMENTS

HOW WE LIVE—MORALITY

HOW WE PRAY—PRAYER

CATHOLICS BELIEVE...

THERE IS ONE GOD IN THREE DIVINE PERSONS: Father, Son, and Holy Spirit. One God in three divine Persons is called the Blessed Trinity; it is the central teaching of the Christian religion.

GOD THE FATHER is the creator of all things.

GOD THE SON took on human flesh and became one of us. This is called the incarnation. Our Lord Jesus Christ, who is the Son of God born of the Virgin Mary, proclaimed the reign of God by his teaching, signs, and wonders. Jesus gave us the new commandment of love and taught us the way of the Beatitudes. We believe that by his sacrifice on the cross, he died to save us from the power of sin—original sin and our personal sins. He was buried and rose from the dead on the third day. Through his resurrection we share in the divine life, which we call grace. Jesus, the Christ, is our Messiah. He ascended into heaven and will come again to judge the living and the dead.

GOD THE HOLY SPIRIT is the third Person of the Blessed Trinity, adored together with the Father and Son. The action of the Holy Spirit in our lives enables us to respond to the call of Jesus to live as faithful disciples.

We believe in **ONE, HOLY, CATHOLIC, AND APOSTOLIC CHURCH** founded by Jesus on the "rock," which is Peter, and the other apostles.

As Catholics, **WE SHARE A COMMON FAITH.** We believe and respect what the Church teaches: everything that is contained in the word of God, both written and handed down to us.

WE READ GOD'S WORD TO US IN THE BIBLE. God tells us who he is, what he has done, what he is like, what he expects of us, and how we are to live as his own people. We call what God has made known to us "revelation."

We believe that the seventy-three books of the Bible are the inspired word of God. This means that they were written with the help of and under the guidance of the Holy Spirit.

CATHOLICS BELIEVE...

We reverence the forty-six books of the Old Testament in which we read about the people of Israel, our ancestors in faith, whom God chose to be his own people. We reverence the twenty-seven books of the New Testament in which the early Christians wrote down their memories of Jesus and their understanding of the Christian life.

We believe that **THE BIBLE IS A BOOK ABOUT RELIGIOUS FAITH.** The writers of the Bible did not intend to teach scientific details about the world and human events. As Catholics, we need and always have the guidance of the Church to help us understand the message of faith in the Bible.

WE REVERENCE THE TRADITION OF THE CHURCH: the truths and beliefs of the Catholic Church that have been handed down to us since the time of Jesus and the apostles. These include the creeds, official Church documents, and the teachings of the Church.

We believe in **THE COMMUNION OF SAINTS** and that we are to live forever with God.

I have also learned this year that
to believe as a Catholic means

_____

_____

_____

_____

_____

_____

_____

CATHOLICS CELEBRATE...

THE CHURCH, THE BODY OF CHRIST, continues the mission of Jesus Christ throughout human history. Through the sacraments and by the power of the Holy Spirit, the Church enters into the mystery of the death and resurrection of the Savior and the life of grace.

THE SEVEN SACRAMENTS are Baptism, Confirmation, Eucharist, Holy Orders, Matrimony, Reconciliation, and Anointing of the Sick. Through the sacraments, we share in God's grace so that we may live as disciples of Jesus.

By participating in the celebration of the sacraments, Catholics grow in holiness and in living as disciples of Jesus. Freed from sin by Baptism and strengthened by Confirmation, we are nourished by Christ himself in the Eucharist. We also share in God's mercy and love in the sacrament of Reconciliation.

CATHOLICS CELEBRATE THE EUCHARIST AT MASS. They do this together with a priest. The priest has received the sacrament of Holy Orders and acts in the person of Christ, our High Priest. The Mass is both a meal and a sacrifice. It is a meal because in the Mass Jesus, the Bread of Life, gives us himself to be our food. Jesus is really present in the Eucharist. The Mass is a sacrifice, too, because we remember all that Jesus did for us to save us from sin and to bring us new life. In this great sacrifice of praise, we offer ourselves with Jesus to God.

THE EUCHARIST IS THE SACRAMENT OF JESUS' BODY AND BLOOD. It is the high point of Catholic worship. It is a great privilege to take part weekly in the celebration of the Mass with our parish community.

I have also learned this year that
to celebrate as a Catholic means

_____

_____

_____

_____

_____

CATHOLICS LIVE...

WE ARE MADE IN THE IMAGE AND LIKENESS OF GOD and are called to live as disciples of Jesus Christ. Jesus said to us, "Love one another as I have loved you."

When we live the way Jesus showed us and follow his teachings, we can be truly happy and live in real freedom.

To help us live as Jesus' disciples, we are guided by **THE LAW OF LOVE, THE BEATITUDES, AND THE TEN COMMANDMENTS.** The Works of Mercy and the Laws of the Church also show us how to grow in living as Jesus' disciples.

As members of the Church, the body of Christ, we are guided by the Church's teachings that help us to form our conscience. These teachings have come down to us from the time of Jesus and the apostles and have been lived by God's people throughout history. We share them with millions of Catholics throughout the world.

THROUGH PRAYER AND THE SACRAMENTS, especially Eucharist and Reconciliation, we are strengthened to live as Jesus asked us to live. In faith, hope, and love, we as Catholic Christians are called not just to follow rules. We are called to live a whole new way of life as disciples of Jesus.

In living as Jesus' disciples, we are challenged each day to choose between right and wrong. Even when we are tempted to make wrong choices, the Holy Spirit is always present to help us make the right choices. Like Jesus, we are to live for God's reign. Doing all this means that we live a Christian moral life. As Christians we are always called to follow the way of Jesus.

I have also learned this year
that to live as a Catholic means

_____

_____

_____

_____

_____

_____

CATHOLICS PRAY...

PRAYER

PRAYER IS TALKING AND LISTENING TO GOD. We pray prayers of thanksgiving and sorrow; we praise God, and we ask for what we need as well as for the needs of others.

WE CAN PRAY IN MANY WAYS AND AT ANY TIME. We can pray using our own words, words from the Bible, or just by being quiet in God's presence. We can also pray with song or dance or movement.

WE ALSO PRAY THE PRAYERS OF OUR CATHOLIC FAMILY that have come down to us over many centuries. Some of these prayers are the Our Father, the Hail Mary, the Glory to the Father, the Apostles' Creed, the Angelus, the Hail Holy Queen, and Acts of Faith, Hope, Love, and Contrition. Catholics also pray the rosary while meditating on events in the lives of Jesus and Mary.

As members of the Catholic community, we participate in the great liturgical prayer of the Church, **THE MASS.** We also pray with the Church during **THE LITURGICAL SEASONS OF THE CHURCH YEAR**—Advent, Christmas, Lent, the Triduum, Easter, and Ordinary Time.

In prayer, we are joined with the whole communion of saints in praising and honoring God.

I have also learned this year
that to pray as a Catholic means

_____

_____

_____

_____

_____

_____

_____

Alianza (página 110)

En la Biblia, convenio especial hecho entre Dios y su pueblo.

Antiguo Testamento (página 8)

Colección inspirada de los libros sagrados que expresa la fe del pueblo de Israel. Hay cuarenta y seis libros en el Antiguo Testamento, divididos en el Pentateuco, los Profetas y la Escritura.

Año litúrgico (página 290)

Adviento, Navidad, Cuaresma, Triduo Pascual, Pascua y Tiempo Ordinario componen los tiempos del año litúrgico. Nuestra Iglesia celebra el año litúrgico para ayudarnos a recordar la historia completa de la vida, muerte y resurrección de Jesucristo.

Apocalipsis (página 10)

Ultimo libro del Nuevo Testamento, escrito para dar el mensaje de esperanza y fortaleza durante los tiempos de persecución y sufrimiento.

Arca de la Alianza (página 160)

Pequeño cofre de madera en el que los israelitas mantenían las dos tablas de piedra de los Diez Mandamientos.

Biblia (página 8)

Libro inspirado acerca de Dios y su pueblo. Está dividido en el Antiguo Testamento, que contiene cuarenta y seis libros, y el Nuevo Testamento, que contiene veinte y siete libros.

Bienaventuranzas (página 238)

Ocho guías que Jesús dio a sus discípulos para vivir como él. Se encuentran en el Evangelio de Mateo 5:3–10

Creación (página 30)

El acto por medio del cual Dios creador, hizo todo.

Diez Mandamientos (página 110)

Leyes que nos dicen como amar, honrar y respetar a Dios y a los demás. Dios dio los Diez Mandamientos a Moisés en el Monte Sinaí.

Discípulo (página 240)

El que aprende a seguir la forma de vida de Jesús.

Encarnación

La encarnación es el misterio de Dios "hacerse hombre" o uno de nosotros en Jesucristo.

Epístola (página 10)

Libro del Nuevo Testamento escrito en forma de cartas, que explican las creencias cristianas y ofrecen guía para vivir la vida cristiana.

Escribas (página 220)

Maestros judíos expertos en la Ley de Moisés y las tradiciones de la religión judía.

Escritura (página 10)

La palabra de Dios escrita; también es llamada la Biblia. Algunos se refieren a ella como la Sagrada Escritura.

Evangelios (página 10)

Los primeros cuatro libros del Nuevo Testamento. Son la memoria escrita de las palabras y obras de Jesús.

Exilio (página 180)

Período comprendido entre el 567 y 539 a. C. cuando el pueblo de Judá estuvo cautivo en Babilonia.

Exodo (página 108)

La salida en libertad de los israelitas de Egipto.

Fariseo (página 218)

Palabra que significa "separado". Los fariseos eran eruditos quienes estudiaron la Ley de Moisés y la vivían al pie de la letra.

Formas literarias (página 18)

Diferentes tipos de escrituras usadas por los escritores de la Biblia para expresar su fe en Dios.

Gracia (página 40)

Participar de la vida divina, toda la vida y el amor de Dios.

Hechos de los Apóstoles (página 258)

Libro del Nuevo Testamento que nos cuenta la historia de los primeros cristianos y el poder de la presencia del Espíritu Santo.

Idolatría

Poner alguien algo primero que a Dios en nuestras vidas. Idolatría es un pecado contra el primer mandamiento.

Idolo

Objeto adorado en lugar de Dios. Es un falso dios.

Inspiración (página 10)

Ayuda y guía que el Espíritu Santo dio a los escritores de la Biblia.

Jueces (página 118)

Líderes y héroes nacionales de Israel antes de que gobernaran los reyes.

Leyes del Amor (página 228)

Ama al Señor tu Dios con todo tu corazón, con toda tu alma, con toda tu fuerza y con toda tu mente. Ama al prójimo como a ti mismo.

Liturgia (página 197)

Liturgia es el culto oficial y público de la Iglesia. La liturgia incluye las formas en que celebramos la misa y los otros sacramentos.

Liturgia de la Eucaristía (página 197)

La Liturgia de la Eucaristía es una de las dos principales partes de la misa. Incluye la presentación y la preparación de las ofrendas. La oración eucarística y la Comunión.

Liturgia de la Palabra (página 111)

La Liturgia de la Palabra es una de las dos partes principales de la misa. Incluye las lecturas del Antiguo y del Nuevo Testamento, el salmo reponsorial, el evangelio, la homilía, el Credo y la oración de los fieles.

Maná

Comida especial que Dios daba al pueblo de Israel en el desierto.

Mártir (página 250)

El que sufre y muere por ser testigo de su fe en Jesús.

Misa (página 70)

La celebración de la Eucaristía en la que el pan y el vino se convierten en el Cuerpo y la Sangre de Cristo. Es una comida y un sacrificio.

Nuevo Testamento (página 10)

Colección inspirada de libros sagrados escritos por miembros de las primeras comunidades cristianas. Contiene veinte y siete libros y está dividido en cuatro evangelios; los Hechos de los Apóstoles; cartas o epístolas y el Apocalipsis.

Obras de misericordia (página 260)

Plan de acción cristiano. Las obras corporales nos ayudan a mostrar nuestra preocupación por las necesidades físicas de otros. Las obras espirituales de misericordia nos ayudan a mostrar preocupación por las necesidades espirituales de los demás.

Oración (página 260)

Dirigir la mente y el corazón a Dios.

Palestina (página 218)

La tierra donde nació Jesús. Estaba dividida en tres provincias: Galilea, Samaria y Judá.

Parábola (página 230)

Historias imaginarias basadas en hechos familiares, usadas para enseñar una lección espiritual.

Pascua (página 100)

Fiesta en la que los judíos celebraban la libertad de sus antepasados de la esclavitud de Egipto.

Pecado original (página 50)

Condición de pecado con la que nace todo ser humano. Es la pérdida de la gracia que todas las generaciones heredan de nuestros primeros padres.

Pentateuco (página 8)

Los primeros cinco libros de la Biblia; también son llamados Tora.

Profeta (página 170)

Quien habla de Dios con valor. Los profetas son personas que dicen la verdad de Dios. Nos recuerdan el significado de vivir nuestra alianza con Dios.

Reino de Dios

La vida y el amor de Dios visibles en Jesús, la Iglesia y en todo el que hace la voluntad de Dios.

Revelación (página 8)

Dios nos deja saber quien es él. Nos dice acerca de él, de nosotros, del mundo, el significado de nuestras vidas y como vivir como pueblo de Dios.

Ritual

Ceremonia religiosa que se lleva a cabo de acuerdo a ciertas reglas.

Saduceo (página 220)

Un sacerdote o miembro de la realeza de Jerusalén. Los saduceos ponían énfasis en la importancia de la adoración en el Templo y en los rituales.

Samaritanos (página 191)

Descendientes del pueblo de Samaria, los ciudadanos del reino del norte, después de la división de Israel durante el reinado de Salomón. Originalmente los israelitas se casaban con paganos asirios y otros extranjeros, quienes conquistaron Israel en el año 721 a. C. Eran excluidos del Templo y tenían su propio templo en el Norte Gerizim.

Superstición

Falsa creencia en que las cosas tienen poder.

Templo de Jerusalén (página 158)

El gran centro de adoración de Israel.

Tradición oral

Contar la historia de generación en generación.

Visión (página 80)

Experiencia interna por medio de la cual la persona se encuentra con la presencia de Dios de manera especial.

Yavé (página 100)

Nombre de Dios según fue dado a Moisés. Significa "Yo soy el que soy".

GLOSSARY

Acts of the Apostles (page 259)

Book of the New Testament that tells the story of the early Church and the powerful presence of the Holy Spirit.

Ark of the Covenant (page 161)

A small wooden chest in which the Israelites kept two stone tablets of the Ten Commandments.

Beatitudes (page 239)

Eight guidelines that Jesus gave his disciples for living his way. They are found in Matthew 5:3–10.

Bible (page 9)

An inspired book about God and the people of God. It is divided into the Old Testament, which has forty-six books, and the New Testament, which has twenty-seven books.

Book of Revelation (page 11)

The last book of the New Testament, written to give a message of hope and strength during times of persecution and suffering.

Covenant (page 111)

In the Bible, a special agreement made between God and people.

Creation (page 31)

The act of God, the creator, making everything.

Disciple (page 241)

One who learns from and follows Jesus' way of life.

Epistles (page 11)

New Testament books written as letters, giving explanations of Christian beliefs and offering guidance on living the Christian life.

The Exile (page 181)

The period from 587 to 539 B.C. when the people of Judah were captives in Babylon.

The Exodus (page 109)

The escape of the Israelites from slavery in Egypt to freedom.

Gospels (page 11)

The first four books of the New Testament. They are the written memory of the words and deeds of Jesus.

Grace (page 41)

A sharing in the divine life, in God's very life and love.

Idol

An object that is worshiped in the place of God. It is a false god.

Idolatry

Putting something other than the one true God first in our lives. Idolatry is a sin against the first commandment.

Incarnation

The incarnation is the mystery of God "becoming flesh" or becoming one of us in Jesus Christ.

Inspiration (page 11)

The help and guidance of the Holy Spirit given to the writers of the Bible.

Judges (page 119)

Leaders and national heroes of the Israelites before they had a central government and king.

Kingdom of God

God's life and love made visible in Jesus, the Church, and everyone who does God's will.

Law of Love (page 229)

Love the Lord your God with all your heart, with all your soul, with all your strength, and with all your mind. Love your neighbor as you love yourself.

Literary forms (page 19)

Different types of writing used by the human authors of the Bible to express their faith in God.

Liturgy (page 198)

Liturgy is the offical public worship of the Church. The Liturgy includes the ways we celebrate the Mass and the other sacraments.

Liturgical year (page 296)

Advent, Christmas, Lent, the Easter Triduum, Easter, and Ordinary Time make up the seasons, or times, of the liturgical year. Our Church celebrates the liturgical year to help us remember the whole story of the life, death, and resurrection of Jesus Christ.

Liturgy of the Eucharist (page 198)

The Liturgy of the Eucharist is one of the two major parts of the Mass. It is made up of the Presentation and Preparation of the Gifts, the Eucharistic Prayer, and Holy Communion.

Liturgy of the Word (page 112)

The Liturgy of the Word is one of the two major parts of the Mass. It is made up of readings from the Old and New Testaments, Responsorial Psalm, Gospel, Homily, Creed, and Prayer of the Faithful.

Manna

A special food that God provided for the Israelites in the desert.

Martyr (page 251)

One who suffers and dies to witness to her or his faith in Jesus.

Mass (page 71)

The celebration of the Eucharist in which bread and wine become the Body and Blood of Christ. It is both a meal and a sacrifice.

New Testament (page 11)

The inspired collection of sacred books written by members of the early Christian communities. There are twenty-seven books in the New Testament, divided into the four gospels; the Acts of the Apostles; Letters, or Epistles; and the Book of Revelation.

The Old Testament (page 9)

The inspired collection of sacred books that expresses the faith of the Israelite people. There are forty-six books in the Old Testament, divided into the Torah, the Prophets, and the Writings.

Oral Tradition

The passing on of stories by word of mouth.

Original sin (page 51)

The sinful condition into which all human beings are born. It is the loss of grace passed on from our first parents to all generations.

Palestine (page 219)

The land where Jesus was born. It was divided into three provinces: Galilee, Samaria, and Judaea.

Parable (page 231)

Imaginative story based on a familiar life experience, used to teach a spiritual lesson.

Passover (page 101)

A feast in which the Jews celebrate the deliverance of their ancestors from slavery in Egypt.

Pharisee (page 219)

A name meaning "separated one." Pharisees were scholars who studied the Law of Moses and lived it exactly.

Prayer (page 261)

Directing one's heart and mind to God.

Prophet (page 171)

One who speaks for God with courage. Prophets are people who tell us God's truth. They remind us about the meaning of living our covenant with God.

Revelation (page 9)

God making known to us who he is. God tells us about himself, ourselves, the world, the meaning of our lives, and how to live as his people.

Ritual

A religious ceremony carried out according to a certain pattern.

Sadducee (page 221)

Usually a priest or a member of Jerusalem royalty. The Sadducees stressed the importance of Temple worship and rituals.

Samaritans (page 192)

Descendants of the people of Samaria, the citizens of the northern kingdom after the division of Solomon's Israel. Originally Israelites, they intermarried with the pagan Assyrians, who had conquered Israel in 721 B.C., and other foreigners. They were excluded from the Temple of Jerusalem and had their own temple on Mount Gerizim.

Scribes (page 221)

Jewish teachers who were experts in the Law of Moses and the traditions of the Jewish religion.

Scripture (page 11)

The written word of God; another name for the Bible. Also referred to as Sacred Scripture.

Superstition

The false belief that creatures or things possess powers they do not have.

Temple of Jerusalem (page 159)

The great center of worship in Israel.

Ten Commandments (page 111)

Laws that tell us how to love, honor, and respect God and others. God gave the Ten Commandments to Moses on Mount Sinai.

Torah (page 9)

The first five books of the Bible; also called the Pentateuch.

Vision (page 81)

An inner experience by which people encounter God's presence in a special way.

Works of Mercy (page 261)

A Christian action plan. The Corporal Works of Mercy help us to show our concerns for the physical needs of others. The Spiritual Works of Mercy help us to show our concern for the spiritual needs of others.

Yahweh (page 101)

God's name as it was given to Moses. It means "I am who I am."